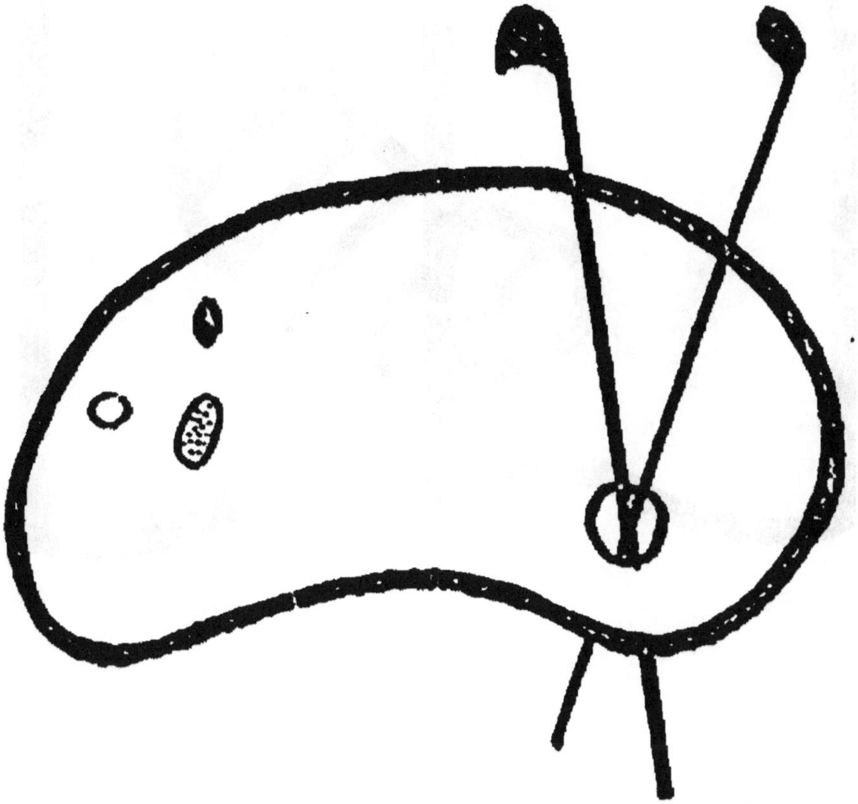

COUVERTURE SUPERIEURE ET INFERIEURE EN COULEUR

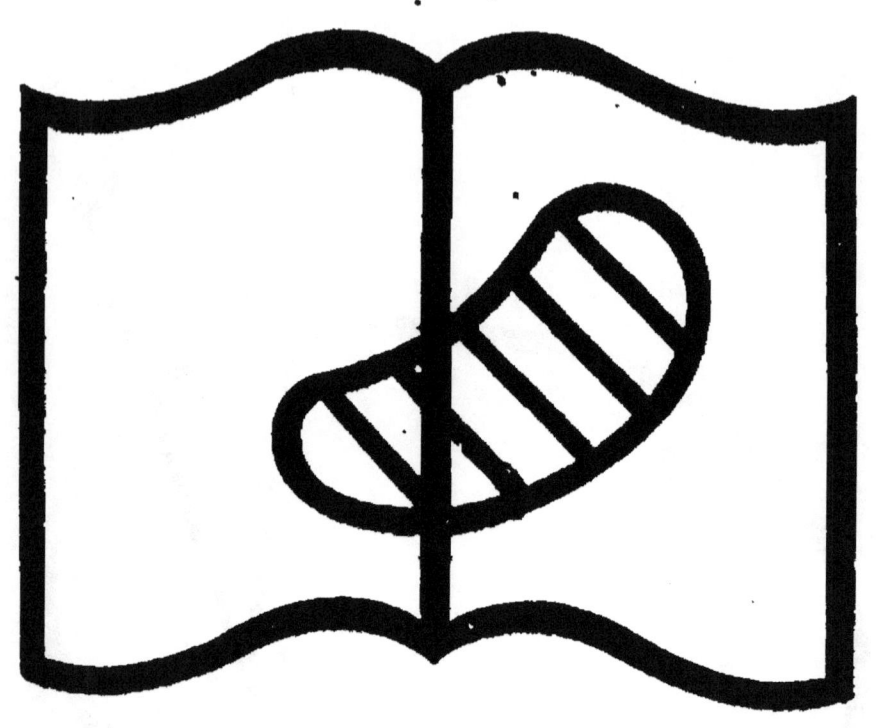

Illisibilité partielle

VALABLE POUR TOUT OU PARTIE DU
DOCUMENT REPRODUIT

2ᵉ LIVRAISON — 10 CENTIMES

CH. PAUL DE KOCK

LA BOUQUETIÈRE

DU

CHATEAU-D'EAU

PARIS

Dégorce-Cadot, Éditeur

70 bis, rue Bonaparte, 70 bis.

2 livraisons par semaine à 10 centimes

COLLECTION DES OEUVRES

DE

CH. PAUL DE KOCK

DROITS DE TRADUCTION ET DE PROPRIÉTÉ RÉSERVÉS

ŒUVRES DE CH. PAUL DE KOCK

LA BOUQUETIÈRE

DU

CHATEAU-D'EAU

PARIS
A. DEGORCE-CADOT, ÉDITEUR
70 BIS, RUE BONAPARTE, 70 BIS

COLLECTION

DES

ŒUVRES DE CH. PAUL DE KOCK

2 francs le volume

SOUSCRIPTION PERMANENTE
OUVRAGES PUBLIÉS A CE JOUR :

	vol.		vol.
L'Amoureux transi	1	Une Femme à trois visages.	2
Une Gaillarde	2	La Grappe de groseilles.	1
La Fille aux trois jupons	1	La Demoiselle du cinquième	2
La Femme aux trois corsets	1	Carotin	1
Ce Monsieur	1	La Prairie aux coquelicots.	2
La Jolie Fille du faubourg.	1	Les Petits Ruisseaux	1
Les Femmes, le Jeu et le Vin	1	Le Professeur Fiche-Claque	1
Cerisette	2	Les Étuvistes	2
Le Sentier aux prunes	1	L'Homme aux trois culottes.	1
M. Cherami	1	Madame Pantalon	1
M. Choublanc	1	Madame Tapin	1
L'Ane à M. Martin	1	Le Petit Bonhomme du coin	1
Une drôle de Maison	1	Les Demoiselles de Magasin.	3
L'Amant de la Lune	3	Madame de Monflanquin.	2
Mon ami Piffard	1	La Grande Ville.	1
La Mariée de Fontenay-aux-Roses	1	Maison Pardaillon et Cie.	1
		Le Riche Cramoisan	1
Friquette	1	La Famille Braillard	2

Il est tiré de chaque ouvrage cent exemplaires à **5** francs le volume, sur très-beau papier de Hollande.

Boulogne (Seine). — Imp. JULES BOYER

LA BOUQUETIÈRE

DU

CHATEAU-D'EAU

I

La fête du papa.

On était au mois de mai de l'année 1853 (vous voyez que notre sujet ne se perd pas dans la nuit des temps), c'était un lundi, il y avait marché aux fleurs sur le boulevard Saint-Martin, devant, ou plutôt des deux côtés du Château-d'Eau. Les étalages des marchandes s'étendaient même jusqu'à la rue de Lancry, faveur que l'on n'avait accordée que depuis peu de temps aux bouquetières, mais dont les promeneurs doivent se féliciter autant que les marchandes et les habitants de cette partie du quartier : n'est-ce pas un délicieux coup d'œil que celui des fleurs?... Qu'y a-t-il au-dessus de ce qui charme votre vue et flatte votre odorat?

Est-ce qu'il y a des personnes qui n'aiment pas les fleurs? On me l'affirmerait que je ne le croirais pas.

Il faisait beau, ce qui était rare pendant ce printemps-là... vous devez vous en souvenir tout aussi bien que moi. Le soleil avait bien voulu se montrer, et on lui en savait beaucoup de gré, car, depuis quelques années, en France, le soleil devient trop grand prince, il ne daigne plus se populariser, il se montre trop rarement aux habitants de cette partie du monde. Et cependant, si nous ne l'adorons pas à genoux, comme les Incas, nous n'en éprouvons pas moins de plaisir à le voir paraître, à sentir la douce influence de ses rayons, et, quoique nous soyons grands amis des inventions et du progrès, nous n'avons pas encore trouvé quelque chose qui puisse remplacer le soleil.

Il y avait donc beaucoup de monde sur les boulevards, et particulièrement sur le marché aux fleurs; chacun se hâtait de profiter d'un beau jour, n'étant pas certain d'en avoir un le lendemain, et tout le monde avait raison: beau temps, plaisir et bonheur, il faut vous saisir quand vous venez à nous, et ne jamais dire: Ce sera pour demain.

Parmi toutes ces personnes qui se promenaient, flânaient et examinaient les fleurs étalées sur l'asphalte ou le bitume, il y avait, comme toujours, à ce marché-là, plus de femmes que d'hommes; les femmes aiment donc plus les fleurs que nous autres?... Je pourrais vous dire là-dessus de bien jolies choses, comme par exemple: *qui se ressemble s'assemble*, ou encore: *où peut-on être mieux qu'au sein de sa famille?* ou bien... mais non, je ne vous répéterai pas ce que vous avez déjà vu ou entendu cent fois... Et d'ailleurs je trouve que François Ier a dit mieux que tout cela.

Ensuite, si les dames aiment mieux les fleurs que nous, c'est qu'elles ont bien plus le temps de s'en occuper. J'ai connu un monsieur célibataire et employé dans une maison de commerce, qui adorait les fleurs, et, quoique peu fortuné, ne pouvait résister au désir d'acheter un beau rosier ou un œillet-bois, qu'il portait aussitôt en triomphe sur sa fenêtre. Mais ce monsieur était grand dormeur; quand il s'éveillait, à peine avait-il le temps de s'habiller et de se rendre à son bureau. Il ne dînait pas chez lui, et en rentrant, le soir, il se dépêchait de se coucher. Puis au bout de quelques jours, lorsqu'il voulait admirer la fleur dont il avait fait l'emplette, il s'étonnait de la trouver morte.

— Mais pourquoi ne l'avez-vous pas arrosée ? lui disait-on.

— Pourquoi !... pourquoi, parce que j'ai remarqué qu'il finit toujours par pleuvoir.

Nous allons, si vous le voulez bien, laisser passer les promeneurs qui nous sont indifférents, et nous attacher aux pas d'une famille composée de la maman, de son fils et de sa fille.

La maman se nomme madame Glumeau; elle a pour prénom Lolotte. C'est une dame qui a atteint le mauvais côté de la quarantaine; elle a été jolie : c'est une brune piquante, dont le regard vif et mutin faisait bien des victimes. Mais le temps a passé par-là !... Quel vilain passage, et que l'on devrait bien barricader !

Ce n'est pas que les traits de madame Glumeau aient beaucoup changé. Non, ses yeux sont encore très-vifs, son nez assez fin; ses cheveux toujours noirs... quand même, retombent encore en grosses boucles de chaque côté de son visage; mais un énorme embonpoint est venu envahir la taille, changer la tournure, enfler le corsage. Les traits mêmes ont subi l'influence de cette exubérance de santé; les joues sont rebondies, le menton s'est triplé, le col raccourci, le teint est devenu cramoisi; et il y a des personnes qui ont la sottise de dire à cette dame :

— Quelle belle santé vous avez! on n'a pas besoin de vous demander comment vous vous portez!

A ce compliment, madame de Glumeau essaye de sourire, en répondant :

— En effet... je ne suis pas souvent malade!

Mais au fond du cœur elle gémit d'être devenue comme une boule, et subirait volontiers une forte maladie pour retrouver sa taille d'autrefois. Cependant, comme on se flatte toujours un peu, madame Glumeau est loin de se croire *une tour*, ainsi que l'appellent ses bonnes amies, et lorsqu'elle se regarde dans sa glace, elle s'adresse encore un sourire de satisfaction.

Venons aux deux enfants : il ne s'agit point ici de moutards qui se font traîner pour marcher, mais d'un garçon de dix-neuf ans et d'une demoiselle de seize.

Le jeune homme est fort laid de figure, il n'a aucun trait de sa mère, et louche d'une façon trop prononcée, ce qui jette nécessairement du vague dans sa physionomie; mais on peut juger, à l'expression de ses traits, que monsieur Astianax, c'est le nom du jeune Glumeau, n'est pas mécontent de sa petite personne, et encore moins de son esprit.

Malheureusement, la nature ne lui a pas accordé une taille qui réponde aux avantages dont il se croit pourvu; en dépit des hauts talons qu'il porte et des doubles semelles qu'il introduit dans ses chaussures, M. Astianax Glumeau n'a pas pu se faire plus grand que sa mère, qui a quatre pieds neuf pouces.

Si le jeune Glumeau est petit, en revanche sa sœur, à seize ans, est déjà haute comme une perche, et menace de vouloir atteindre à la taille d'un tambour-major. Aussi maigre que sa mère est grasse, Eolinde Glumeau a du moins une figure qui lui fait honneur : sans être aussi jolie que sa maman l'a été, elle a des traits réguliers, d'assez grands yeux, une petite bouche, de belles dents, et toute la fraîcheur d'une pêche qui est encore sur l'espalier.

Mais... car il y a toujours des mais dans cette famille, mademoiselle Eolinde est affectée d'un défaut de prononciation très-sensible, elle bégaye d'une manière fatigante pour ceux qui l'écoutent. Ses parents assurent que *cela se fera*, et comme correctif à cette infirmité, ils veulent que leur fille parle le plus souvent possible. Mademoiselle Eolinde obéit à ses parents d'une façon quelquefois bien terrible pour leurs amis et connaissances.

La famille Glumeau était depuis assez longtemps sur le boulevard du Château-d'Eau, allant d'une marchande à une autre, s'arrêtant devant les fleurs, mettant le nez sur les plus belles, demandant le prix, hésitant et ne se décidant pas.

Enfin madame Glumeau vient encore de rebrousser chemin pour retourner et s'arrêter devant un fort beau grenadier, en disant :

— Décidément j'achèterai ce grenadier pour votre

père... Un grenadier, cela flattera Honoré... cela lui fera plaisir.

— Mais, maman, quel rapport entre cet arbuste et mon père ? demanda le jeune Glumeau en regardant en même temps du côté du boulevard du Temple et de la porte Saint-Martin.

— Comment, quel rapport?... Qu'entendez-vous par là, Astianax ? n'est-ce pas demain la fête de votre père, puisqu'il s'appelle Honoré?... Nous lui offrons des fleurs, comme d'habitude... Je choisis ce grenadier qui est fort beau, il me semble qu'il n'y a rien là-dedans qui doive vous étonner.

— Maman, ce n'est pas cela... je disais : Quel rapport entre un grenadier et mon père qui n'a jamais été militaire?... Ah ! s'il avait été militaire, je comprendrais le choix de cet arbuste et votre intention, mais...

— Mais, mon cher ami, vous êtes ennuyeux avec vos intentions... vous voulez en mettre dans tout... attendez donc que vous soyez un homme.

— Pardon, chère maman, mais les fleurs ont un langage... elles signifient quelque chose... alors à votre place, j'aurais cru qu'un myrte... emblème des amours...

— Mon cher ami, voilà vingt ans que je donne des myrtes à votre père, il doit en être rassasié. Tout passe dans la vie ; nous avons assez fait usage du myrte, il me semble que je puis bien varier un peu. Après vingt ans il n'est pas défendu de changer de bouquet. Je suis fixée, j'achète ce grenadier. N'est-ce pas, Éolinde, que cela flattera ton père ?

— Oh! oui... oui... ça... a... a... le flafla... le flatera beaucoup.

— Et toi, que lui achètes-tu? Il faut cependant vous décider, mes enfants, car nous avons le projet d'aller au spectacle après dîner, et il se fait tard.

— Moi, répond la grande demoiselle, dame... je vouvou...drais cette fleur... Tu sais... tu sais bien... c'est que... je n'en vois pas.

— Mais quelle fleur ?

— Dis-nous son nom.

— Je ne m'en sou... ouviens plus.

— Alors, demande à la marchande si elle en a, dit monsieur Astianax en souriant d'un air goguenard, parce qu'il lui arrivait assez souvent de se moquer de la difficulté que sa sœur éprouvait à parler.

— Qu'il est bê... bête, cet Astianax! s'écrie la demoiselle en haussant les épaules et regardant son frère comme si elle cherchait un petit chien. Laisse-moi donc tran... tran... tranquille... c'est une fleur... qui a... des cloches.

— Des cloches?

— Non, de petites clochettes... brunes...

— Ah! je sais ce que tu veux dire, ma fille... c'est un... je ne sais pas le nom... viens, j'en ai vu là-bas.

Et la grosse maman, ayant payé le grenadier et pris un porteur qui s'en charge, entraîne sa fille devant une marchande qui a un grand assortiment de tulipes. Mademoiselle Eolinde les examine quelque temps, puis murmure:

— Ce n'est pas cela que je voulais... n'importe, voyons... Oh! ça ne sent... ça ne sent rien, j'aimerais mieux autre cho... chose...

— Eh bien, quoi? voyons, choisis.

— Ah! tiens... cette fleu... fleur... là-bas... un ma... ma... mago.

— Le nom n'y fait rien, allons l'acheter.

Mademoiselle Eolinde s'arrête devant un superbe magnolia que la chaleur d'une serre avait déjà fait fleurir, elle pose son nez sur ce bel œuf blanc qui, en s'ouvrant, laisse échapper une suave odeur d'orange et de citron, puis elle relève la tête en disant:

— Ça sent trop fort.

— Dites donc, mam'selle! s'écrie la marchande, mécontente de voir la grande demoiselle emmener sa mère d'un autre côté, il ne faudrait pourtant pas poser comme ça votre face sur nos fleurs... A-t-on vu une perche de cette espèce, qui enfonce son *pif* dans la fleur de mon magnolia et s'éloigne comme si elle venait de flairer le derrière de mon caniche... Va donc, grand banneton! va acheter des œillets d'Inde, ça te conviendra mieux!

La famille Glumeau n'a pas entendu, ou plutôt n'a pas fait semblant d'entendre les plaintes un peu vives de la femme au magnolia, elle vient de s'arrêter devant un étalage où il y a une grande quantité de lauriers; mademoiselle Eolinde, que la leçon qu'elle vient de recevoir n'a pas corrigée, flaire encore plusieurs lauriers et s'écrie:

— Ah! ça... ça... ça sent mauvais!

Cette fois madame Glumeau se hâte d'entraîner sa fille, en lui disant à l'oreille:

— Mais, Eolinde, tu veux donc te faire entreprendre et avoir des scènes avec toutes les marchandes? Ma fille, on ne dit pas ces choses-là, surtout quand on n'achète pas; si tu ne veux pas en finir et te décider, nous allons nous en aller et tu n'auras pas une fleur à donner à ton père qui les adore... Ce sera joli, pour sa fête!

— Ma sœur, dit M. Astianax, si tu veux en croire mon avis, tu offriras à notre père un pot d'immortelles, parce que l'immortelle, vois-tu, cela signifie qu'on vivra longtemps, et on comprend l'intention.

— Un pot d'immortelles! s'écrie la maman, voilà en effet une belle fleur... Vous êtes fou, Astianax! Autant vaudrait donner à votre père un pot de basilic, comme les savetiers en ont dans leur échoppe... Tenez, Eolinde, voilà un superbe rosier à tige... achetons-le... ce sera votre bouquet.

— Ah! mais... un ro... ro... un rosier... je voulais autre chose...

— C'est-à-dire que vous ne savez pas ce que vous voulez... et ce malheureux commissionnaire qui nous suit avec l'énorme grenadier sur les bras... il a l'air en nage, cet homme.

— Pourtant, maman, il ne fait pas... pas... trop chaud!

Madame Glumeau, sans écouter les doléances de sa fille, qui ne voudrait pas du rosier, mais qui ne sait pas ce qu'elle veut, a fait prendre la fleur à son commissionnaire et s'adresse à son fils:

— Maintenant, Astianax, il n'y a plus que toi qui n'aies

pas choisi une fleur, mais je crois que tu m'as dit que tu préférais donner à ton père un bouquet à la main.

— Oui, cher maman, parce que, dans un bouquet à la main, on fait un choix de différentes fleurs, qui, placées l'une près de l'autre, ont encore plus de signification... les Turcs appellent cela un *sélam*... je veux offrir un sélam à mon père.

— Et à quel propos ?... Votre père n'a jamais eu, je crois, la prétention d'être un Turc ! il ne comprendra rien à votre bouquet.

— Permettez, chère maman, je lui en expliquerai les intentions.

— Soit, mais dépêchez-vous ; il me semble que pendant que nous choisissions des fleurs, vous auriez fort bien pu choisir votre bouquet oriental !

— J'ai cherché aussi, mais je n'ai pas trouvé ce que je voulais !...

— Il ne manque cependant pas de bouquetières ici... Ah ! tenez, en voici une qui est fort gentille même... si ses bouquets lui ressemblent, je pense que vous trouverez ce qu'il vous faut.

II

Violette.

Madame Glumeau n'avait rien avancé que de juste en disant que la bouquetière qu'elle désignait était fort gentille, car c'était de Violette qu'elle parlait.

Faisons donc connaissance avec Violette : il est toujours agréable de connaître une jolie fille, alors même qu'elle vendrait des bouquets, mais surtout quand elle ne vend que cela.

Violette devait avoir de dix-huit à dix-neuf ans; sa taille est svelte et bien prise, elle est assez grande sans l'être trop, ce qui, chez les femmes, est plutôt un défaut qu'un avantage, mais elle a de la grâce dans les mouvements, de l'élégance dans sa simplicité.

Sa figure est ovale; ses cheveux bruns et fins laissent à découvert un front qui a de la candeur et de la fierté. Ses yeux sont bruns aussi, mais ils sont remplis de douceur et frangés de longs cils qui leur donnent un charme infini; ses sourcils sont légèrement dessinés. Sa bouche n'est pas très-petite, mais elle est spirituelle; les petites bouches qui sont bêtes, comme il y en a beaucoup, ne vaudront jamais cela. Enfin ses dents sont blanches et bien rangées. Vous voyez que tout cela devait faire une fort jolie fille.

Cependant il y en a beaucoup qui possèdent tous les avantages de Violette et devant lesquelles on passe sans se sentir charmé; mais c'est qu'il ne suffit pas toujours d'être belle pour plaire, il faut encore avoir en soi ce *je ne sais quoi* qui séduit, qui étonne, qui attire, qui donne de l'expression à la physionomie et du charme dans la voix. Ceci est un don de la nature, auquel la coquetterie essaierait en vain de suppléer, et la bouquetière avait reçu ce don-là.

Il y avait ensuite dans son parler, dans ses manières, quelque chose qui la distinguait de ses compagnes. Elle s'exprimait mieux, et elle était toujours polie, même quand on ne lui achetait pas. On remarquait donc Violette, d'abord pour sa gentillesse et après pour sa politesse... C'est une chose si rare que la politesse chez les marchandes à éventaire, et même ailleurs !... il y a tant de gens qui croient se donner l'air de *quelque chose* en affectant un ton insolent et un regard dédaigneux !... Pauvres sots !... s'ils ne faisaient rire, ils feraient pitié.

Mais cette jeune bouquetière qui s'exprimait mieux que les autres personnes de sa profession, est-ce donc l'enfant de gens riches que l'infortune a frappés ?... Est-ce pour soutenir des parents misérables et infirmes que cette jolie fille s'est décidée à embrasser un état pour lequel elle n'est pas née ?

Rien de tout cela. Violette ne connaît point ses parents, elle ne sait pas s'ils existent encore, mais ce qu'elle sait parfaitement, c'est qu'ils l'ont abandonnée.

Mise en nourrice dans un petit village de la Picardie, tout près d'Abbeville, probablement on lui portait peu d'intérêt, car on oublia de payer celle qui s'était chargée de remplacer sa mère. La nourrice patienta assez longtemps, mais au bout de trois ans, n'ayant aucune nouvelle des parents de son nourrisson, et trop pauvre pour augmenter sa nombreuse famille en y ajoutant une petite étrangère, cette femme allait déposer l'enfant à l'hospice des orphelins, lorsqu'une vieille dame qui passait dans le village, touchée de compassion pour la petite abandonnée, offrit à la nourrice de s'en charger et de l'emmener avec elle à Paris.

La nourrice accepta, et prit de suite l'adresse de la dame, afin de lui écrire si jamais les parents de l'enfant revenaient la réclamer. — Mais ces parents qui étaient-ils ?

A cette demande de la dame, la paysanne répondit :

— Ma fine... je ne les connais guère... ou plutôt je ne les connais pas... Quant à la mère d'abord, je suis bien sûre de ne l'avoir pas vue ! j'étais au bureau des nourrices de la rue Sainte-Apolline ; un beau monsieur... je crois ben que c'était un domestique... est entré dans l'établissement ; j'étais à prendre l'air dans la cour, il m'a vue la première, m'a demandé si je voulais prendre un moutard né dans la nuit ; j'ai répondu que oui ; alors il a dit : Je n'ai pas besoin de chercher plus loin, autant vous qu'une autre... prenez votre paquet et venez. Je l'ai suivi, il y avait une voiture à la porte, dans *quoi* que je suis montée avec le beau domestique. Nous sommes arrivés dans une rue que je ne sais pas le nom, on m'a fait entrer dans une maison... à portier... et monter au second étage... dans un bel appartement ; j'ai trouvé un monsieur très-bien mis, un joli homme, belle tournure... il avait une superbe chaîne d'or qui sortait de son gousset... ce monsieur... était un homme jeune... dans les trente-deux, trente-trois ans à peu près... plus ou moins!... si bon qu'en voyant entrer celui qui m'amenait, il s'écria :

— Hé ! arrivez donc, Comtois ! Je ne sais que faire de l'enfant ! Il crie à me déchirer le tympan... mais je ne puis pas lui donner à téter, moi... Amenez-vous une nourrice enfin ?

— Oui, monsieur, en voilà une qui va se charger de la petite fille...

— Ah ! c'est bien heureux !

Et aussitôt ce monsieur, sans même me regarder et s'inquiéter comment j'étais conformée, et si j'avais beaucoup de lait, me fit signe de le suivre dans une autre chambre, *ousque* je vis une petite fille toute nouvellement venue au monde, et qui gigottait sur un meuble à coussins... on ne lui avait pas même eu un berceau ; le monsieur me dit :

— Prenez cet enfant et emportez-le bien vite, car il crie à me fendre la tête.

Là-dessus, je réponds : Monsieur, ce sera vingt francs par mois, sans compter le sucre et le savon.

— Très-bien, c'est entendu, me dit-il, et il me mit cent francs dans la main en ajoutant :

— Voilà pour vos premiers frais, soyez tranquille, on vous enverra de l'argent, vous n'en manquerez pas... Làdessus je fis encore la révérence en disant :

— Monsieur, je sommes Picarde, du hameau de Coulange, près d'Abbeville ; je me nomme Marguerite Thomasseau ; mon mari élève des ânes, moi j'en ai déjà eu quatre... des nourrissons...

— C'est bien... emportez cette petite et partez.

— Mais, monsieur, que je lui dis, et la layette ; *ousqu'elle* est donc la layette de la petite ?

Alors ce beau monsieur regarda son beau domestique d'un air surpris, en disant :

— Qu'est-ce qu'elle me chante, cette femme... Qu'est-ce que c'est qu'une layette ?

Le domestique, qui était plus instruit que son maître, lui répondit :

— Monsieur, c'est le trousseau de l'enfant, les petites affaires que l'on donne pour l'habiller.

— Ah! diable! je ne savais pas cela, moi, et il paraît qu'elle n'y a pas songé non plus, elle! Ma foi, Comtois, donne quelques-uns de mes pantalons, de mes gilets; donne ma vieille robe de chambre, du linge... la nourrice arrangera tout cela et on lui enverra plus tard autre chose. Dépêche-toi, Comtois. Tiens, ajoute à cela ce mouchoir qui est à la mère de cette petite... et que par mégarde j'ai mis hier dans ma poche.

Le domestique me fit à la hâte un paquet... drôle de layette, allez! je doute que jamais marmot en ait eu une pareille; elle se composait d'une robe de chambre en mérinos, doublée en soie, de trois pantalons de casimir, de six cravates, deux gilets de piqué blanc et un en satin noir, de six belles chemises, d'une bretelle et d'un mouchoir blanc, brodé avec des chiffres... des couronnes dessus. Quant au mouchoir, je l'ai toujours, je l'ai gardé pour que cette petite ait au moins quelque chose de ses parents. Bref, tout cela valait mieux que rien; je pris le paquet et on me poussait déjà avec mon nourrisson, quand je me souvins que je ne savais le nom de personne.

— Eh ben, monsieur, que je dis, et comment donc quelle se nomme la petite, et puis vous, et puis madame votre épouse?

Alors le monsieur fit une singulière grimace, il hésita longtemps comme s'il cherchait ce qu'il pourrait me répondre, et me dit enfin :

— La petite se nomme Evelina... Evelina de Paulausky... Allez, on vous écrira.

Là-dessus on me poussa dehors avec l'enfant et le paquet. Je partis le jour même pour revenir ici, et depuis ce temps... il y a trois ans de cela, pas la moindre nouvelle des parents de la pauvre petite... Evelina, qu'ils l'appellent!... mais nous avons trouvé ce nom-là trop long, trop difficile à prononcer; et comme cette enfant, dès l'âge de un an, adorait les violettes et savait les cueillir en se roulant sur l'herbe, ma fine, nous l'avons nommée

Violette, vous l'appellerez de même si ça vous fait plaisir. Elle répond mieux à ce nom-là qu'à celui d'Evelina !...

Voilà ce que la nourrice avait appris à la bonne dame qui avait emmené Violette à Paris. Cette personne charitable était peu fortunée, cependant elle avait fait donner quelque instruction à l'enfant. Violette avait appris à lire, à écrire, à faire quelques ouvrages à l'aiguille, mais sa protectrice mourut avant qu'elle fût bien savante. La petite fille n'avait que onze ans lorsqu'elle la perdit.

Se trouvant seule et sans ressources, cet enfant, qui avait trop de cœur pour mendier son pain, s'en allait de porte en porte, chez tous les habitants du quartier, en leur disant :

— Donnez-moi quelque chose à faire, s'il vous plaît ; je suis bien en état de travailler, je sais coudre... tricoter, je ferai tout ce que vous voudrez, mais employez-moi, je vous en prie, car j'aimerais mieux mourir de faim que de mendier et de vivre de la charité des passants.

Ces paroles annonçaient déjà une certaine fierté de caractère et une âme élevée, elles annonçaient surtout chez Violette de l'horreur pour la paresse, qui est le plus dangereux de tous les défauts. Elles valaient mieux qu'une lettre de recommandation.

Une fruitière dit à la petite fille :

— Je connais une dame qui cherche une petite bonne pour promener ses mioches. Je vais vous donner son adresse, vous irez vous présenter, on vous prendra peut-être... Dame ! je crains qu'on ne vous trouve un peu jeune... Quel âge avez-vous ?

— Onze ans.

— Faudra dire que vous en avez quatorze.

— Oh ! non, madame, je ne veux pas mentir... ma protectrice me disait toujours que c'est un très-vilain défaut.

— Ah ! ma petite... on voit bien que vous êtes jeune !... Si vous passez votre vie sans mentir, vous serez un fameux phénomène qu'on montrera plus tard pour deux sous... Enfin ça vous regarde... vous ferez comme vous voudrez.

2

Violette alla se présenter chez la dame qui cherchait une jeune bonne d'enfants. La première question de celle-ci, en considérant Violette, fut :

— Quel âge avez-vous ? Et lorsque la petite fille lui répondit la vérité, elle la congédia en lui disant :

— Mais vous êtes beaucoup trop jeune? vous êtes un enfant vous-même, comment voulez-vous que je vous donne les miens à garder.

— Oh ! madame, je suis bien sage, bien raisonnable pour mon âge, informez-vous dans la maison au numéro trente-deux... Et puis vous me donnerez ce que vous voudrez, madame, cela m'est égal; pourvu que je puisse vivre sans mendier, voilà tout ce que je demande.

Ces dernières paroles firent réfléchir la dame, car il y a des gens qui calculent sur tout, même lorsqu'il s'agit de veiller sur leurs enfants ; ce sont ordinairement ces personnes-là qui trouvent très-mauvais que l'on ordonne de museler les chiens.

Cette dame rappela Violette en lui disant :

— Revenez demain, j'irai prendre des informations à la maison que vous m'avez indiquée.

Le lendemain Violette était reçue bonne d'enfants avec cent francs de gages par an. La petite trouvait cette somme énorme, elle serait entrée pour rien si on le lui avait proposé. Et chaque jour, comme sa maîtresse demeurait rue de Bondy, elle promenait deux petites filles de trois à quatre ans sur le boulevard, autour du Château-d'Eau. Lorsque c'était le jour du marché aux fleurs, Violette ne manquait pas d'y conduire les enfants qu'elle promenait, et alors elle était bien heureuse, car elle adorait les fleurs, et si elle n'avait pas le moyen d'en acheter, du moins ce jour-là elle pouvait en voir, en contempler tout à son aise.

Près de trois années s'écoulèrent ainsi. La maîtresse de Violette n'avait jamais eu une plainte à adresser à sa petite bonne, car jamais celle-ci n'avait un seul instant quitté les deux enfants qu'on lui donnait à promener. Cependant ses gages ne furent pas augmentés ; il est vrai que Violette ne le demanda pas, et dans le monde, pour obtenir une distinction, il ne suffit pas de se bien conduire, d'avoir du mérite, du talent, il faut demander, demander, et puis... demander. Et comme les gens qui sont hors ligne ne comprennent pas cela, ils préfèrent ne pas être distingués autrement que par leur talent.

La mère des deux petites filles que Violette promenait quitta Paris et la France; elle emmena ses enfants, mais elle n'emmena point la jeune bonne. Voilà donc Violette qui se trouvait encore sans place et sans occupation. En attendant que le hasard lui fit retrouver un emploi, la jeune fille retournait par habitude sur le boulevard du Château-d'Eau, où elle avait si souvent mené les enfants, et les jours de marché elle s'arrêtait devant les fleurs, et restait quelquefois là des journées entières.

Un jour, une des bouquetières, bonne femme, déjà âgée, et qui avait souvent remarqué la petite bonne lorsqu'elle menait promener les deux enfants, dit à Violette, qui semblait admirer ses bouquets :

— Eh ben ! ma petite, qu'est-ce que vous avez donc fait des marmottes que vous promeniez toujours par ici ? car je vous connais, je vous ai suivi des yeux assez souvent, et dame, il me semble que l'on n'a pas à se plaindre de vous... Oh ! vous ne courriez pas de côté et d'autre, vous !... vous ne causiez pas avec un tas de monde, comme font la plupart des bonnes auxquelles on confie des enfants. Jésus, mon Dieu !... s'il n'arrive pas malheur aux moutards, ce n'est pas la faute de ces demoiselles !... qui s'occupent de toute autre chose que des enfants qu'on leur confie !

— Hélas ! madame, ma maîtresse est partie pour l'Angleterre avec ses enfants...

— Et vous n'avez pas voulu quitter votre pays, vous ?

— Oh ! je serai bien allée avec madame, mais c'est elle qui n'a pas voulu m'emmener !...

— Et elle vous a laissée comme ça, sans vous avoir placée ailleurs... une jeunesse de votre âge, et qui avez eu tant de soin de ses petits... Ah ! ce n'est pas pas bien, ça... Ça devait être une pas grand'chose que votre dame !... Mais enfin, que faites-vous à présent, mon enfant ?

— Je cherche un autre emploi, madame, mais je n'ai pas encore trouvé... Heureusement j'avais amassé de l'argent chez ma maîtresse, je gagnais cent francs par an !...

— V'la tout ! merci ! elle n'était pas généreuse, vot' dame !

— Oh ! j'avais bien assez, je ne dépensais que pour m'habiller, me nipper... maintenant j'ai des effets et encore soixante francs à moi... je dépense si peu pour vivre... avec cinq ou six sous par jour, j'ai assez...

— Pauvre petite ! vous n'êtes pas gourmande alors... mais vous ne devez vivre que de pain et d'eau ?

— Pardonnez-moi, je prends pour un sou de lait tous les matins, c'est si bon du pain trempé dans du lait !..

— Dame ! c'est bon... pour ceux qui aiment le lait !... C'est égal, ce régime-là vous ôterait bien vite vos couleurs ! Ah ça, vous aimez donc bien les fleurs que je vous vois les regarder si longtemps comme si vous vouliez les embrassez ?

— Les fleurs !... Ah ! madame, j'en suis folle... je ne puis me lasser de les admirer...

— Tiens, tiens !... et ça vous amuserait-il d'en vendre... de faire des bouquets comme j'en fais, moi ?

— Faire des bouquets !... vivre au milieu des fleurs ! vous me demandez si j'aimerais cela ?... Ah ! madame ! ce serait pour moi le sort le plus doux... Il me semble qu'on n'a plus rien à désirer quand on est bouquetière !...

— Eh ben, ma petite, mettez-vous là... à côté de moi... je suis seule, je n'ai ni enfants, ni tenants, ni aboutissants ; je commence à ne plus être si alerte qu'autrefois ; si vous voulez rester avec moi et être toujours aussi sage que... que vous l'étiez quand vous promeniez les deux petites filles, eh ben, je vous garderai... je vous donnerai une part dans mes bénéfices, enfin je ferai de vous une bouquetière, ça vous va-t-il ?

— Si ça me va... être bouquetière !... un état si joli !... Est-ce bien vrai, madame ? vous ne vous moquez pas de moi ?...

— Vrai, comme je m'appelle la mère Gazon ; et vous ?
— Moi, je me nomme Violette.
— Violette !... vous voyez bien que vous étiez destinée à être bouquetière.

Et Violette s'installa à côté de la mère Gazon ; et celle-ci était si contente de l'adresse, du goût avec lesquels la jeune fille faisait des bouquets, qu'elle se félicitait chaque jour de l'avoir prise avec elle.

Puis Violette atteignit quinze ans, seize ans, et elle devenait si jolie, et sa taille prenait des proportions si avantageuses que l'on commençait à remarquer la jeune bouquetière, et que le commerce de la mère Gazon n'en allait que mieux.

Puis vinrent les amateurs, les lorgneurs, les galants qui essayaient d'en conter à Violette ; mais celle-ci ne les écoutait pas, ou du moins ne faisait aucune attention à leurs discours. D'ailleurs, la mère Gazon était aussi là, qui disait à ceux qui adressaient des compliments à sa compagne :

— Laissez-la donc tranquille, c'te petite ! Vous voyez bien que vous l'embêtez avec vos belles phrases qui n'ont ni queue ni tête !... Allez donc vous faire friser, ça vaudra mieux.

Mais un soir, la mère Gazon, qui avait un peu trop abusé du *cassis* qu'elle adorait en liqueur, se sentit une oppression qui la força de garder le lit. Le lendemain elle se trouva plus mal et dit à sa jeune compagne :

— Ma chère Violette, je crois bien que je vais plier bagage pour ne plus rouvrir boutique... je te laisse tout ce que j'ai : mon fonds, mes fleurs, mes meubles, mes pratiques. Sois toujours honnête et sage, ne te laisse pas enjôler... et j'ai dans l'idée que tu prospéreras. Moi, si j'avais été plus sage relativement au cassis, j'aurais pu étaler plus longtemps !... Tant pis !... C'est un petit malheur ; je suis du moins contente de t'avoir près de moi pour me fermer les yeux.

Voilà toute l'histoire de Violette, et comment la petite fille, abandonnée par ses parents, était devenue bouquetière.

III

Georget et Chicotin.

— Mademoiselle, nous voudrions un superbe bouquet, dit madame Glumeau en s'adressant à Violette.

— Oui, dit mademoiselle Eolinde, un boubou... un boubou... qui qui... soit su su..

— Ce n'est pas tout cela ! dit M. Astianax en faisant son possible pour regarder la jolie bouquetière de ses deux yeux à la fois. J'ai mon intention en offrant un bouquet à mon père ; il faut donc que les fleurs rendent mon intention ; mademoiselle, je voudrais un sélam... donnez-moi un sélam.

Violette ouvre ses grands yeux, en répondant :

— Monsieur... je ne connais pas cette fleur-là... elle est peut-être en caisse... ou en pot.

— Mademoiselle, un sélam ce n'est pas une seule fleurs... c'est un arrangement de fleurs... qui dit quelque chose, c'est un bouquet oriental.

— Je n'ai pas de fleurs orientales, monsieur.

— Mais vous ne saisissez pas mon intention. Je veux dire...

— En vérité, Astianax, vous êtes insupportable ; vous allez nous tenir là deux heures, quand vous savez que nous sommes pressés ; choisissez vous-même les fleurs que vous voulez et on vous fera votre bouquet.

M. Astianax, troublé par les jolis yeux de la bouquetière, devient très-rouge et se met à fourrager dans les fleurs qui sont sur l'étalage, en balbutiant :

— C'est que je ne vois pas... Je cherche... Je ne trouve pas... Je voudrais... Vous n'avez donc pas?...

— Dites-moi ce que vous désirez en fleurs, monsieur, cela vaudra bien mieux que de bouleverser ma boutique.

Mais le petit jeune homme ne pouvait se lasser d'admirer la jolie marchande et il ne savait plus ce qu'il voulait choisir.

Le porteur qui tient sur ses bras la caisse du grenadier, qui est très-lourde, et le pot avec le rosier, qui n'est pas léger, dit à madame Glumeau :

— Bourgeoise, si vous êtes là pour longtemps, je vas chercher une hotte... pour mettre ça dedans...

— Mais non... ce n'est pas la peine, commissionnaire, nous allons partir... Eh bien ! mon fils, avez-vous choisi vos fleurs ?

— Je ne trouve pas ce que je cherche.

— Ah ! mon Dieu, Éolinde, n'est-ce pas la cousine Michonnard qui est arrêtée là-bas ?...

— Oui... oui, maman... c'est elle...

— Ah ! si elle nous voit, nous sommes perdues ; elle va s'attacher à nos pas ; nous ne pourrons plus nous en débarrasser... et elle est capable de s'inviter à dîner... Vous savez que votre père ne l'aime pas, parce qu'elle dit toujours qu'il a mauvaise mine... Allons-nous-en bien vite avant qu'elle nous voie... Venez, Astianax.

— Mais, ma chère mère, je n'ai pas de bouquet, moi.

— Tant pis, vous êtes trop long à vous décider. Vous donnerez à votre père un biscuit de Savoie avec son chiffre, ce sera aussi respectueux... Venez, venez... commissionnaire, suivez-nous !

Cette fois, sans écouter les récriminations de son fils, qui prétend qu'un gâteau ne rendra pas ses intentions, la grosse dame lui prend le bras et l'entraîne, mais non pas sans que le petit jeune homme ait lancé au hasard des œillades du côté de Violette.

Au bout de quelques instants, la famille Glumeau avait disparu.

Alors un jeune garçon en blouse, coiffé d'une casquette

et dont la figure fine et spirituelle et la taille mignonne annonçaient tout au plus seize ans, quoiqu'il en eût dix-sept passés, se met à rire en regardant la jolie bouquetière, près de laquelle il était arrêté, et lui dit :

— Eh ben, merci ! en voilà des pratiques ; ils viennent tapoter, remuer, faner vos fleurs, et ils s'en vont sans rien acheter...

— Dame, monsieur Georget, dans le commerce c'est comme ça, on ne peut pas toujours vendre...

— Mais le jeune homme aurait bien voulu rester, je crois... Vous faisait-il des yeux... en zig-zag ! Est-il permis de loucher comme ça ! Je suis sûr que ça l'exemptera de la conscription, car, enfin, quand on voit de travers, on ne doit pas tirer juste sur l'ennemi... C'est égal, vous avez fait sa conquête !

— Mon Dieu, Georget, à vous entendre, tout le monde est amoureux de moi !...

— Mais, il me semble que ce ne sont pas les *soupireux* et les galants qui vous manquent... Il y a des jours où l'on ne peut pas approcher de votre boutique, tant il y a de monde autour de vous !...

— Je n'ai pas à me plaindre, c'est vrai. Je vends beaucoup... Mes bouquets plaisent apparemment...

— Oh ! vos bouquets... et puis vous. Quand la marchande est gentille, c'est ça qui pousse à la vente... et dame... c'est que vous l'êtes fièrement gentille !...

— Georget, vous savez bien que rien ne m'ennuie comme les compliments !

— Alors, vous devez vous ennuyer souvent ! vous en recevez toute la journée !

— Je ne puis empêcher les messieurs qui m'achètent des fleurs de me dire des bêtises ! Mais vous, il me semble que vous pouvez bien vous en dispenser.

— C'est donc des bêtises que je dis ?...

— Au lieu de rester les jours de marché à flâner... à vous promener devant mon étalage, est-ce que vous ne feriez pas mieux de travailler ?

— Ça vous fâche donc, mam'selle, que je m'arrête quelquefois à côté de votre marchandise ?

— Je ne vous dis pas cela... mais, je vous demande si vous ne feriez pas mieux de travailler...

— C'est bon, mam'selle, ça suffit. Je ne me placerai plus près de vous, soyez tranquille !... Du moment que ça vous déplaît !... Je ne...

— Oh ! comme vous avez l'esprit mal fait, monsieur Georget, on ne peut donc pas vous donner un conseil ?

Mais le jeune commissionnaire n'écoute plus la jolie bouquetière ; il s'éloigne en faisant une moue très-prononcée et va s'asseoir plus loin sur une des marches du Château-d'Eau.

A peine est-il assis là qu'un autre gamin de dix-neuf ans, mais grand, fort et vigoureux, et qui a sa casquette posée sur l'oreille, tout à fait en tapageur, vient se placer devant lui en s'écriant :

— Ah ! v'là Georget !... v'là mon p'tit Georget ! C'est heureux, je le croyais avalé par la baleine qu'on fait voir là-bas... derrière nous... Je sais bien qu'elle n'est pas vivante, mais c'est égal ; tu aurais pu encore se faufiler dans sa gueule... Dis donc, Georget, l'as-tu vue, la baleine ?

— Laisse-moi donc tranquille, je n'ai pas envie de causer !

— Eh ben ! moi, je me la suis payée, la baleine, parce qu'enfin n'ayant pas encore vu la mer, je me suis dit : Ça me donnera toujours une idée de ses habitants. Ah ! nom d'un chien ! ai-je été floué... Figure-toi que j'entre dans un endroit long et étroit... ça ressemblait à un corridor en planches. Je n'aperçois rien, pas d'eau du tout. Je me dis : Où diable est la baleine ?... Et, cependant, il y avait un particulier habillé en matelot, qui se promenait dans le corridor en criant à tue-tête : Voyez, messieurs et dames, voyez, examinez ce rare animal ! c'est la première baleine que l'on ait vue en France depuis la conquête des Romains !... Elle a été harponnée au Havre, et on l'aurait amenée à Paris vivante, s'il y avait eu assez de place pour elle dans un wagon de première classe !

Moi, en entendant cela, je m'équartille les yeux pour trouver le monstre marin..... En entrant dans le corridor, j'avais bien vu par terre, entre deux planches, quelque chose comme du terreau, et je m'étais dit : Il paraît qu'on veut planter des fleurs dans la salle pour l'embellir ! Mais, pas du tout... Cette chose noire, entre deux planches, c'était la baleine !... Je m'en aperçois en arrivant au bout du corridor, parce qu'alors je vois une espèce de tête, avec de la barbe qui termine ce que j'avais pris pour du terreau. C'est égal ! j'ai été vexé !... j'ai regretté mon argent et j'ai dit au matelot : Si vous m'aviez annoncé que je verrais une baleine en caisse et desséchée comme un hareng, je ne serais pas entré dans votre baraque... Eh bien, petit Georget, ris donc un peu !

— Je te dis de me laisser tranquille, je ne veux pas rire, moi !

— Mais qu'est-ce qu'il a donc ce petit *môme !* il devient depuis quelque temps triste comme un ventre creux !... je veux t'égayer, moi ; viens, je te paie un canon chez le marchand de vins dans la rue Basse.

— Merci, je n'ai pas soif.

— Et puis tu viendras ce soir au théâtre avec moi !... Oh ! mais c'est du soigné que je te propose... Il ne s'agit pas des *Délasses*, des *Funamb* ou du *Petit Lazare* ; je vas dans les grands théâtres à présent... Je deviens un habitué des *Folies-Dramatiques !* rien que cela... Vois-tu, quand on a vu mam'selle *Duplessis* dans *Une mauvaise nuit est bientôt passée...* on ne peut plus voir autre chose !... c'est magnifique !... Mam'selle *Duplessis* est en camisole de nuit brodée en dentelle comme une mariée susceptible de se mettre au lit... Dieu ! qu'elle est bien ! moi j'en rêve tous les soirs en me couchant !... Et puis *M. Christian*, dans la *Perruque de mon oncle !*... quand il dit toujours : — *Ah ! fichtre !... sacrebleu !... taisez-vous !...* ou *je vous rosse !...* enfin quelque chose dans ce genre-là... c'est ça qui est amusant ! j'ai ri que j'en étais indécent ! et tout à l'heure, tu ne l'as pas vu, il a passé là, M. Christian... le vrai... celui qui joue aux Folies, et il a acheté un bouquet de violettes, et il a souri... parce que je lui ai dit : Monsieur Christian, voulez-vous que je vous porte ?... Hein !... ça l'a fait rire ! Eh ben, Georget..., ohé ! Georget...

petit roquet de Georget ! mais quoi donc qu'on t'a fait, Gringalet !

— Quand tu m'appelleras Gringalet, je te donnerai une gifle à toi, entends-tu ?

— Ah ça, mais ! est-il méchant ce petit !... Sur quoi donc que t'as roulé aujourd'hui ?

— Je puis être petit sans être un Gringalet, ni un roquet... J'ai dix-sept ans et huit mois et dix jours...

— Tu as l'air d'en avoir douze... et encore !...

— L'air n'y fait rien... je ne suis plus un enfant, je n'entends pas qu'on me traite comme un gamin...

— Ah ! tu veux qu'on te respecte peut-être !...

— Si on m'insulte, il faudra qu'on se batte avec moi...

— Dis-moi donc ce que tu as avalé ce matin !... Tu n'es pas méchant comme ça ordinairement !...

— C'est toi qui me taquines ! qui me dis des choses qui me vexent...

— Alors si c'est moi qui ai tort, bats-moi bien vite et que ça finisse... mais moi je ne veux pas me battre avec toi, parce que je suis ton ami, et que je t'aime même avec ta mauvaise humeur !... Allons, voyons... donne-moi des coups !...

En disant ces mots, Chicotin Patatras, c'est ainsi que l'on nomme ce dernier personnage, se pose tranquillement devant son ami et tend le dos comme tout disposé à se laisser battre. Mais en voyant cela, Georget s'est levé, sa colère s'est passée et il tend la main à son camarade en lui disant :

— Y penses-tu !... moi, te donner des coups !... ça serait joli !... Tiens, c'est fini, je ne suis plus fâché... ni toi non plus, n'est-ce pas ?...

— Oh ! moi, je ne l'ai jamais été !...

— Vois-tu, Chicotin, il y a bien des personnes qui disent que tu es un mauvais sujet... un noceur, un bambocheur... on t'a même surnommé Patatras, parce que, partout où tu vas, tu arrives comme une bombe et tu mets tout en boulevari !... Mais moi je te rends justice, aussi je t'ai toujours défendu, car si tu es turbulent, si tu mets quelquefois toute une société en désarroi, c'est égal, tu as bon cœur, et quand tu as de l'amitié pour quelqu'un, celui-là peut compter dessus.

— Pardi! on est ami ou on ne l'est pas... Une porte est ouverte ou fermée, de deux choses... quatre! je ne connais que ça! Voyons, viendras-tu aux Folies-Dramatiques ce soir avec moi? je te régale... j'ai des noyaux... j'ai porté un bouquet chez la jeune dame! Ah! fichtre, il paraît qu'il a fait plaisir ce bouquet-là!... elle m'a mis cinq francs dans la main, le monsieur m'en avait donné autant! total deux roues de derrière, six fois plus que le bouquet ne valait!... Mais les amoureux! parlez-moi de ça pour être généreux quand c'est content..., et que c'est en fonds?... *C'est l'amour, l'amour, l'amour, qui fait le monde à la ronde!*...

— Oh! oui, les amoureux riches! ils sont heureux ceux-là! ils peuvent faire de beaux cadeaux à leur belle!...

— Bath! c'est pas ça que j'envie, moi, d'autant plus que j'ai remarqué que ce ne sont pas ceux qui font le plus de cadeaux qui sont le plus aimés!... on met un peu plus de soin à les tromper, voilà tout!... Je vois tant de choses, moi, en faisant les commissions, en ouvrant les voitures, en demandant des contre-marques!... Mais les acteurs! oh! les acteurs!... quand je peux être employé par l'un deux... *suis-je t'y* content!... J'ai été une fois sur le théâtre, c'est-à-dire sous le théâtre, à l'Ambigu!... mais c'est encore joliment amusant, et on voit bien des choses.... qu'on ne s'attend pas à voir!... Mais tu ne m'écoutes pas, Georget.., Ah! bon, je devine ce qui t'occupe... toujours les yeux tournés de ce côté-là!... Mais c'est donc fini! tu es donc amoureux pour de bon!...

— Tais-toi, Chicotin, ne dis pas ça... je t'en prie!...

— Je le dis parce que je le vois... faut pas être somnambule... pour deviner ça!... tu es amoureux de la jolie bouquetière, mam'selle Violette!...

— Je n'ai jamais dit cela à personne!

— Tu n'as pas besoin de le dire... c'est assez visible... c'est ça qui te rend tout chose... qui te change le caractère... qui te donne un air d'humeur, une mine sombre comme *M. Goujet* de la Gaîté quand il fait les traîtres, les séducteurs qui enlèvent des jeunes filles ! Ah ! qu'il était superbe dans *Martin et Bamboche* ! j'étais bien gamin quand j'ai vu ça, c'est égal j'ai encore la pièce dans la tête... ça m'avait frappé. Il avait une redingote blanche... un peu chiquée... pas *Bamboche*, M. Goujet, il faisait un fils très-bien mis, et très malhonnête avec son père !... Bon ! il ne m'écoute pas parce que je ne parle plus de la bouquetière !... Mais ça te rend donc imbécile, ta passion ?... A ton âge, est-ce qu'on est amoureux pour de vrai... Moi, j'aime bien les jolies filles aussi ! mais ça ne me rend pas si bête que toi ! ça ne me dure jamais plus d'une semaine !... Laisse donc venir ta barbe ! alors tu auras le droit de te poser en amoureux sentimental ! Ah ! le v'là qui devient rouge et ponceau... Qu'est-ce qui se passe donc !... Bon !... j'y suis ! parce que deux beaux messieurs, deux fringants se sont arrêtés et regardent les fleurs de la bouquetière... ne voudrais-tu pas que personne ne lui achetât... à ta belle marchande? elle ferait un joli commerce alors !...

— Oh ! c'est que... ces deux jeunes gens-là... je les connais... ils viennent bien souvent lui acheter... et ils lui disent toujours des bêtises... le plus grand surtout... est-ce qu'il n'a pas osé une fois lui proposer d'être sa maîtresse ! Ah ! si le grand Chopard ne m'avait pas retenu, j'allais sauter sur lui... je l'aurais égratigné, mordu !...

— Eh ben ! eh ben ! c'est comme ça que tu veux arranger les pratiques de mam'selle Violette ! merci, tu lui ferais une bonne maison.

— C'est ce que Chopard m'a dit... pour me calmer.

— D'ailleurs est-ce que tous les *dindys*... c'est comme ça qu'on appelle ces messieurs-là, est-ce que tous les jeunes *dindys* ne disent pas toujours de ces choses-là aux femmes... surtout quand elles sont gentilles?... C'est dans leurs mœurs... il faut qu'ils fassent constamment les séducteurs, sans ça, ce ne serait plus des *dindys* !... Mais moi aussi je connais un de ces jeunes gens : d'abord le plus grand c'est un auteur, ça veut dire un homme qui fait des pièces; celui-là s'appelle Jéricourt... j'ai porté des lettres chez lui quuquefois, de la part de l'autre pas si grand... Oh! celui-là m'a souvent employé... il est pour le moment l'amant d'une actrice des Folies... une petite blonde aux yeux noirs... qui joue les Rigolettes... mademoiselle Dutaillis!... Je parie que c'est pour elle qu'il va acheter un bouquet... et puis il la mène dîner chez Bonvalet... et puis, quand elle joue, on m'envoie à chaque instant au théâtre, au contrôle, demander où l'on en est. Je m'adresse à un bel homme qui est là... assis en dedans et qui me répond d'un air malin : Allez dire à mademoiselle Dutaillis qu'elle a encore le temps de manger un plat... pourvu que ce ne soit pas de la carpe, parce que les arêtes lui feraient manquer son entrée.

— Oh! oui, je sais bien que ce n'est pas le blond qui est dangereux pour Violette... c'est l'autre!...

— Et pourquoi l'autre le serait-il dangereux, puisqu'on assure que la jolie bouquetière est sage!... Toi-même me l'as répété cent fois.

— Certainement qu'elle est sage... très-sage... Si elle ne l'était pas, si c'était une coureuse, est-ce que j'en serais toqué comme ça?

— Alors qu'est-ce que cela te fait qu'on lui adresse des compliments, des galanteries?... elle ne les écoutera pas...

— Que sait-on!... une jeune fille finit quelquefois par se laisser attraper par tous ces discours mielleux... On leur offre des toilettes, des bijoux, des plaisirs, de l'amour... tout ça est bien tentant... Tiens, vois comme il lui parle de près ce grand musqué... comme il se penche sur la boutique... Oh! tant pis... il en arrivera ce qu'il pourra... je vais aller lui dire de se tenir autrement, à ce monsieur...

— Par exemple! veux-tu bien rester là... Ça t'ennuie qu'il cause avec la bouquetière, eh bien, laisse-moi faire... on ne m'a pas surnommé Patatras pour rien!

IV

Deux jeunes gens très-connus.

Deux jeunes gens étaient en effet arrêtés devant l'étalage de la jolie bouquetière ; tous deux pouvaient avoir de vingt-six à vingt-huit ans ; leur mise excentrique annonçait des lions, ou du moins des prétentions à le paraître.

Le plus petit, surtout, avait un pantalon à carreaux de couleurs très-tranchées, et chaque carreau était si grand qu'un seul couvrait la cuisse et ne finissait quelquefois qu'au mollet ; son paletot en drap léger descendait à peine au-dessous de la taille et, lorsqu'il se courbait un peu en avant, laissait voir tout en plein le fond de son pantalon. Il portait sur sa tête un chapeau gris à longs poils et à larges bords ; enfin, il avait plaqué sur un œil un petit morceau carré en verre, enchâssé dans de l'écaille, et qui, au repos, pendait après un ruban noir, et flottait par-dessus son gilet de piqué chamois.

C'était, sous cet accoutrement léonin, un très-joli garçon, ayant des yeux noirs, un nez aquilin fort bien fait, une bouche petite et vermeille, de belles dents, de jolies couleurs roses, une petite fossette au menton, des favoris bien blonds, une barbiche très-pointue, et avec tout cela un air bête qui n'était nullement trompeur.

Ce joli garçon avait été commis dans une maison de commerce avec huit cents francs d'appointements, et aucune gratification au bout de l'année ; à cette époque, on conçoit que sa mise était beaucoup moins élégante, et qu'il lui était difficile de suivre les modes. Mais, tout à coup, un parent éloigné était mort en lui léguant soixante mille francs en espèces. Cette fortune inattendue, qui permettait à ce jeune homme de réaliser ses vœux les plus chers, ses plus douces espérances, lui avait presque tourné la tête.

D'abord, il commença par corriger son extrait de baptême ; il s'appelait Benoît Canard, noms qui sonnaient désagréablement à son oreille et n'avaient rien de romantique ni d'élégant : il se fit appeler Alfred de Saint-Arthur, ce qui devait nécessairement attirer l'attention des dames. Quand un homme se nomme Alfred de Saint-Arthur, ce ne peut-être qu'un personnage de la haute, comme disent les lorettes du quartier Bréda.

Puis, Alfred avait bientôt quitté sa place, pris un appartement charmant, acheté un cabriolet et un cheval, et s'était fait habiller par un des premiers tailleurs de Paris ; il avait eu pour maîtresses des actrices, choisissant toujours celles dont on parlait le plus, et qui avaient fait faire à leurs amants le plus de folies ; car, si M. Alfred de Saint-Arthur avait du penchant pour cette vie de plaisirs, de bombance et d'extravagances que mènent quelques favoris de la fortune, et qui n'est excusable que chez ceux qui ont vraiment les moyens de la soutenir, ce qui flattait surtout le jeune homme, c'était de se faire voir, de se mettre bien en évidence avec une femme à la mode, de se pavaner aux avant-scène d'un théâtre, de se montrer en calèche au bois de Boulogne, de faire beaucoup de bruit en entrant chez le traiteur, de trouver tous les cabinets incommodes, de crier après le garçon, de ne rien trouver de bon, de parler toujours très-haut pour être entendu de tout le monde, de ne fumer que des cigares à huit sous, et de voir, lorsqu'il était à la promenade, tout le monde se retourner pour le regarder.

Enfin, il fallait qu'Alfred fît de l'effet ; les mêmes plaisirs, pris dans l'intimité, sans bruit, sans témoins et en loges grillées, lui auraient semblé fades, insipides et insignifiants ; mais attirer les regards, faire sensation, être remarqué en entrant dans une salle de spectacle ou de concert, c'était pour lui le suprême bonheur. Il ne devinait pas que beaucoup de gens disaient en l'apercevant :

— On dit qu'il a déjà mangé trente mille francs avec elle !

— Je le crois assez sot pour cela !... du reste il en a bien l'air....

— Quelle mise ridicule !

Et c'était pour se faire cette réputation que le jeune Alfred avait, en une année, mangé plus de trente mille francs ; c'était plus de la moitié de la fortune dont il avait hérité. En continuant le même train de vie, il n'en avait pas encore pour une année ; mais, une fois dans le chemin des folies, il y a des gens qui vont toujours et ne savent point s'arrêter. La culbute qui les attend, et dans laquelle ils entraîneront quelques amis trop confiants, est là, devant eux, inévitable s'ils persistent dans la même route... ils le savent et ils vont toujours.... Sont-ce des imbéciles ou des fripons ?... Ils méritent nécessairement ces deux qualifications.

L'autre personnage n'est point aussi joli garçon que M. Alfred de Saint-Arthur, mais il n'a pas l'air bête, il a même dans ses yeux une expression de finesse qui tourne quelquefois à la moquerie ; il n'a point un pantalon ni un paletot aussi exagérés que son ami, mais tout le monde ne se retourne point sur lui ; il n'a point une maîtresse à la mode pour laquelle il fait des folies, mais il tâche d'être au mieux avec celles de ses amis ; il ne mange pas sa fortune parce qu'il n'en a point, et n'a point quitté sa place parce qu'il n'en a jamais eu. Cependant, comme il faut tâcher dans le monde d'avoir, à défaut de fortune, un talent, un état ou une position, Jéricourt s'est fait auteur. Il ne s'est pas demandé s'il avait pour cela la vocation et l'esprit nécessaire, il s'est dit : Je veux être auteur, et comme, avec de la persévérance et une grande assurance, on arrive ordinairement à son but, Jéricourt, à force de fréquenter le café où se rendent habituellement les jeunes gens qui travaillent pour le théâtre, s'est faufilé parmi eux, a joué au billard avec l'un, aux dominos avec un autre, est devenu de leur société, puis a parlé de pièces, de plans, d'idées originales qu'il disait avoir trouvées ; et quand on lui répondait :

— C'est connu, on a déjà traité ce sujet-là cinquante fois ! il s'écriait :

— Je ne vois pas pourquoi on ne le traiterait pas cinquante et une fois ! ce qui a déjà réussi si souvent réussira encore. C'est une duperie de chercher à faire du nouveau, on risque de tomber ; tandis qu'en marchant dans les routes déjà tracées, on est certain d'arriver sans encombre.

Jéricourt trouva des gens de son avis ; et c'est ainsi qu'il devint auteur, en refaisant ce que d'autres avaient fait avant lui. Puis il finit lui-même par se croire inventeur, homme de génie, et par le faire croire à des imbéciles de la force de son ami de Saint-Arthur. *Numerus stultorum est infinitus !*

— Voyons, jolie bouquetière, il me faut un bouquet mirifique ! mirobolant !... a dit Alfred en s'arrêtant devant Violette ; c'est pour une dame qui s'y connaît... et qui a déjà eu les plus beaux bouquets qu'on ait faits à Paris... n'est-ce pas, Jéricourt ?... Ah ! sapristi !... je n'ai plus de cigares... Jéricourt, mon cher ami, faites-moi donc une cigarette.

— Vous ne les aimez pas.

— Ah ! il est vrai que j'ai tellement l'habitude des panatellas.... Ah ! voilà une petite femme qui vient de passer, là-bas.... Elle s'est retournée pour me regarder... Si je n'étais pas si pressé, je la suivrais...

— Ah ! vous feriez donc des infidélités à Zizi Dutaillis ?...

— Oh ! pardieu !... une petite intriguette en passant... Faites-moi une cigarette, cher ami. Eh bien ! bouquetière... vous ne m'offrez rien ?...

— Dame, monsieur, voyez... choisissez là-dedans...

— Que je choisisse là-dedans !... mais tout cela est affreux.... Tous ces bouquets-là sont bons pour des figurantes du Cirque !... Je n'en veux pas... Je vous ai dit que je voulais quelque chose de merveilleux... un bouquet comme on n'en a pas encore vu, enfin !...

— Je vais vous en faire un, monsieur.

— A la bonne heure! mais dépêchons-nous... Zizi m'attend... elle n'aime pas attendre... elle a les nerfs agacés quand je suis en retard.

— Voilà votre cigarette....

— Merci, mon bon... Avez-vous du feu ?...

— Toujours, quand je suis devant cette charmante bouquetière.... Regardez donc ces yeux !... avez-vous jamais rien vu de plus séduisant?...

— C'est vrai !... pour des yeux de bouquetière, ils sont très-bien.

— Et ce nez, cette bouche... cet air de cruelle, qui lui irait si bien... surtout s'il n'était pas vrai !...

— Ah ! mademoiselle est cruelle ?

— Hélas ! oui, mon cher Alfred !... Croiriez-vous que voilà près d'un mois que je soupire pour elle, et sans être plus avancé !

— Que diable, mon bon, vous ne savez pas vous y prendre !... Vous me donnez envie d'en conter à la marchande de fleurs... Si je m'en mêlais, je gage que l'affaire irait plus vite... n'est-il pas vrai, petite ?

En disant cela, Alfred veut prendre le bras de Violette, mais celle-ci lui tape sur les doigts avec un paquet de roses et de lilas qu'elle tient à la main ; et, comme il se trouvait quelques épines dans le paquet, le joli garçon fait la grimace en retirant sa main.

— Bigre ! mais elle m'a meurtri les doigts... C'est donc une Lucrèce que cette bouquetière ?...

— Je vous ai dit qu'elle me résistait, et vous voulez vous y frotter !

— Elle fait des manières... mais si on avait le temps !.. J'ai bien peur d'être en retard... Zizi sera de mauvaise humeur... elle joue ce soir... elle est bien plus nerveuse quand elle joue !... Jéricourt vous venez dîner avec nous, n'est-ce pas?

— Impossible !

— Bath ! pourquoi donc impossible?

— Parce que je dîne avec cette charmante fille... avec la bouquetière... N'est-il pas vrai, Violette, que vous dînez avec moi aujourd'hui ?

— Monsieur, je croyais vous avoir répondu l'autre jour de façon à ce que vous ne me feriez plus de telles propositions...

— Ma chère amie, vous êtes trop séduisante pour rester longtemps sage... pourquoi ne me donneriez-vous pas la préférence !... Je vous mettrais dans votre chambre; de jolis meubles... de jolies toilettes... au spectacle tous les soirs... voilà la vie qui vous attend.

— J'aime mieux vendre mes bouquets, monsieur.

— Cela n'a pas le sens commun !... A moins que vous n'ayez quelque passion dans le cœur qui vous éloigne de moi, vous devez me céder.

— Non, monsieur, je ne vous dois rien, pas plus vous céder qu'autre chose...

— Ah ! ah ! ah ! ce pauvre Jéricourt qui échoue près d'une bouquetière... ça fera bien rire Zizi ! je vais lui dire cela en dînant... Ah ! belle marchande ne me faites pas mon bouquet tout blanc, s'il vous plaît... L'autre jour j'en avais offert un comme cela à Zizi, elle a prétendu qu'il ressemblait à un chou-fleur...

— Tenez, monsieur, comme cela... le trouvez-vous bien ?

— Mais oui... pas mal... cela ne manque pas de chic !... Je crois qu'il fera de l'effet... Voyons, Jéricourt, puisque mademoiselle Violette refuse le dîner que vous lui offrez, il me semble que vous pouvez bien accepter le mien... Si je ne vous amène pas, Zizi me fera la mine ; elle est bien plus gaie quand vous êtes là ; ça se comprend, vous la faites rire... vous lui faites des calembours... et elle assure qu'il n'y a pas de bons dîners sans calembours.

— Je vous répète, Alfred, que mademoiselle Violette ne sera pas inexorable... moi qui veux la lancer... en faire une femme à la mode... et je le puis, j'ai tous les petits journaux à ma disposition...

— Il ne vous ment pas, jeune fille, et les petits journaux sont les seuls qu'on lise à présent, car ils sont bien plus amusants que les grands... Moi, d'abord, je ne connais rien au-dessus du *Tintamarre!*... O Dieu! le *Tintamarre!*... Voilà un journal qui me désopile la rate!... J'apprends dedans des calembours que je redis à Zizi... malheureusement je ne les retiens jamais bien, ce qui fait qu'elle ne les comprend pas... Ah! le beau bouquet... Voyons, cher ami, venez-vous?

Et le joli jeune homme aux favoris blonds tient dans une main son énorme bouquet et de l'autre cherche à emmener son ami, qui, penché à demi sur l'étalage de la bouquetière, la regarde de fort près quoiqu'elle fasse son possible pour se reculer.

C'est en ce moment que Chicotin Patatras, qui venait d'aviser un de ses camarades à quelques pas de la boutique de Violette, avait couru donner un croc-en-jambe à son ami, manière d'entamer la conservation assez en usage chez les gamins. Celui-ci, pris à l'improviste s'était étalé sur le boulevard, puis en se relevant il avait vu Chicotin qui riait, se moquait de lui et semblait le défier de lui en faire autant; aussitôt il s'était mis à courir vers lui. C'était bien ce que le jeune Patatras espérait; lorsqu'il voit son camarade sur le point de l'atteindre, il fait un bond en arrière de façon à se jeter sur les personnes qui sont devant l'étalage de Violette.

C'était sur Jéricourt que Chicotin espérait tomber, mais n'ayant pas bien pris ses mesures, c'est sur le jeune lion, Alfred de Saint-Arthur qu'il va lourdement se cogner; le choc a été si rude et si inattendu par Alfred, qui, alors tournait le dos aux passants, qu'il tombe en avant, le visage sur l'étalage de la bouquetière, et l'étalage n'étant pas assez solide pour résister au poids qu'il reçoit, se renverse à son tour sous le joli garçon.

Violette pousse un grand cri en voyant sa marchandise dispersée sur le bitume et M. de Saint-Arthur qui a l'air de vouloir nager dans ses fleurs.

Jéricourt, tout surpris de cet accident inattendu, reçoit aussi quelques coups de pied de Chicotin Patatras; car celui-ci, toujours poursuivi par son camarade qui vient de l'atteindre, commence avec lui une lutte qui n'est que pour jouer, mais dans laquelle, tout en ne voulant que rire, ces messieurs se distribuent des coups si bien appliqués que les personnes qui se trouvent trop près d'eux en reçoivent les éclaboussures.

— Voulez-vous bien finir... ou allez vous battre ailleurs, rustres que vous êtes! s'écrie Jéricourt. Regardez ce que vous avez fait!... toutes les fleurs de la bouquetière sont à terre...

— Ah! c'est encore ce mauvais sujet de Patatras, dit Violette; il n'en fait jamais d'autres!... il faut qu'il mette le désordre partout! c'est affreux cela!... je me plaindrai à l'inspecteur.

— Ah! pardon... excuse, mam'selle Violette, dit Chicotin en se relevant, vous pensez bien que c'est pas exprès que je suis tombé contre votre boutique... C'est de la faute à Chopard... pourquoi qu'il me poursuit jusque dans vos pratiques où je m'étais réfugié?

— Pourquoi es-tu venu me donner un croc-en-jambe quand je ne te disais rien... à toi?

— Je t'en donnerai encore quand ça me plaira, grand Bobêche!

— Oui, viens-y voir donc... Tu vas voir!...

— Ah! sapristi! allez-vous recommencer!... drôles?... au lieu de ramasser ces bouquets que vous avez fait tomber...

— Mais votre ami est tombé aussi, monsieur, et il ne se relève pas... Aidez-le donc... il s'est peut-être blessé?...

A ces mots de Violette, Jéricourt daigne enfin s'occuper de son compagnon; avec l'aide de Chicotin, il parvient, non sans peine, à le remettre sur pied; car Alfred était presque suffoqué : deux boutons de rose étaient entrés dans chacune de ses narines et y avaient pénétré assez avant pour les boucher hermétiquement; comme avec cela il avait la bouche sur un paquet de giroflées, il ne pouvait plus respirer et commençait à devenir cramoisi.

Une fois remis sur pied, il ouvre la bouche comme s'il voulait avaler tout ce qui est autour de lui et secoue la tête pour tâcher de se débarrasser des deux boutons de rose dont les queues ornées d'épines lui chatouillent désagréablement le bas de la figure. Mais il ne peut en venir à bout : il faut que Jéricourt tire une des queues et Chicotin une autre, pour débourrer le nez de ce monsieur. Cette opération ne se fait pas sans que M. de Saint-Arthur pousse quelques cris, mais enfin son nez retrouve son courant d'air et tout le monde est rassuré.

Ce qui préoccupe le plus le jeune lion lorsqu'il a recouvré toutes ses facultés, c'est qu'en tombant il a cassé une de ses bretelles, et de ce côté son pantalon à sous-pieds n'est plus tendu.

— Tous les malheurs à la fois! s'écrie Alfred; j'ai cassé ma bretelle gauche... Mais qui diable s'est donc jeté sur moi comme une bombe et m'a poussé sur cet étalage ?...

— Pardon, bourgeois, mon maître.. mon excellence... c'est par hasard sans le faire exprès... en jouant avec Chopard...

— Comment, gredin, c'est toi... Ah! je te reconnais... je t'ai employé plusieurs fois...

— Oh! je m'en souviens bien! vous êtes de ces personnages généreux... et distingués, qu'on n'oublie pas... J'ai souvent ouvert votre calèche, mon maître, même que vous êtes toujours avec de si jolies dames... des dames de théâtre! et si bien mises!... que tout le monde vous regarde. Faudra-t-il attendre chez M. Bonvalet, mon maître, si vous avez à m'envoyer savoir *ousque* la pièce en est?

— C'est bon... c'est bon... nous verrons.... Après tout! comme il ne l'a pas fait exprès.... Et mon bouquet, qu'est-il devenu dans cette bagarre ?

— Le voilà, monsieur, dit Violette, il n'a rien eu, lui, heureusement....

— C'est ma bretelle cassée qui me contrarie le plus... mon pantalon fait des plis de ce côté-là.... c'est horrible... je donnerais trente francs d'une bretelle !

— Voulez-vous la mienne, bourgeois ?

— Non pas ! merci... ce serait coquet...

— Je vais courir vous en acheter une paire chez le pharmacien de la rue du Temple.

— Qu'est-ce qu'il dit, cet imbécile? murmure Jéricourt, des bretelles chez le pharmacien... est-ce que tu veux les prendre en pâte de guimauve ?...

— D'ailleurs, je n'ai plus le temps de m'arrêter, s'écrie Alfred, Zizi va me faire une scène affreuse... elle sera d'une humeur massacrante... et si elle voit que mon pantalon fait des plis... ce sera bien pis !... et elle le verra... c'est toujours là qu'elle porte ses yeux quand je l'aborde... elle est si sévère sur la mise... et elle me l'a dit une fois : « Un homme qui n'aurait pas des bottes à tiges de maroquin ne mettrait jamais les pieds chez moi ! »

Voyons, Jéricourt, venez-vous ?

Le grand Jéricourt se décide enfin à s'en aller avec son ami ; car la bouquetière, tout occupée à ramasser ses fleurs, ne semble pas disposée à rire, et il voit qu'il faut, pour ce jour-là, renoncer à se faire écouter. Il s'éloigne donc en donnant le bras à Alfred de Saint-Arthur qui, tout en marchant, fait son possible pour tirer son pantalon par le haut. En voyant ces messieurs s'éloigner, Chicotin Patatras fait un petit signe de tête à Georget qui n'est pas loin et lui répond par un sourire.

Et, tout en tâchant de remettre en ordre ses fleurs sur son éventaire, Violette a fort remarqué tout cela.

V

Une loge de portier.

Dans une assez belle maison de la rue d'Angoulême, sur les onze heures et demie du soir, la sonnette de la rue, tirée avec violence, fait faire un soubresaut à M. Baudoin, portier, qui, assis sur sa chaise, commençait à s'endormir, tandis que son épouse Hildegarde profitait de cela pour entr'ouvrir un petit buffet et y prendre une bouteille dont elle avait aussitôt introduit le goulot dans sa bouche, aspirant ensuite plusieurs gorgées d'un liquide qu'elle paraissait savourer avec volupté.

Baudoin le portier est un grand homme sec, pâle de visage, blond de cheveux, qui a cinquante ans bien sonnés mais qui se tient très-droit et est encore alerte comme un jeune homme. A son emploi de portier, il joint celui de garçon de bureau dans une maison de roulage, ce qui ne l'occupe que jusqu'à six heures. C'est un honnête homme auquel on peut sans crainte confier sa maison et sa caisse; il fait avec ponctualité ce qu'on lui commande, à moins qu'il n'ait pas bien compris cependant, mais alors il ne faut pas lui adresser de reproches, car Beaudoin se fâcherait, car il a infiniment d'amour-propre et la prétention de ne jamais se tromper; et lorsqu'il se fâche, Beaudoin jure comme un charretier et devient colère comme un dindon.

Hildegarde, l'épouse du portier, a trois ou quatre ans de plus que son mari; elle a été gentille et tendre; elle est très-mal conservée, et avec l'âge son penchant à la tendresse s'étant porté sur l'eau-de-vie, madame Baudoin s'est considérablement négligée; il y a dans sa toilette un laisser-aller déplorable qui fait que rien n'est à sa place. Baudoin, qui est toujours propre et vêtu convenablement, reproche souvent à sa femme le peu de soin qu'elle apporte dans sa mise, et comme il a aussi découvert le malheureux penchant de sa femme pour le trois-six, il joint quelquefois à ses reproches des corrections frappantes, qui font fortement beugler Hildegarde, qui promet bien de ne plus retomber dans son vilain défaut, et qui ne manque pas d'oublier cette promesse dès qu'elle croit que son mari n'en saura rien.

Madame Baudoin est avec cela un véritable type de portière: bavarde, curieuse, cancannière, indiscrète, point méchante dans le fond, mais capable de faire battre tout le quartier avec des mots dits sans intention. Son mari la gronde encore assez souvent pour cela, mais : *Chassez le naturel, il revient au galop !*

Au bruit de la sonnette, au soubresaut que vient de faire son mari, la portière toute troublée, et comprenant qu'elle n'a pas le temps de remettre la bouteille d'eau-de-vie dans le buffet, la pose vivement à terre entre ses jambes, puis se hâte de s'asseoir, ayant ainsi sa bouteille chérie à la place où les marchandes en plein vent mettent leur *gueux*.

— Je crois qu'on a sonné ? dit Baudoin en se frottant les yeux.

— Oui, mon ami, oui, on a sonné pour sûr ! répond la portière sans bouger de dessus sa chaise.

— Eh bien, tire donc le cordon, Hildegarde ; tu en es tout près.

— Mon ami, tu le tireras bien mieux toi-même... Tu n'as qu'à allonger le bras... en te penchant un peu...

— Ah ça, pourquoi donc ne veux-tu pas tirer le cordon quand tu es à côté... Qu'est-ce que c'est que ce genre-là ?...

— C'est... c'est... que je l'ai tiré tout à l'heure quand les locataires du premier sont rentrés, ainsi c'est à ton tour.

— Ah ! c'est donc une nouvelle manière que tu vas prendre !... Madame a peur de tirer le cordon plus que moi qui rentre échiné, éreinté d'avoir couru tout le jour dans Paris... en voilà une paresseuse !

— Mon Dieu ! est-il possible d'être méchant comme ça pour sa femme !... avoir si peu de complaisance... Ah ! monsieur Baudoin, que vous êtes changé !...

Pendant que ce petit dialogue avait lieu entre le couple préposé à la garde de la maison, la personne qui avait sonné restait à la porte, ce qui est rarement agréable lorsqu'on rentre le soir. Un second coup de sonnette, beaucoup plus violent que le premier, annonce que l'on s'impatiente.

Baudoin se décide à tirer le cordon, mais tout en disant à sa femme :

— Ah! ben bigre! tu me le paieras, Hildegarde! ah! cré nom d'un nom! je t'en réponds.

Hildegarde ne répond rien et continue de couver sa bouteille.

On est entré, on a refermé la porte de la rue, et bientôt un monsieur paraît à l'entrée de la loge du portier, et dit d'une voix brève :

— Donnez-moi ma lumière.

— Ah! oui, monsieur Malberg, tout de suite, monsieur Malberg... Hildegarde, prends donc le chandelier de M. Malberg qui est derrière toi sur le buffet. Tu allumeras la bougie à notre lampe... ou plutôt allume la bougie avec une chimique, parce que le verre de notre modérateur est fêlé, il pourrait te rester dans la main... Vous venez du spectacle sans doute, monsieur Malberg? on dit qu'on joue une belle pièce dans ce moment *ici;* je ne sais plus à quel théâtre, mais c'est égal, il paraît que c'est beau tout de même! vous avez sans doute été voir celle-là?

— J'ai été où j'ai voulu, cela ne vous regarde pas! répond le locataire d'un ton qui n'engage pas à continuer la conversation. Eh bien!... et cette lumière... est-ce pour ce soir? et comptez-vous me faire attendre là aussi longtemps que dans la rue...

— Comment, Hildegarde, tu n'as pas encore *allumé la lumière* de monsieur Malberg! ah ça, mais à quoi penses-tu donc? Dieu me pardonne, monsieur Malberg, je crois que mon épouse devient sourde ou imbécile... elle a quelque chose ce soir... il n'est pas possible... elle aura flûté... vous savez son malheureux défaut qui la conduira à sa perdition! et ce n'est pas manque que je cherche à la corriger... par toutes les voies qui me sont dévolues.

Mais Hildegarde qui a ses raisons pour ne point bouger de dessus sa chaise, s'empresse de répondre :

— Ah! oui, elles sont jolies les voies que vous employez... Je vous conseille de vous en vanter... vous devriez être honteux!... un homme qui a de l'éducation... qui est derrière les commis, dans un bureau... porter la main sur son épouse... oui, monsieur Malberg... je ne rougis pas de vous l'avouer, monsieur Baudoin *a la turpitude* de me battre !.. c'est du propre, n'est-ce pas ?

Mais celui auquel on adresse ces questions, s'apercevant que l'on ne s'occupe pas du tout de lui donner de la lumière, ouvre entièrement la porte de la loge, prend son chandelier, allume la bougie à l'aide d'un morceau de papier et monte l'escalier sans avoir dit un mot de plus au portier et à sa femme, qui continuent leur conversation.

— Eh bien, Hildegarde, vois-tu ce dont tu es cause ?... voilà M. Malberg qui a allumé son flambeau lui-même... Quelle opinion aura-t-il de nous ?

— Ah ! je m'en fiche pas mal ! avec ça qu'il est aimable ce locataire-là !... un homme qui ne cause jamais ! qui répond à peine quand on lui parle, et toujours d'un ton sec et bourru... comme s'il était continuellement en colère.

— C'est vrai que ce monsieur ne rit guère... mais enfin si c'est son caractère, il y a des gens que ça amuse d'être tristes... Du reste, c'est un homme qui occupe un appartement de onze cents francs, et qui paye *recta*, sans qu'on ait besoin de lui rappeler que c'est le terme, et qui a de très-beaux meubles, et des glaces dans toutes ses chambres, ce qui fait que le propriétaire a pour lui une grande estime !

— Oh ! je ne dis pas que ce soit un va-nu-pieds !... mais pourquoi qu'il n'a pas une bonne... qui viendrait jaser le soir dans notre loge... comme c'est l'usage des bonnes gens bien élevées... au lieu de ce vilain moricaud... ce nègre jaune... qui ne sait que cirer son appartement et ses bottes ?... est-ce qu'on peut appeler ça un domestique ? il devrait me prendre pour faire son ménage... c'était mon droit !...

— Hildegarde, tu oublies que le propriétaire ne veut pas que tu fasses des ménages... Il est certain que si tu t'absentais pendant que je suis à mon emploi, il ne resterait plus que le chat pour garder la loge... et répondre au public !

— Jolie porte ! où la portière n'a pas la liberté de faire des ménages... c'était là toute mon ambition...

— Ah ! oui, c'est ça que tu nous as fait renvoyer de la loge que nous avions avant celle-ci, parce que tu faisais les ménages des jeunes gens du quatrième, et tu *leurs-y* buvais toutes les liqueurs.

— C'est pas vrai, c'est des calomnies !

— Ne revenons pas là-dessus... Je suis bien mortifié que monsieur Malberg ait été obligé d'allumer sa bougie lui-même... c'est une tache sur notre compte...

— Eh ben, il fallait la lui allumer alors, puisque tu as ça sur l'estomac !

— Tais-toi, Hildegarde, tu es bien malapprise ce soir, tu dis du mal sur tout le monde... tu trouves mauvais que monsieur Malberg ait un nègre jaune pour le servir, et tu ne sais pas que c'est très-distingué, cela. Les gens huppés ont toujours des gens de couleur à leur suite.

— C'est une fichue mode... encore s'il était aimable ce vilain Pingo... ou Poncoau... je ne sais jamais son nom.

— Pongo !

— Ah ! qué chien de nom ! Pongo ; mais il ne cause jamais, le moricaud... ou bien il parle tout seul... il dit des mots que je ne comprends pas... je crois qu'il parle marocain !

— Tiens, Hildegarde, il est tout à l'heure minuit, couche-toi, c'est ce que tu peux faire de mieux.

— Tout le monde n'est pas rentré.

— Si fait, tout le monde... excepté le petit Georget... qui niche sous les toits avec sa mère... A propos, comment qu'elle va aujourd'hui cette pauvre femme ?

— Pas trop bien !... elle a *z'évu* encore des faiblesses dans l'après-midi, que j'ai cru qu'elle allait *éteindre son gaz!*...

— Et son fils n'est pas rentré à minuit !... voilà ce que j'appelle un mauvais sujet ! un fieffé polisson !... Vois-tu, Hildegarde, le ciel ne nous a pas donné d'enfants, eh bien, je l'en remercie dans mon for extérieur, parce que ce n'est pas toujours du miel pour les parents... et que souvent c'est l'absinthe qui domine, comme je le vois relativement à cette pauvre mère Georget !

— L'absinthe... l'absinthe... je no l'*haïs* pas !... ça fait la digestion !

— Oh ! pardi ! tu n'*haïs* aucun liquide, toi... mais je sais que l'absinthe c'est sournois pour la santé ; j'ai entendu au bureau messieurs les commis qui parlaient de deux artistes de talent qui *joussaient* au théâtre et qui se sont péris par l'absinthe, sans compter plusieurs qui sont en train d'en faire autant.

— Bath ! c'est des bêtises !

— Voyons, Hildegarde, couche-toi donc... j'en ferai autant tout à l'heure, et si le petit Georget passe le quart, je le laisse à la porte... je ne peux pas user mon huile pour quelqu'un qui ne me dédommage jamais. Ah ça, tu ne bouges pas... est-ce que tu es attachée après ta chaise ce soir ?

— Couche-toi le premier, Baudoin... j'attendrai le jeune homme... je rangerai dans la loge...

— Tu sais bien que je n'ai pas l'habitude de me coucher avant toi... je devine ton projet... tu attendrais que je dorme, pour aller au buffet dire deux mots à la bouteille.

— Ah ! le plus souvent que j'irais au buffet !... c'est bien plutôt toi, car tu l'aimes aussi, l'eau-de-vie !

— Je l'aime raisonnablement comme un homme qui se respecte !... et qui ne veut pas s'abrutir. Hildegarde, allez vous coucher...

— Je n'ai pas envie de dormir.

— Hildegarde, nous allons nous fâcher !... voulez-vous vous coucher tout de suite ?...

— Tu m'embêtes...

— Hildegarde, je vais être forcé d'employer les moyens de rigueur. Mais certainement vous êtes collée sur votre chaise... ça n'est pas naturel... je soupçonne quelque rubrique... Ah ! je devine !... je parie que la bouteille n'est plus dans le buffet.

Et Baudoin se lève pour courir au buffet, mais, comme sa femme est placée devant, et ne se dérange pas, il la pousse brusquement de côté, ce qui fait trébucher la portière, qui jette presque aussitôt un cri de désespoir si lamentable que son mari craint de l'avoir blessée. Mais ce n'était pas Hildegarde qui était blessée, c'était la bouteille placée sous ses jupes qu'elle avait involontairement renversée et qui, en se brisant, venait de répandre dans la loge toute la liqueur qu'elle contenait.

— Ah! qu'est-ce que c'est que ça? s'écrie à son tour Baudoin en voyant un ruisseau couler entre ses jambes; mais bientôt l'odeur qui se répand dans la loge ne lui laisse plus le moindre doute sur la qualité du liquide.

— C'est l'eau-de-vie... elle avait la bouteille sous ses jupes... quelle bassesse!...

— Oui, et vous me l'avez fait casser! voilà le plus malheureux... brutal que vous êtes... de l'eau-de-vie si bonne!

— Hildegarde, vous persistez dans vos débordements... je vas vous donner du balai...

— Avisez-vous d'y toucher... j'appelle la garde!... je fais un esclandre dans la maison.

Cependant Baudoin, qui a l'habitude de donner ce qu'il promet, est allé à la recherche du balai; en ce moment on sonne à la porte de la rue; cette fois la portière s'empresse d'ouvrir, espérant qu'il lui arrive un protecteur.

C'est Georget, le petit commissionnaire du marché aux fleurs, qui entre dans la maison, et presque aussitôt dans la loge du portier, à l'instant où celui-ci lève son balai de bouleau sur son épouse, qui se cache derrière le jeune garçon en s'écriant:

— Ah! monsieur, sauvez une femme infortunée que son mari veut assommer.

— Sapristi! que ça sent l'eau-de-vie ici! dit Georget en reniflant; puis, sautant sur le manche à balai que tient le portier, il l'empoigne avec ses deux mains. Mais Baudouin tenait ferme, il ne veut pas lâcher; alors commence entre lui et le jeune commissionnaire une lutte rappelant assez bien les combats au drapeau que l'on voit ordinairement dans les pièces à batailles qui se jouent sur les théâtres du boulevard ; seulement ici le drapeau n'était qu'un balai et les combattants n'étaient point en uniforme.

La lutte se prolongeait depuis quelque temps, les avantages se balançaient : Baudoin était plus fort, le petit Georget plus agile. La portière ne s'occupait plus des combattants ; elle était allée prendre une petite éponge cachée dans un meuble intime, et elle s'en servait pour étancher l'eau-de-vie répandue à terre ; puis, lorsque l'éponge était bien imbibée, elle la pressait contre ses lèvres.

Tout à coup le balai casse, chaque combattant tombe en arrière, et la lutte est finie. Se trouvant alors de niveau avec madame Baudoin, qui, à genoux, le corps penché en avant, travaillait toujours à imbiber et à humer son éponge, Georget ne peut retenir un éclat de rire, et le portier, qui a d'abord eu envie de battre sa femme avec ce qui reste de son balai, se décide tout à coup à s'étendre sur le ventre et à laper avec sa langue dans la mare d'eau-de-vie, comme les chiens qui se désaltèrent dans un ruisseau.

VI

Le monsieur du troisième.

Georget a laissé M. et Mme Baudouin se disputer le restant de l'eau-de-vie à coups d'éponge et à coups de langue, il a allumé une de ces petites bougies longues et étroites, roulées comme les soleils d'artifice et que l'on achète un ou deux sous chez les épiciers.

Puis, grimpant lestement six étages, il arrive devant une petite porte après laquelle on a laissé la clef; les pauvres gens ne sont pas méfiants, d'autant plus qu'ils n'ont rien qui vaille la peine d'être volé.

Le jeune commissionnaire traverse une petite pièce qui ne reçoit de jour que par une fenêtre à tabatière et dans laquelle est un lit de sangle orné d'un matelas bien mince et d'une vieille tapisserie qui sert de couverture. C'est la chambre à coucher de Georget, mais il ne s'y arrête pas, et ouvrant une porte qui est au fond, en tâchant de ne point faire de bruit, il pénètre dans une autre pièce beaucoup plus grande, et pourvue d'une véritable fenêtre : cette chambre, quoique mansardée, offre assez d'espace pour contenir un lit, entouré de rideaux blancs, puis une vieille commode en acajou, une table en bois blanc, un petit buffet, des chaises, et sur la cheminée une toute petite glace surmontée de branches de buis bénit. Tout cela était plus que modeste, mais cela était tenu proprement; cela n'annonçait pas la misère, mais c'était la pauvreté.

Georget s'avançait bien doucement, cachant sa lumière avec sa main droite, lorsqu'une voix faible et qui sort du lit se fait entendre :

— Est-ce toi, Georget?

— Oui, ma mère, c'est moi... Vous ne dormez donc pas?...

— Non... je n'ai pas pu dormir... je ne sais pas pourquoi.

— Est-ce que vous seriez plus malade... car depuis quelques jours vous n'étiez pas bien... quoique vous ne vouliez pas en convenir avec moi.

— Ce n'est rien... une courbature, ça se passera. Si tu voulais seulement me donner à boire, mon ami, car je suis très-altérée.

— Oui, ma mère, tout de suite... Attendez, je vais allumer votre chandelle et éteindre mon rat, qui sent mauvais comme trente-six lampions.

Après avoir allumé un bout de chandelle enté sur un brûle-tout, Georget s'approche de sa mère :

— Voyons... maintenant vous allez me dire où est votre tisane... Mais, mon Dieu, comme vous avez le visage rouge, ma mère, et les yeux abattus... vous êtes donc plus malade ?...

— Mais non... c'est la chaleur du lit qui fait cela.

— Donnez-moi votre main, que je vous tâte le pouls... Oh ! comme votre main est brûlante... vous avez la fièvre et très-fort, j'en suis sûr...

— Allons donc, est-ce que tu t'y connais !...

— Oh ! que oui... vous devez souffrir quelque part.

— Mais non, je ne souffre pas...

— Demain, dès le matin, j'irai chercher le médecin.

— Je ne le veux pas... à quoi bon un médecin, parce qu'on aurait un peu de fièvre ! ça se passera bien sans lui !...

— Où donc est votre tisane ?

— Je n'en ai pas voulu faire, j'aime mieux de l'eau, cela me plaît davantage...

— De l'eau ! quand on a la fièvre !... mais vous avez eu très-tort !... si je faisais de ces choses-là vous me gronderiez, vous diriez que j'agis comme un enfant, et vous auriez raison... Enfin... voyons, où est le sucre ?... où donc mettez-vous le sucre, ma mère ?

— Du sucre ! je n'en veux pas... cela affadit le cœur... j'aime mieux l'eau pure.

— De l'eau sans sucre quand on est brûlante comme vous l'êtes !... par exemple ! vous n'y pensez pas !... vous voulez donc vous faire mourir ? Je vais vous donner de l'eau sucrée... mais je vais la faire chauffer, c'est meilleur.

— Mais non !... mais non...

— Oh ! que si... je vous soignerai mieux que vous-même... Voyons, où est donc le sucre... où est la braise ?...

Et Georget court dans la chambre, il cherche, furette sur tous les meubles, ouvre tous les placards, regarde dans tous les coins, mais il ne trouve rien. Alors, la triste vérité éclaire son esprit ; il s'arrête au milieu de la chambre, il jette sa casquette à terre, en s'écriant d'une voix désolée :

— Ah ! je comprends tout à présent !... Vous n'avez pas fait de tisane, parce que vous n'avez plus ni charbon ni braise !... vous ne voulez pas de sucre, parce que vous n'en avez pas un seul morceau ici !... Oui, oui... c'est cela !... vous manquez de tout !... Vous n'avez plus d'argent, j'en suis sûr ! Et moi, au lieu de tâcher d'en gagner pour que vous ne manquiez pas du nécessaire, je ne fais rien du tout !... je passe ma journée à flâner... et le soir je vais au spectacle avec Patatras, qui a voulu absolument me régaler... Je vais m'amuser quand ma mère est malade... et je reviens sans un sou... sans une seule pièce de monnaie... et je n'ai pas de quoi lui acheter ce qui pourrait la guérir... Ah ! je suis un mauvais fils, un mauvais sujet !... Pardon, ma mère, pardon... je ne le ferai plus !... Je travaillerai... je vous jure que je travaillerai maintenant !...

Et le jeune garçon est tombé à deux genoux devant le lit de sa mère, et la pauvre malade oublie ses souffrances et ne cherche qu'à consoler son fils.

— Qu'est-ce que tu dis donc, Georget ? toi, un mauvais sujet !... mais tu n'y penses pas, mon garçon ! est-ce que jamais je me plains de ta conduite ?...

— Oh ! je sais bien que vous ne vous plaignez jamais ; vous êtes trop bonne, vous !

— Tu t'es un peu amusé aujourd'hui, eh bien ! mon garçon, il n'y a pas de mal à cela... il faut s'amuser quand on est jeune. Ton ami Chicotin t'a mené au spectacle ; le spectacle est un divertissement honnête, il vaut mieux aller là qu'au cabaret... on n'y fait pas de mauvaises connaissances et on n'y détruit pas sa santé avec des boissons malsaines qu'on vous donne pour du vin. Tu n'as rien gagné aujourd'hui, c'est un malheur... mais demain tu travailleras, et tu seras plus heureux !...

— Demain !... demain !... mais ce soir vous n'avez pas eu de tisane... de sucre... et cette nuit, avec quoi calmerez-vous votre soif... avec de l'eau froide, n'est-ce pas ?...

— Je vais tâcher de dormir ; quand on dort, on n'a pas besoin de boire...

— Mais, demain, en vous réveillant... que vous donnerai-je ? car vous n'avez plus d'argent ici... plus rien du tout.... n'est-ce pas, ma mère ?

— Dame, non, mon ami... car malheureusement, depuis huit jours je n'ai pas pu travailler... ma vue était toute troublée.

— Oh ! vous travaillez trop, vous... quand vous devriez vous reposer...

— Pourquoi donc cela, Georget ? Je ne suis pas encore assez vieille pour ne rien faire, je n'ai que cinquante-quatre ans !... à cet âge-là, si on n'était déjà plus bonne à rien, ce serait triste !...

— Je sais bien que vous n'êtes pas vieille, mais enfin vous n'êtes pas d'une forte santé... et puis, autrefois, vous n'aviez pas besoin de travailler pour vivre.

— Oh ! mon ami, il ne faut jamais se dire cela et soupirer sur le passé !... si on a été heureux, tant mieux ; si on ne l'est plus, tant pis... les regrets ne servent à rien et ne font qu'empirer notre position !...

— Tout cela ne vous donne pas de la tisane bien chaude... bien sucrée... et voilà ce qu'il vous faudrait !...

— Ne te désole pas... nous ne sommes pas sans ressources... Tu sais bien que j'ai... la montre de ton père ; et s'il le faut absolument... eh bien !...

— Que dites-vous là ?... la montre de mon père à laquelle vous tenez tant !... la seule chose qui vous vienne de lui... il faudrait vous en séparer !... Non, je ne le veux pas... Attendez... si j'allais devant quelque théâtre...

— Y penses-tu ! ils sont tous finis... fermés, à l'heure qu'il est.

— Oh ! c'est égal... devant un café-restaurant on peut encore trouver quelque chose à faire...

— Je ne veux pas que tu ressortes, il est trop tard.

— Eh bien ! dans la maison... pardié, du sucre, de la braise... ça se prête, ces choses-là... Ne vous impatientez pas, ma mère, je vais revenir.

— Non, Georget... je ne veux pas que tu demandes chez les voisins... je t'en prie !

Mais Georget n'écoute pas sa mère, il a déjà rallumé son rat et il sort vivement.

Arrivé sur l'escalier, le jeune homme s'arrête, car il se demande à qui il s'adressera pour les emprunts qu'il veut faire ; mais il n'hésite pas longtemps. Il descend les marches en sautant et ne s'arrête que parvenu en bas, devant la loge du portier, à laquelle il frappe en se disant :

— Beaudoin et sa femme ne sont pas de méchantes gens... ils se disputent, ils se battent quelquefois, mais ils n'ont pas mauvais cœur ; ils ne me refuseront pas. D'ailleurs ce n'est qu'un emprunt, je leur rendrai tout cela.

Mais Georget ne se rappelait pas qu'il avait laissé le portier et sa femme livrés à une occupation qui devait les plonger bientôt dans un profond sommeil. En effet, après avoir encore quelque temps sucé et lapé de l'eau-de-vie, les deux époux avaient éprouvé un si grand besoin de dormir, que c'est à peine s'ils avaient eu la force de gagner leur lit ; et, comme le sommeil causé par l'ivresse n'est jamais léger, monsieur et madame Boudoin n'entendaient point frapper à leur loge ; on aurait tiré le canon sous leur nez, qu'ils se seraient contentés de dire : Dieu vous bénisse !...

Las de frapper inutilement, Georget s'éloigne de la loge en murmurant :

— Ce sont de vrais pots que ces portiers-là... je ne parviendrai jamais à les réveiller, il faut y renoncer. Voyons, où pourrai-je m'adresser ? Au premier ?... Tout cet étage est occupé par une famille d'Anglais... ils comprennent fort mal ce qu'on leur dit... ils n'ont pas l'air aimable... je ne serais pas bien reçu... on ne saura pas saisir ce que je dirai. Au second, c'est une dame fort jolie... fort élégante... qui reçoit de beaux messieurs, mais qui n'ouvre plus dès qu'elle a du monde ; sa femme de chambre le disait l'autre jour... c'est la consigne. Au troisième... ah ! c'est ce monsieur qu'on appelle l'*Ours* dans la maison, parce qu'il ne cause jamais avec personne, ne reçoit aucune visite et répond à peine lorsqu'on lui parle... Allez donc emprunter du sucre et de la braise à ce monsieur-là !... encore, si j'étais sûr que son nègre vînt m'ouvrir la porte... mais non, Pongo dort si fort qu'il n'entend jamais son maître rentrer. Ce sera ce monsieur lui-même qui ouvrira, et il me fermerait la porte sur le nez sans me répondre !... Ah ! je n'oserais pas même essayer !... Au quatrième... d'un côté c'est une vieille dame, si peureuse qu'elle n'ouvre plus dès que vient la brune ; de l'autre, c'est un étudiant... mais il est parti pour la campagne... enfin, tout en haut, en face de nous... personne... c'est à louer. Mais, mon Dieu ! à qui donc m'adresserai-je alors... si, dans tout ce monde-là, je ne trouve aucun secours à espérer pour ma pauvre mère... qui a une grosse fièvre, et pas une boisson pour calmer, pour adoucir son mal ?... Ah ! Chicotin avait bien raison de dire que j'étais un imbécile d'être amoureux... que j'étais trop jeune... Mam'selle Violette me fait oublier ma mère... mon devoir... mon travail. N'avoir rien fait aujourd'hui ! revenir sans un sou, quand je savais ma pauvre mère malade !... Oh ! je suis un misérable !... un sans-cœur !... Je ne me le pardonnerai jamais !...

Et, tout en disant cela, Georget montait lentement l'escalier, et il s'arrêtait souvent parce qu'il pleurait, et il venait encore de s'arrêter et d'appuyer sa tête contre le mur pour sangloter tout à son aise, lorsqu'une porte s'ouvre à deux pas de lui.

Il était alors sur le carré du troisième étage, et c'est M. Malberg qui est devant lui.

En voyant ce jeune commissionnaire, qui a encore l'air d'un adolescent, se cogner la tête contre le mur et donner un libre cours à ses sanglots, le monsieur qu'on a surnommé l'Ours, et qui a en effet l'air sévère et la voix assez rude, s'approche de Georget et lui dit :

— Qu'est-ce que vous faites là ?....

— Dame ! monsieur, vous le voyez, je pleure... je me désole...

— Et pourquoi pleurez-vous ?

— Parce que ma mère est malade et qu'elle manque de

tout ce qui pourrait la soulager... parce que je n'ai pas travaillé aujourd'hui... que je suis revenu sans un sou à la maison... que je suis un sans-cœur ! et que je mériterais d'être battu !...

— Et croyez-vous qu'en vous cognant la tête contre le mur, cela soulagera votre mère ?

— Oh! non, monsieur... mais quand on ne sait plus où donner de la tête !... J'avais été frapper chez les portiers... je voulais leur emprunter un peu de sucre et de la braise... mais ils ne m'ont pas répondu... ils dorment trop fort sans doute !

— Vous demeurez donc dans la maison ?

— Oui, monsieur, tout en haut, sous les toits... je loge là avec ma mère, qui est veuve de mon père Pierre Brunoy, qui était militaire, sous-officier, qui a quitté le service par suite d'une blessure... Ah ! c'était un bien brave homme que mon père !... il était dessinateur, il avait du talent, il faisait des dessins pour les dames qui brodent... nous étions heureux alors, mais il est mort. Ma mère, pour gagner de quoi m'élever, entreprit un petit commerce de mercerie ; mais elle ne réussit pas, personne ne la payait... Alors, comme elle travaille très-bien dans le linge, elle se mit à travailler pour le monde, et moi, qui sentais bien que je devais aider ma mère, qui n'est pas d'une forte santé et qui a de mauvais yeux, je me dis : Faisons-nous commissionnaire... car je ne trouverais pas une place... quoique je sache lire, écrire et compter... ou bien il faudrait être longtemps surnuméraire, et j'ai besoin de gagner de l'argent tout de suite pour aider ma mère... Alors, je me suis fait commissionnaire... car il n'y a point de sot métier à ce qu'on m'a dit... et... et voilà tout, monsieur.

Le monsieur du troisième a écouté Georget avec attention ! lorsque celui-ci a fini, il lui dit :

— Suivez-moi.

— Où donc cela, monsieur ?

— Chez moi, probablement.

— Pourquoi faire, monsieur ?

— Vous le verrez ; venez.

Le jeune garçon dépose son rat-de-cave à terre sur le carré et suit ce monsieur ; il a toujours le cœur serré, car il ne comprend pas pourquoi la personne qui habite dans le bel appartement du troisième peut avoir besoin de ses services aussi tard. M. Malberg traverse une antichambre fort soigneusement frottée, puis une salle à manger très-belle. Là il s'arrête, ouvre un grand buffet, en tire un grand pain de sucre qui est à peine entamé, et le met sur le bras de Georget en lui disant :

— Tenez !...

Le pauvre garçon regarde le monsieur d'un air presque hébété, en murmurant :

— Qu'est-ce que c'est que cela, monsieur ?

— Vous ne voyez pas que c'est du sucre ?...

— Du sucre... Oh ! oui... mais ce gros pain... pour qui donc tout cela ?

— Pour votre mère apparemment ! n'avez-vous pas dit qu'elle en manquait et qu'elle était malade ?

— Ah ! monsieur... il serait possible... vous seriez assez bon... Oh ! mais c'est trop, monsieur... c'est trop.

— Taisez-vous... suivez-moi.

Cette fois M. Malberg va dans sa cuisine où Georget le suit tenant le pain de sucre dans ses bras. Le monsieur lui indique une grande boîte sans couvercle qui est sous les fourneaux, en lui disant :

— Emportez cette boîte, il y a du charbon dedans.

— Ah ! monsieur... que de bonté... comment vous remercier pour...

— Ce n'est pas la peine, je n'aime pas les remercîments ; prenez donc cette boîte...

— Oui, monsieur... mais croyez bien... je vous rendrai tout cela, soyez-en persuadé... Oh ! je travaillerai pour m'acquitter...

— C'est bien... c'est bien... Ah ! attendez... j'ai là de la fleur de tilleul, de la mauve, cela peut être bon pour votre mère... et vous n'en avez pas chez vous peut-être ?

— Non... je ne crois pas, monsieur.

— Je vais vous en donner... venez...

M. Malberg retourne dans sa salle à manger. Georget

le suit toujours, tenant sous son bras le pain de sucre et sous l'autre la boîte pleine de charbon. Le monsieur ouvre le tiroir d'un petit meuble, il prend plusieurs sacs de papier, examine ce qu'ils renferment, en met deux de côté, et va pour les donner à Georget, mais il s'arrête comme frappé d'une pensée subite et sort de la salle à manger, en disant:

— Je reviens dans un moment... il n'y a pas là ce qu'il vous faut... restez là.

Le jeune commissionnaire n'a garde de bouger, il est si content qu'il doute s'il n'est pas le jouet d'un rêve ; mais celui qu'il attend est bientôt de retour, il tient plusieurs petits paquets de simples et dit :

— Voilà tout ce qui peut être bon pour votre mère, du tilleul, des feuilles d'oranger, de la mauve, de la violette... prenez tout cela... ou plutôt laissez-moi fourrer tout ceci dans votre poche, car vous n'avez pas les mains libres.

— Ah! monsieur... excusez de la peine... mon Dieu vous êtes trop bon... Je m'acquitterai de tout cela, monsieur, car nous ne sommes pas des mendiants, nous ne demandons pas l'aumône... et je ne voudrais pas que vous eussiez de nous cette idée.

— C'est bien, c'est bien... votre mère est malade, elle peut avoir besoin de vous, ne la laissez pas seule plus longtemps.

— Ah! oui, monsieur, vous avez raison... ma pauvre mère... elle va être si contente... si... si... Merci, monsieur, oh! merci mille fois... et quand vous aurez des commissions à faire faire, monsieur, rappelez-vous que je suis là, le jour ou la nuit, toujours à vos ordres...

— Je m'en souviendrai, mais partez...

Et le monsieur poussait toujours Georget devant lui, si bien que celui-ci se retrouve enfin sur le carré; la porte de l'appartement se referme, et il remonte l'escalier le plus vite qu'il peut avec sa boîte de charbon, son pain de sucre et son rat-de-cave toujours allumé.

Enfin il est arrivé chez lui; cette fois il ne craint pas de faire du bruit en rentrant, il est trop heureux pour ne point vouloir le dire à sa mère. Mais celle-ci ne dormait pas, et elle regarde avec étonnement son fils qui entre presque en dansant et vient poser le pain de sucre sur son lit, en s'écriant :

— Tiens, ma mère !... Tu ne boiras plus de l'eau pure... et froide... Voilà du sucre, voilà du charbon... et puis dans ma poche j'ai une demi-douzaine de tisanes en fleurs... Ah ! quel bonheur... Tu vas guérir tout de suite !... je te soignerai joliment à présent...

— Qu'est-ce que cela veut dire, mon ami? d'où as-tu tout cela?... Tu n'avais pas un sou tout à l'heure... explique-toi, Georget... je le veux...

— Mais oui... oui, sois tranquille... Je vais tout te conter, mais laisse-moi allumer un fourneau d'abord... et puis, tout en soufflant mon charbon, je te dirai comment la Providence est venue à notre secours... Où donc est le fourneau?... Ah ! bon, le voilà... Ça va prendre bien vite, va... quoique le soufflet ne soit pas trop bon...

— C'est donc dans la maison que tu as eu tout cela, mon fils ?

— Oui, ma mère : vois-tu, j'avais d'abord été pour emprunter chez le portier, M. Baudoin, mais j'ai eu beau cogner à leur porte... impossible de les réveiller, c'est pis que des sourds... Alors, je remontais bien tristement, va ! je crois même que je pleurais !... lorsqu'au troisième étage la porte s'est ouverte, et le monsieur qui demeure là est venu à moi...

— Oh ! ma mère, ça prouve qu'on dit bien souvent des bêtises ou qu'on a bien tort de juger quelqu'un sur son air. Oui, ce monsieur qu'on appelle l'ours, ce monsieur qui ne parle à personne et sur lequel tout le monde fait des cancans stupides, eh bien ! il m'a fait entrer chez lui... m'a donné tout cela pour toi, parce que je lui avais dit que tu étais malade... et n'a pas même voulu que je le remercie... Gredin de charbon !... faudra bien que tu prennes pourtant !... J'vas mettre de l'eau sur le feu...

— Mais, mon ami, ce pain de sucre est énorme et il est presque entier... il ne fallait pas emprunter tant que cela.

— Est-ce que tu crois que ce monsieur vous écoute !... il vous dit : Prenez cela ! et quand on veut lui faire une observation, il vous crie : Taisez-vous ! et il n'y a pas moyen de l'empêcher de faire ce qu'il veut... Ah ! voilà mon feu pris !...

— Mais ce M. Malberg... car il se nomme Malberg, le monsieur du troisième, je ne l'ai jamais rencontré, moi ; comment est-il, Georget, tu l'as bien vu, toi ?

— Oh ! oui, ma mère ; dame, c'est un homme... ni jeune, ni vieux... Au premier abord je suis sûr qu'on le croit plus âgé qu'il ne l'est parce que, quand quelqu'un ne rit jamais, ça le vieillit. C'est peut-être un homme de cinquante et quelques années... sa figure n'est pas mal... au contraire, mais ses traits ont quelque chose de sévère... ses yeux ont toujours une expression triste et sombre, son front a de larges plis !... ses sourcils sont épais, ses cheveux doivent avoir été noirs, mais ils grisonnent un peu. Quand il attache sur vous ses grands yeux bruns, on est intimidé... et cependant je m'y faisais déjà, car ce n'est pas de la méchanceté ni du mépris qu'il y a dans son regard, c'est... je ne saurais vous dire... c'est comme de la pitié, ou de la douleur... enfin sa voix, qui semble dure d'abord, l'est bien moins quand il vous parle longtemps... Voyez-vous, ma mère, ce monsieur-là... ce n'est pas un homme comme tout le monde... Oh ! non... il inspire du respect... on trouve tout naturel de lui obéir, et on n'ose pas faire d'observations.

— En vérité, mon ami, tu me donnes le désir de connaître ce monsieur... quand je pourrai sortir j'irai aussi le remercier. Et tu lui as donc conté...

— Notre position, ce que nous étions, ce que faisait mon père... Oui, je lui ai tout dit, est-ce que j'ai eu tort ?

— Non, mon garçon, nous n'avons rien fait dont nous ayons à rougir et à nous cacher.

— Ah ! mon eau bout... je vais vous faire de la tisane, ma mère, de laquelle voulez-vous ?

— Mais qu'as-tu donc dans ta poche d'abord.

— Attendez, vous allez voir... j'ai tout plein de paquets ! tenez... voyez ce que c'est que ça...

— De la violette...

— Et ceci....

— Des fleurs de tilleul.

— Et... et... Ah! ben... voilà autre chose à présent...

— Qu'as-tu donc encore, Georget... est-ce que tu as perdu quelque chose ?...

— Perdu, oh non, ma mère, au contraire... ce que je trouve dans ma poche... certainement ça n'y était pas ! pour ça, j'en suis sûr...

— Que trouves-tu donc dans ta poche ?...

— Tenez... voyez, ma mère !

Et le jeune commissionnaire jette sur le lit de la bonne femme quatre pièces de cinq francs.

— Vingt francs ! Georget... Vingt francs !... Qu'est-ce que cela veut dire ? mon fils, d'où as-tu cette grosse somme ?

— Mais je n'en sais rien, moi, ma mère ; je suis pourtant bien sûr que je ne l'avais pas quand je suis rentré... je n'avais pas un sou !...

— Cependant cet argent n'est pas venu tout seul dans ton gousset... Répondez, Georget, et ne mentez pas surtout !...

— Mon Dieu, ma mère, comme vous me dites ça !... est-ce que vous me supposez capable d'avoir dérobé cet argent à quelqu'un... par exemple !...

— Non, mon garçon, non, je ne suppose pas que mon fils... que l'enfant de mon honnête Brunoy fasse jamais une vilaine action... mais j'ai toujours conservé précieusement la montre de ton père, et quelquefois, à mon insu... pour me secourir, tu aurais pu...

— Engager la montre à papa !... Oh ! jamais !... je m'engagerais plutôt moi-même !... Oh ! mais... attendez, ma mère, je me souviens à présent... oui, ça ne peut-être que comme ça...

— Parle donc alors...

— Ce monsieur du troisième... quand je tenais déjà le pain de sucre et la boîte au charbon, il a voulu mettre lui-même dans ma poche tous ces petits paquets de fleurs sèches... c'est comme cela qu'il aura fourré ces pièces de cent sous dans mon gilet... Oh! j'en suis certain à présent... car il était retourné seul dans sa chambre pour y prendre de l'argent sans doute... c'est lui, ma mère, c'est lui... et quel autre aurait pu me donner tout cela !

— Tu as raison, Georget, ce ne peut être que ce monsieur... les gens qui aiment à faire du bien pensent à tout... et il paraît qu'il est bien bon... ce monsieur l'ours !...

— Oh! oui, il est bon... mais je ne garderai pas son argent... je travaillerai demain, j'en gagnerai... et il nous a assez obligés en nous prêtant du sucre et du charbon... N'est-ce pas, ma mère, qu'il ne faut pas garder ces vingt francs qu'il a glissés en sournois dans mon gousset... pour que je ne le remercie pas ?... C'est égal, c'est tout de même gentil de sa part... il n'est pas comme tout le monde, ce monsieur-là !... je gage bien que quand il jette une pièce de monnaie à un pauvre, il ne tâche pas qu'elle fasse du bruit en tombant.

— Non, mon ami, il ne faut pas garder ces vingt francs, car c'est une somme cela, et ce serait trop difficile à rendre...

— Je vais aller tout de suite les reporter à ce monsieur...

— Oh! mon garçon, il doit être bien tard maintenant; ce monsieur Malberg est sans doute couché et peut-être endormi, si tu vas le réveiller, il ne sera pas content. Attends à demain matin, et quand ce monsieur sera levé, tu iras lui reporter cet argent et le remercier encore pour nous deux.

— Au fait, vous avez raison, ma mère, il vaut mieux que je laisse dormir celui qui m'aide à vous rendre la santé. J'irai demain matin quand son nègre sera éveillé... Mais l'eau qui bout toujours... donnez-moi donc ce qu'il faut pour votre tisane.

La malade a choisi parmi les simples. Georget a bientôt fait la tisane et il porte à sa mère une tasse de boisson bien chaude et bien sucrée, et lorsque sa mère a bu cela, il en remet autant sur une table contre le lit en disant :

— Cette nuit, si vous avez encore soif, vous boirez cela... ce sera tout prêt... à présent vous aller tâcher de dormir...

— Oui, mon ami... Mais il me semble que je me sens déjà mieux...

— Dame, ma mère, c'est toujours comme ça, quand on a tout ce qu'il faut pour guérir, il faut bien que le mal s'en aille...

— Oh! pas toujours, mon garçon, car alors les gens riches ne seraient jamais malades, eux; mais ce qui soulage, c'est le contentement!... c'est le bonheur... Il faut si peu de chose pour rendre heureux les pauvres gens!... Et ce qui nous arrive ce soir, c'est du bonheur, cela.

— Oh! oui... c'est un bonheur que les riches ne connaissent pas... mais qu'ils peuvent procurer aux autres... et ça doit être un grand plaisir aussi... Bonne nuit, ma mère; si vous avez besoin de quelque chose, appelez-moi.

VII

Une commission difficile.

Le lendemain, avant six heures, Georget est sur pied; il va d'abord s'informer de la santé de sa mère. La malade avait dormi et se sentait mieux, quoique trop faible pour se lever; elle sourit en lui disant:

— Déjà debout, mon ami?

— Il faut que je gagne beaucoup d'argent aujourd'hui,

ma mère, afin de te rapporter tout ce dont tu auras besoin...

— Mais je n'ai besoin de rien, puisque j'ai de quoi prendre de la tisane.

— Oh! on ne sait pas! si tu vas mieux, un peu de bouillon ne te fera peut-être pas de mal. Quand on arrive de bonne heure sur le boulevard on trouve plus vite à travailler. Ce sont des bonnes qui ont des paquets à faire porter... des personnes qui veulent partir pour la campagne et cherchent une voiture...

— Pauvre Georget! quel triste état tu fais là! Toi, qui sais écrire, compter, calculer, tu aurais pu trouver un emploi dans quelque bureau... entrer commis dans un magasin...

— C'est cela... et attendre un an ou deux avant de gagner de faibles appointements... ne pensez donc plus à cela, ma mère, je me trouve bien heureux comme je suis!... Être commis! être emprisonné toute la journée dans un bureau!... Oh! comme ça m'ennuierait... je ne la verrais donc jamais, alors!...

— Qu'est-ce que tu ne verrais jamais, petit?

Georget rougit, mais il se hâte de reprendre :

— Je veux dire que je ne vous verrais pas dans la journée... quand j'en aurais l'envie... Ah! ma mère, je vais aller chez le monsieur du troisième... cet homme qui est si bon, sans que ça paraisse! je vais lui rendre ses vingt francs.

— N'est-il pas un peu trop matin?... il n'est sans doute pas encore levé...

— Oh! je suis bien sûr qu'il se lève de bonne heure ce monsieur-là... il ne doit pas se dorloter... d'ailleurs je demanderai à son domestique... ce mulâtre qui est aussi un garçon singulier, dit-on.

— Va, mon ami, et remercie encore ce monsieur de ma part, en attendant que je puisse le faire moi-même.

Georget donne un petit coup d'œil dans la glace afin de s'assurer si rien ne manque à sa toilette. Quand on est amoureux on devient coquet, et Georget aurait bien voulu plaire à la jolie bouquetière du Château-d'Eau qui avait l'air de le traiter comme un enfant; cela désolait le pauvre garçon, il était fâché de ne pas avoir au moins vingt ans, il pensait qu'alors on ferait plus attention à lui.

Car nous ne sommes jamais contents du temps; tout jeunes, nous trouvons qu'il ne marche pas assez promptement; plus tard, nous nous plaignons de ce qu'il va trop vite. On sait pourtant que le plus sage est de le prendre comme il vient; probablement nous ne sommes pas souvent sages, puisque nous murmurons toujours après lui.

Georget est descendu au troisième étage, il sonne doucement chez M. Malberg; un mulâtre très-foncé, que l'âge n'a pas encore blanchi et qui parle assez bien pour un homme de couleur et assez mal pour un habitant de Paris, ouvre la porte et reconnaît le jeune commissionnaire qu'il a rencontré quelquefois dans l'escalier.

— Tiens! c'est monsieur Georget... bon matin, monsieur Georget! Quoi donc que vous venir chercher chez nous sitôt?

— Monsieur Pongo, je voudrais bien parler à votre maître, M. Malberg.

— Ah! maître pas encore levé, li encore dormir... moi levé plus tôt pour faire l'appartement, frotter ici le matin sans éveiller maître.

— S'il dort encore j'attendrai.

— Ah! oui, vous asseoir sur une petite chaise bien gentille, tenez...

— Oh! merci, monsieur Pongo; je ne vous gêne pas, j'espère, continuez votre ouvrage...

— Oui, oui, puis irai voir tout doucement si monsieur il dormait toujours.

Le mulâtre passe dans une autre pièce. Georget s'assoit et attend. Au bout de quelques minutes il entend parler dans la pièce voisine et présume que M. Malberg est éveillé. Cependant on le laisse là, personne ne vient. Georget que l'impatience gagne, tousse, se remue et s'approche doucement de la porte qui est entre-bâillée : il est surpris de voir que le mulâtre est seul, mais, tout en faisant son ouvrage, celui-ci est en conversation réglée avec tous les meubles et objets qui garnissent le cabinet de travail, et qui sont pour lui des personnages auxquels il a donné des noms, suivant l'habitude des gens de son pays.

— Reste tranquille là, Broubrou ! dit Pongo à un grand fauteuil à la Voltaire. Toi content, toi satisfait, bien brossé... bien tenu... tout prêt pour servir à maître... à moins que lui ne prenne Babo... petite chaise à crins... Ah ! Babo ! toi, serais bien contente si maître il prend toi, au lieu de madame Broubrou !... qui tenait beaucoup grande place !... Là... vous tous bien nettoyés... bien frottés... vous tous gentil à croquer... Ah ! et Zima que j'oubliais... où donc que t'es cachée... Zima... oh ! toi auras beau être cachée, moi saura bien trouver toi !

Et le mulâtre cherche dans tous les coins de la chambre, enfin il parvient à trouver une petite canne en jonc ornée d'une pomme d'or ; c'est à cette canne que Pongo a donné le nom de Zima, il la prend, la secoue dans sa main avec impatience en murmurant :

— Ah ! mam'selle Zima, vous, il avait voulu se moquer de Pongo et bien cachée pour faire longtemps cher li... si moi étais méchant, et pas frotter tête à vous pour faire briller, qu'est-ce que vous il dirait, hein ?... mam'selle Zima ?...

Ici, des éclats de rire interrompent la scène qui avait lieu entre le mulâtre et la canne. C'est Georget, qui, n'étant pas habitué aux usages de l'Afrique, n'a pu retenir plus longtemps l'accès de gaîté que lui causent les monologues du fidèle Pongo ; celui-ci se retourne en entendant rire et, apercevant le jeune garçon, se met à rire aussi, puis à faire avec la canne quelques pas d'une danse bizarre qui rappelle le fameux pas des *cocos*, dansé dans tous les mélodrames où l'on mettait des nègres.

Le bruit de la sonnette interrompt ce ballet improvisé ; Pongo jette de côté mademoiselle Zima et sort du cabinet, en disant :

— C'est maître qui sonne moi ; li réveillé, moi vais dire que vous attendez-là.

Au bout de quelques minutes le mulâtre revient et introduit Georget dans la chambre à coucher de M. Malberg, qui est enveloppé dans une large robe de chambre et tient un journal qu'il semble parcourir.

Ce monsieur jette un coup d'œil sur Georget qui reste timidement à l'entrée de la chambre, tournant et retournant sa casquette dans ses mains.

— C'est vous, jeune homme... que me voulez-vous si matin... votre mère serait-elle plus malade ?...

— Oh! non, monsieur, grâce au ciel et grâce à vous... mais je viens... parce que... j'ai trouvé ces vingt francs dans la poche où monsieur a eu la bonté de me mettre des fleurs pour faire de la tisane à ma mère... C'est encore un nouveau bienfait de monsieur, sans doute, mais il est trop bon... nous ne devons pas recevoir cet argent que nous serions trop longtemps à rendre... et je viens rapporter les vingt francs à monsieur...

L'individu en robe de chambre se remet à lire son journal, en répondant d'un ton bourru :

— Je ne sais pas ce que vous voulez dire... cet argent est à vous puisqu'il était dans votre poche, gardez-le et laissez-moi tranquille...

— Mais, monsieur, je suis bien sûr que ces vingt francs ne sont pas à moi, puisque je ne possédais pas un sou pour acheter du sucre et que c'est pour cela que je me désolais dans l'escalier.

— Eh bien... après... en quoi cela me regarde-t-il ?

— Dame, monsieur, puisqu'il n'y a que vous qui ayez mis quelque chose dans ma poche, c'est donc vous qui avez mis aussi ces pièces de cent sous.

— Vous rêvez !

— Oh! mais non!...

— Ce n'est pas moi !

— Je suis sûr que si !...

— Ah! corbleu! vous m'ennuyez à la fin! et bien, ensuite ?... s'il m'a plu à moi de mettre ces pièces de cinq francs dans votre gousset... est-ce que je ne suis pas le maître de mettre mon argent où je veux ? est-ce que vous voulez m'empêcher de vous être utile, moi qui ai trop d'argent, lorsque je sais que vous en manquez?... vous êtes donc bien fier, monsieur le commissionnaire?

— Oh! monsieur... ce n'est pas cela... mais... vous nous avez déjà comblés de vos bienfaits... ce serait mal reconnaître vos bontés que d'accepter encore... ce dont nous n'avions pas besoin.

— Vous mentez! vous avez besoin d'argent, puisque hier au soir vous étiez sans un sou, et je ne suppose que vous en ayez gagné cette nuit.

— Mais, monsieur, ma mère a tout ce qu'il lui faut en ce moment, et moi, je vais gagner de l'argent dans la journée.

— Ah! vous en êtes bien certain? et qui vous assure que vous trouverez de l'ouvrage aujourd'hui... que la journée sera bonne pour vous?

— Dame! monsieur... il est bien rare qu'une journée entière se passe sans que quelqu'un nous emploie... il faudrait pour cela avoir bien du guignon!...

— Et vous vous croyez à l'abri de ce guignon-là... Enfin, de quelle manière comptez-vous rapporter de l'argent à votre mère?

— En faisant des commissions, monsieur, puisque c'est mon état.

— Et combien vous donne-t-on par commission ordinairement?

— Mais... c'est selon, monsieur... quand on va plus ou moins loin et puis il y a des personnes plus ou moins généreuses...

— Mais encore... combien à peu près?

— Douze sous... quinze sous... quelquefois vingt sous... mais c'est rare... à moins que nous ne portions des paquets.

— Et vous recevez sans murmurer ce que l'on veut bien vous donner?...

— Sans doute, monsieur, puisque c'est le prix de notre travail.

— Eh bien! monsieur Georget, dès aujourd'hui je vous prends pour mon commissionnaire... et il me plaît de vous payer deux francs par chaque course que je vous ferai faire.

— Oh ! c'est trop, monsieur, on ne donne jamais tant que ça ?...

— S'il me convient à moi de payer ce prix-là, allez-vous m'empêcher d'être plus libéral qu'un autre ?... Ainsi, vous l'entendez, les vingt francs que vous avez reçus, c'est une avance sur les commissions que vous me ferez...

— Oui, monsieur ; alors c'est pour dix commissions...

— Positivement, c'est pour dix commissions...

— Mais il y a ensuite le sucre...

— Ah bon ! le sucre à présent !... Eh bien ! mettez une commission de plus !

— Monsieur se trompe... il y avait au moins neuf livres de sucre... ça fait... ça fait... je ne sais pas bien le prix du sucre, moi...

— Ni moi non plus, fichez-moi la paix... et ne m'ennuyez plus de toutes ces balivernes ?

— Et puis le charbon, monsieur ?

— Décidément ce petit garçon a juré de me faire damner !... mettez autant de commissions que vous voudrez, et laissez-moi tranquille...

— J'en mettrai quinze, monsieur... mais je suis bien fâché d'avoir donné de l'humeur à monsieur... qui est si bon... et... je m'en vais, monsieur, je m'en vais !...

Et Georget avait déjà gagné la porte, lorsque la voix de monsieur Malberg le rappelle.

— Ecoutez, petit, puisque vous semblez si empressé de vous acquitter avec moi, je vais sur-le-champ vous employer.

— Oh ! tant mieux, monsieur ! tant mieux !...

— Ecoutez bien : il y a de par le monde quelqu'un que j'ai perdu de vue depuis... dix-neuf ans bientôt !... et que je désire ardemment retrouver. A cette époque, ce monsieur... car c'est d'un monsieur qu'il s'agit, pouvait avoir de trente-trois à trente-quatre ans... il était grand, bien tourné, et assez beau garçon... De plus, c'était un petit maître, un homme à la mode, et il était toujours vêtu avec beaucoup d'élégance !... mais comme il y a dix-neuf ans de cela... il peut être survenu de grands changements dans sa personne !... Enfin, cet homme se nommait monsieur de Roncherolle...

— Il suffit, monsieur... et où demeurait-il ce beau monsieur de... de...

— Roncherolle...

— De Roncherolle ; oh ! je n'oublierai pas le nom à présent.

— Il demeurait... mais à quoi vous servirait de savoir où il demeurait à cette époque, puisqu'alors il a brusquement quitté son logement et Paris, et je crois même la France !...

— Pourtant, s'il était revenu à son logement depuis ?

— Croyez-vous donc que je ne sois pas allé cent fois m'en informer ! Non, il n'est pas revenu là où il demeurait jadis ; cependant il est revenu à Paris il y a dix ans, j'en suis certain, mais alors, moi, je voyageais, nous ne pouvions pas nous rencontrer. Lorsque je revins, il était parti de nouveau ; mais, si j'en crois quelques rapports... quelques indices, il est de retour à Paris depuis quelque temps, et il y habite... dans quel quartier ? je l'ignore... Vous voyez que la commission que je vous donne est difficile... Depuis très-longtemps, moi-même je cherche partout ce monsieur sans pouvoir réussir à le trouver. Mais, si vous parvenez à le découvrir, vous, oh ! alors c'est moi qui me regarderai comme votre obligé, et qui saurai vous prouver ma reconnaissance !...

— Monsieur plaisante !... il oublie qu'il m'a payé d'avance pour quinze commissions... Mais pourvu que ce monsieur de Roncherolle n'ait pas changé de nom... car alors, ce serait bien difficile de le trouver !

— Il n'aura point quitté son nom, car il est d'une ancienne famille et s'en montrait très-fier.

— Il ne faisait rien, ce monsieur ?

— Que manger sa fortune le plus lentement possible... et depuis ce temps il doit y être parvenu ; cependant il aura sans doute conservé ses habitudes de jeunesse... c'est dans le quartier de la Chaussée-d'Antin, c'est à la sortie de l'Opéra, des Italiens, c'est devant les meilleurs traiteurs de Paris que vous pourrez rencontrer ce monsieur... que le hasard peut faire nommer devant vous... car vous ne le connaissez pas, mon pauvre garçon, vous n'avez aucun indice... je ne puis vous fournir d'autres moyens pour le reconnaître... Aussi je crois bien que je vous donne une commission impossible à exécuter !...

— Et pourquoi donc cela, monsieur !... nous entendons tant de choses, nous autres !... nous allons dans tant d'endroits... nous voyons Paris, je gage que je le découvrirai, et alors je viendrai bien vite vous rapporter ce que j'aurai appris.

— Cela va sans dire.

— Mais cette commission-là n'empêchera monsieur de m'employer pour d'autres... et s'il avait quelque lettre à faire porter...

— Oui, oui, c'est bien... Maintenant allez-vous-en !

Georget sort de la chambre à coucher: dans l'antichambre, il retrouve Pongo en train de se disputer sérieusement avec mademoiselle Zima, qui s'est laissé tomber deux fois à terre et ne veut pas se relever toute seule. Mais Georget n'a pas le temps de s'arrêter, il lui tarde d'aller conter à sa mère son entretien avec le monsieur du troisième. C'est ce qu'il se hâte de faire dès qu'il est devant la bonne femme, et il jette sur son lit les quatre pièces de cinq francs en s'écriant:

— Elles sont bien à nous maintenant, puisque ce monsieur veut absolument me payer d'avance... nous voilà riches ! vous ne manquerez de rien ; d'ailleurs je vais en gagner encore. Au revoir, ma mère, restez couchée, soignez-vous.

— Eh bien, Georget, tu pars comme cela, mais garde donc une de ces pièces au moins, il faut bien que tu vives, toi.

— Non, ma mère, je ne veux pas toucher à cet argent, je veux d'abord en gagner... je ne veux pas déjeuner que je n'aie travaillé.

— Par exemple, Georget, cela n'a pas le sens commun ! veux-tu bien m'écouter...

Mais le jeune commissionnaire n'écoutait plus sa mère ; il était déjà au bas de l'escalier et devant la loge du portier, où madame Baudouin, seule, regardait encore d'un air affligé les traces de l'eau-de-vie répandue sur le carreau.

Le premier soin de Georget est de se diriger vers le boulevard du Château-d'Eau, où il est bien certain de trouver Violette, car la bouquetière étalait toujours, lors même que ce n'était pas jour du marché. C'était le privilége de son genre de commerce ; les bouquets à la main sont de tous les temps, et il y en a dans toutes les saisons, ce qui est bienheureux pour les amants qui en donnent toute l'année et pour les dames qui voudraient en recevoir toute leur vie !

VIII

Le flacon bleu.

Violette est assise derrière son étalage, elle fait des bouquets, elle sait avec un tact tout particulier marier les couleurs et donner du relief à la fleur la plus simple ; ses bouquets ont de l'élégance, alors même qu'ils ne se composent que de fleurs modestes ; il y a du goût et de la grâce dans leur arrangement : l'art se glisse partout ; il y a des personnes qui gâtent tout ce qu'elles touchent, et d'autres qui font quelque chose de rien.

Georget s'est arrêté à quelques pas de la bouquetière, il la regarde, mais elle est tellement occupée à ses bouquets qu'elle ne le voit pas, ou du moins n'en a pas l'air; il se décide à l'aborder.

— Bonjour, mam'selle Violette.

— Ah!... c'est vous, monsieur Georget.

— Oui... c'est moi... il y a déjà quelque temps que je suis là... à quelques pas, et que je vous regarde... mais vous n'avez pas daigné jeter les yeux de ce côté.

— Je n'ai pas daigné... qu'est-ce que cela veut dire?... si je vous avais vu, est-ce que vous pensez que je ne vous aurais pas dit bonjour?... vous me croyez donc malhonnête à présent?

— Oh! non, mam'selle, ce n'est pas ça que je veux dire... mais, quelquefois... quand on ne se soucie pas de causer avec... quelqu'un...

— Est-ce que vous allez encore recommencer, Georget? Si je ne voulais pas causer avec vous, qui donc m'y forcerait? Il me semble que je suis bien ma maîtresse... hélas! que trop ma maîtresse... puisque je ne connais pas de parents, et que ma dernière protectrice, cette bonne mère Gazon, est aussi couchée là-bas... au cimetière.

— Allons, vous voilà triste à présent... Tenez mam'selle Violette, j'avais bien du chagrin hier, moi, car ma mère était malade... et nous étions... à court d'argent.

— Pourquoi donc ne m'avez-vous pas dit cela, Georget? je vous en aurais prêté de l'argent... vous savez bien que j'en ai... que je vends tout ce que je veux, et cela ne m'aurait pas gênée du tout...

— Oh! par exemple!... vous emprunter de l'argent... à vous, mam'selle! oh! jamais!

— Comment, jamais! qu'est-ce que cela signifie... pourquoi donc à moi moins qu'à tout autre; alors vous ne me regardez donc pas comme votre amie, ou vous me croyez un mauvais cœur, qui n'aurait pas de plaisir à obliger.

— Oh! non, non! ce n'est pas cela!... je sais bien, au contraire, que vous êtes bonne, que vous aimez à faire du bien... je vous ai vue souvent donner à des malheureux!... mais ce n'est pas cela... c'est que... mon Dieu, je ne veux

pas vous expliquer cela... c'est que... je serais honteux...
je rougirais de...

— Tenez! vous vous embrouillez dans vos paroles; moi, je vais de suite au but: Georget, voulez-vous de l'argent?... j'en ai là... quinze francs... vingt-cinq francs... ça ne me gênera pas.

— Merci... merci, mam'selle... je suis bien reconnaissant; mais maintenant ce n'est plus comme hier... notre position a changé, nous sommes en fonds au contraire...

— Est-ce bien vrai?... et comment en si peu de temps... Georget, si vous me trompez, c'est mal... vous n'avez pas d'argent!

Pour prouver à la bouquetière qu'il ne la trompe pas, le commissionnaire lui raconte tout ce qui lui est arrivé depuis la veille. Violette écoute avec le plus vif intérêt et ses yeux se mouillent de larmes au récit des bienfaits de M. Malberg.

— Ah! c'est un brave homme que ce monsieur-là! s'écrie la jeune fille, en faisant un bon sur sa chaise. Si je lui portais un bouquet de votre part... ça lui serait-il agréable?

— Oh! non pas!... ça le fâcherait au contraire; il ne veut pas qu'on le remercie... je suis sûr qu'il m'en voudrait s'il savait que je conte le bien qu'il fait.

— C'est dommage... je voudrais le connaître... Vient-il quelque fois se promener par ici les jours de marché?

— Non, je ne l'y ai jamais vu. C'est un homme qui n'aime ni le monde, ni le bruit... et quand on ne le connaît pas!... il n'a pas l'air aimable, allez!...

— Mais quand on sait qu'il est bon et généreux... on ne doit plus être effrayé de son air...

— C'est égal... je vous assure, mam'selle, que devant lui... on n'ose pas rire.

— A propos de rire! dites donc, monsieur Georget, je vais vous gronder à présent...

— Me gronder...

— Oui, oui. Oh! vous avez beau prendre votre air de sainte nitouche, je n'ai pas été dupe de l'aventure d'hier... Jeter mes pratiques par terre! eh bien, c'est gentil! Si vous recommenciez cela souvent, je crois que je ne vendrais plus autant de bouquets.

— Mais je n'ai jeté personne à terre, moi !

— Non, pas vous, mais ce mauvais sujet de Chicotin... qui avait d'avance arrangé la chose avec vous... parce qu'il savait que ça vous ferait plaisir... Ai-je raison... voyons Georget, répondez... n'étiez-vous pas d'accord avec Chicotin pour jeter ce monsieur par terre ?

— Pas celui-là, mam'selle... je ne lui en veux pas à celui-là... c'était l'autre... Chicotin s'y est mal pris.

— L'un ou l'autre, c'est très-mal, monsieur, venir bousculer mes pratiques... renverser presque toute ma boutique...

— Puisque je vous dis que Chicotin s'y est mal pris.

— Et moi je vous dis que si vous ou lui recommencez jamais une de ces scènes-là... ce sera fini, je ne vous parlerai plus.

— Oh ! soyez tranquille, mademoiselle... on ne recommencera pas, moi, du moins... car je ne peux pas répondre des autres.

— Les autres ne font que ce que vous voulez.

— Ne plus vous parler ! est-ce que ce serait possible ?... d'abord, moi, je vous parlerais toujours !

— Mais moi, je ne vous répondrais plus.

— Vous voudriez donc me faire mourir de chagrin, alors ?

— Laissez donc, on ne meurt pas pour ça !

— Ah ! vous croyez ! parce que vous... vous n'éprouvez pas comme moi... là... dans le fond de l'âme...

— Georget, je croyais que vous vouliez beaucoup travailler aujourd'hui ?

— Ah !... c'est vrai, mam'selle, vous avez raison... Dites donc, mam'selle, vous ne connaissez pas par hasard un monsieur qui s'appelle de Roncherolle ?

— Non... je ne connais pas ça...

— Au fait, ce n'est pas dans ce quartier que je puis espérer le découvrir... il faut que j'aille sur le boulevard des Italiens... dans la Chaussée-d'Antin... c'est dommage, c'est bien loin de vous...

— Est-ce que vous espérez ne faire des commissions qu'autour du Château-d'Eau ?

— Oh ! je sais bien que ça ne se peut pas... mais j'ai tant de peine à m'éloigner de vous...

— En vérité, Georget, vous me donnez envie de rire..., vous n'êtes pas encore d'âge d'être amoureux... il n'y a pas si longtemps que je vous voyais jouer au bouchon avec des gamins de votre âge !...

— Oh ! par exemple... il y a très-longtemps que je n'y joue plus au bouchon... fi donc !... c'est bon pour les enfants...

— Eh mon Dieu ! ne vous en défendez pas tant... il n'y a pas de mal à cela... Et, tenez Georget, vous feriez mieux de jouer encore que de passer votre temps à soupirer en levant les yeux au ciel... et d'avoir toujours l'air triste... vous êtes plus gentil quand vous riez.

— Ah ! vous trouvez, mam'selle... dame, ce n'est pas ma faute... ce n'est pas par goût que je suis quelquefois triste... mais vous me traitez toujours comme un enfant... et ça me taquine. Cependant j'ai dix-sept ans et demi sonnés !... je crois que je suis à peu près aussi âgé que vous...

— Non, moi j'ai dix-huit ans bien passés... et, à cet âge-là, une fille est plus âgée que ne le serait un garçon et doit être plus raisonnable.

— Ah ! c'est des bêtises tout cela !... au contraire, il y a des hommes de dix-sept ans qui sont déjà militaires... et qui ont été à l'armée. Tenez, il y a un petit tambour qui était dernièrement caserné au faubourg du Temple, il n'a pas plus de dix-huit ans et il revient d'Afrique, où il a passé trois ans, et il a été à des batailles contre les Arabes.

— Est-ce que cela vous tente... est-ce que vous avez envie de vous faire tambour ?

— Je ne dis pas cela... cependant, si je n'avais pas ma mère... et qu'il n'y eût pas pour moi d'espoir d'être aimé de la personne que j'aimerais... oh ! alors...

— Mais allez donc faire votre commission, Georget... vous oubliez que ce monsieur vous a payé d'avance !

— Vous avez raison, mam'selle, je bavarde et le temps passe si vite quand je cause avec vous... mais je veux que vous soyez contente de moi... je ne serai plus triste... je ne flânerai plus...

— Nous verrons cela !

— Alors, aurez-vous un peu d'amitié pour moi ?

— Est-ce que je n'en ai pas déjà ? est-ce que vous en doutez ?... oui, j'ai de l'amitié pour vous, parce que je sais que vous n'êtes pas un mauvais sujet, un vaurien... comme tant d'autres de votre âge, et puisque vous aimez bien votre mère, dont vous êtes l'unique soutien... Ah ! Georget, que vous êtes heureux d'avoir votre mère... de travailler pour elle... si je connaissais la mienne, moi ! j'aurais tant de plaisir à lui offrir le fruit de mon travail... à l'embrasser... à la dorloter... à être aux petits soins pour elle... Oh oui ! j'aurais bien aimé ma mère !... mais je n'en ai jamais eu... ou plutôt... elle est morte... ou bien... elle m'a abandonnée !...

— Voilà que c'est vous qui êtes triste à présent... ne pensez plus à tout cela, mam'selle ; on dit que les enfants qui n'ont pas de parents, pas de nom, sont toujours ceux qui font fortune...

— Dame, ça se comprend bien, parce qu'alors c'est le bon Dieu qui leur tient lieu de famille, il ne les perd pas de vue ceux-là, il les protége, leur donne de bonnes inspirations... et avec un protecteur comme celui-là, ils ne peuvent pas manquer de faire leur chemin... mais allez-vous-en donc, Georget !...

— Oui, mam'selle... ah ! je suis content ce matin ! j'ai le cœur joyeux... je vous ai parlé... je ferai une bonne journée...

— A la bonne heure... vous voilà gai... vous voilà comme j'aime à vous voir... comme je voudrais que vous fussiez toujours... parce que... Eh bien... voilà que ça change déjà... votre front se rembrunit... vous pâlissez... qu'avez-vous donc, Georget ? est-ce que vous vous sentez malade ?

Le jeune commissionnaire venait en effet de changer de couleur, et sa physionomie qui était riante, ses yeux qui respiraient le bonheur, avaient subitement exprimé d'autres sentiments. Un seul regard jeté au loin avait suffi pour amener ce bouleversement: Georget avait aperçu M. Jéricourt, le beau monsieur qui en contait à la bouquetière, se promenant très-lentement devant le Château-d'Eau, non pas comme une personne qui passe son chemin, mais comme quelqu'un qui vient là avec un but.

Violette examine la direction du regard de Georget, et bientôt elle aperçoit aussi la cause de son changement de physionomie; alors elle lève les épaules en faisant un mouvement d'impatience et s'écrie:

— Mon Dieu! est-ce que cela va recommencer!... Georget, vous allez faire votre commission, j'espère?

— Oui mam'selle, oui... je vais y aller... je vais m'en aller... car sans cela je pourrais encore faire quelques sottises. Le voilà ce beau pommadé qui vous courtise... le voilà encore... il paraît que maintenant il viendra tous les jours... c'est un parti pris!

— Ce monsieur est bien libre de se promener sur le boulevard; pourquoi vous figurer que c'est pour moi?...

— Pourquoi!... Oh! c'est assez visible... vous le savez aussi bien que moi que c'est pour vous... ah! quel malheur que le boulevard soit à tout le monde!... je m'en vais, mam'selle, je m'en vais!...

Georget s'est enfin décidé à partir; il passe près de Jéricourt sur lequel il jette un regard farouche, mais celui-ci n'y fait pas attention.

La veille, le jeune auteur avait été complétement repoussé par la bouquetière, et cela devant témoins, ce qui rendait sa défaite plus désagréable. Tout en dînant au restaurant de Bonvalet avec son ami de Saint-Arthur et la piquante actrice, maîtresse de ce dernier, il lui avait fallu endurer les railleries du bel Alfred, qui, pour se dédommager d'avoir été jeté à terre et d'avoir cassé sa bretelle, ne cessait de répéter:

— C'est la faute de Jéricourt! il en contait à la bouquetière et cela n'en finissait pas... cependant la jolie marchande ne mordait pas à ses galanteries, je crois que ce cher ami en sera pour ses séductions... Ah! ah! ah!

repoussé avec perte par une bouquetière !... c'est à ne pas le croire... c'est vexant !... il ne veut pas avoir l'air, mais je suis sûr qu'il est très-vexé.

Et mademoiselle Zizi, la jeune actrice si piquante dans les rôles égrillards, et qui avait peut-être ses raisons pour prendre la chose à cœur, renchérissait sur les discours du petit beau monsieur et s'écriait tout en lançant à Jéricourt des œillades très-significatives :

— Ah ! c'est bien fait !... Ah ! que c'est bien fait ! que je suis contente !... on m'offrirait un engagement au Palais-Royal que je ne serais pas plus heureuse !... quel bon petit potin à conter au théâtre... comme on va rire !... Ah ! messieurs les auteurs donnent dans les bouquetières... c'est du propre ! au lieu de s'en tenir aux actrices, ce qui du moins est dans leurs attributions... et ce qui ne peut qu'engager celles-ci à mettre plus de feu, de talent dans leurs rôles... ah ! ah ! ah ! courtiser une bouquetière... et en être pour ses frais... c'est humiliant ! ce pauvre Jéricourt ! je disais aussi : il a son nez.

Le jeune auteur s'était contenté de répondre à ces attaques, tout en affectant un calme parfait:

— Si cette jeune bouquetière paraissait sur la scène, je gage qu'elle éclipserait bien des personnes qui se croient maintenant chéries du public !

— Est-ce pour moi que vous dites cela ? s'était écriée mademoiselle Zizi, en jetant au nez de Jéricourt une queue d'écrevisse.

— Mais non ! mais non ! s'était empressé de dire Saint-Arthur, d'autant plus que l'auteur ne répondait pas.

Par exemple ! pour toi !... est-ce que tu y songes..., Jéricourt qui est fou de ton talent !... car il me l'a répété cent fois... il dit que tu remplaceras *Déjazet*... n'est-ce pas, Jéricourt, que vous m'avez dit cela souvent ?

Mais l'auteur vexé avait continué de garder le silence, ce qui avait encore irrité la petite actrice, qui s'était mise à crier:

— En tous cas, ce ne sera pas dans les rôles de monsieur qu'on pourra me juger... depuis quelque temps, il ne me donne que des pannes...

— Je vous donne encore plus que mes confrères, qui ne vous donnent rien du tout !

— Qu'est-ce que cela prouve ! Que tous les auteurs ont leur coterie ! qu'ils se laissent entortiller par les prières de l'une, les agaceries de l'autre... les conseils du directeur qui a ses raisons pour en protéger d'autres... O le théâtre ! ô les auteurs ! c'est affreux les injustices qu'il faut supporter... et on vient encore nous jeter au nez une bouquetière ! nous dire qu'elle n'aurait qu'à paraître pour nous dégoter !... Alors nous sommes donc des bouche-trous, nous autres ? Ah ! c'est indigne... c'est infâme ! Dieu ! mes nerfs... j'étouffe... je vais mourir !...

Et mademoiselle Zizi s'était laissée aller sur le divan de l'établissement, en allongeant ses jambes, ses bras, serrant les dents et gigotant comme une possédée, et le bel Alfred de Saint-Arthur s'était vite emparé d'une carafe, en disant d'un air éploré :

— Allons ! bon ! la voilà qui a une attaque de nerfs à présent... c'est gentil... Diable de Jéricourt, c'est vous qui êtes cause de cela... vous lui avez parlé si durement... tenez, voyez comme elle se raidit !

— Cela se passera ! avait répondu fort tranquillement Jéricourt en se servant d'une coquille de cervelles aux truffes.

— Canaille ! avait murmuré mademoiselle Zizi tout en continuant de se raidir.

Et Alfred qui venait de s'approcher de sa belle avec un verre rempli d'eau fraîche, avait été repoussé par elle si brusquement qu'une partie de l'eau contenue dans le verre lui avait sauté au visage, puis la jeune femme avait murmuré, tout en ayant soin de grincer des dents :

— Je veux mon flacon bleu à bouchon d'opale... je le veux...

— Où est-il, chère amie... dois-je fouiller dans la poche ?...

— Ne m'approchez pas... mon flacon est chez moi... sur ma toilette... dans mon boudoir.

— Très-bien... je vais y envoyer un garçon...

— Non monsieur... j'exige que vous y alliez vous-même, le garçon se tromperait...

— Cependant tu n'as pas deux flacons bleus et...

— Je veux que vous y alliez vous-même, ou je me laisse mourir.

Ces derniers mots avaient été prononcés d'un tel redoublement de grincement de dents, que le tendre Alfred, craignant que sa maîtresse ne se brisât la mâchoire, s'était hâté de prendre son chapeau en disant à Jéricourt :

— Il faut que je lui cède, vous voyez quelle crise elle ressent, et son flacon bleu renferme je ne sais quel sel... quel mélange qui la fait aussitôt revenir... Aussi elle me l'envoie bien souvent chercher, car elle oublie toujours de l'emporter. Je vole chez elle... heureusement ce n'est pas loin... dans la rue Basse... C'est égal, c'est pas amusant... Jéricourt, ne la quittez pas surtout... prodiguez-lui vos soins...

— Soyez tranquille.

Et l'élégant Saint-Arthur sortant presque en courant du restaurant *Bonvalet*, s'était dirigé vers la rue Basse-du-Temple, était arrivé chez sa maîtresse, avait été reçu par la femme de chambre qui était aussi en train de dîner et avait vivement refermé la porte de la salle à manger, en ayant la précaution d'en ôter la clef, puis avait poussé le jeune lion dans le salon en lui disant :

— Venez, monsieur, attendez ici, je vais vous chercher le flacon de madame...

— J'aurais aussi bien attendu dans l'antichambre... Je suis pressé.

— Non, monsieur... par exemple... je sais trop ce que je vous dois... restez là ce ne sera pas long...

— Ne te trompe pas de flacon !

— Oh ! il n'y a pas de danger... madame l'envoie chercher assez souvent... On sait à quoi il sert celui-là !

Demeuré seul dans le salon, Alfred s'était impatienté, il était revenu dans l'antichambre, où l'on était plus près du boudoir de madame, alors il avait entendu fort distinctement un bruit de fourchettes, de bouteilles, de verres, qui partait de la salle à manger; il y avait même eu un éternuement si fort que les portes en avaient tremblé. Mais la femme de chambre était revenue avec le flacon bleu à bouchon d'opale; elle l'avait remis au jeune homme en lui disant :

— Pourquoi donc monsieur n'est-il pas resté dans le salon... monsieur a peut-être entendu du bruit dans la salle à manger... c'est que les deux chats de madame dînent avec moi, ça m'amuse et ça me fait une compagnie.

— Ma chère amie, il y en a un qui est enrhumé du cerveau... Pour un chat, il a éternué à casser les vitres.

— Oh! monsieur s'est trompé, c'est dans la cour qu'on a éternué! le portier ne fait que çà! c'en est dégoûtant.

Sans plus s'occuper de ce que lui disait la femme de chambre, notre beau lion, armé du flacon précieux, était revenu en courant chez le traiteur, puis allant droit à la porte de son cabinet, il avait voulu l'ouvrir, mais il avait en vain tourné le bouton, le verrou était poussé en dedans.

Saint-Arthur s'était mis à cogner, à appeler en criant :

— Qu'est-ce que cela veut dire?... C'est moi, Zizi!... Jéricourt... pourquoi vous enfermez-vous?... Que signifie cette plaisanterie?

— Apportez-vous le flacon? avait murmuré la jeune actrice d'une voix altérée.

— Oui, sans doute, je l'apporte...

— Est-ce bien mon flacon bleu?

— Assurément... je le connais bien...

— A bouchon d'opale...

— Le bouchon y est !... Il est même parfaitement bouché...

— Eh bien! remportez-le... ce n'est plus celui-là que je veux... c'est le jaune avec une agathe.

— Oh! pour le coup c'est trop fort... Zizi, vous abusez de ma galanterie... Jéricourt, ouvrez-moi donc...

— Je ne demanderais pas mieux, c'est madame qui s'y oppose... Elle a pris un couteau, elle menace de s'en percer le sein si je fais un pas vers la porte...

— Oh! alors ne bougez pas, mon ami!... faites-moi le plaisir de ne pas bouger, gardez votre position!... Je la

connais cette folle-là... elle ferait quelque mauvais coup !
Je cours chercher le flacon jaune !

Et le bon monsieur était parti chercher le flacon jaune. A ceux qui diront que ceci est invraisemblable, nous répondrons que nous avons vu de ces dames en faire faire bien plus encore à ceux dont elles gaspillaient la fortune et, en vérité, elles avaient raison de le faire, puisqu'elles trouvaient des crétins disposés à obéir à tous leurs caprices.

De retour avec le flacon jaune, Alfred avait ouvert sans obstacle la porte du cabinet. Il avait retrouvé Jéricourt à table attaquant les plats avec plus d'ardeur que jamais, et mademoiselle Zizi, le visage rouge comme une cerise, qui avait volé dans ses bras en lui disant :

— J'ai voulu mettre ton amour et ta confiance à l'épreuve, cher ami, tu en es sorti vainqueur... tu es digne de ma tendresse... je te la donne derechef et en réitérant; laisse-moi t'embrasser sur l'œil gauche.

Alfred s'était laissé embrasser, souriant à Jéricourt d'un air qui voulait dire :

— Vous voyez comme elle m'aime ! et le dîner s'était terminé de la façon la plus aimable ; tout le monde était content.

IX

Trois pour un bouquet.

Cependant à la suite de ce dîner, Jéricourt avait de nouveau pensé à Violette, il s'était dit :

— On s'est moqué de moi aujourd'hui au sujet de la bouquetière ; si je ne réussis pas auprès d'elle, on s'en moquera encore... Cela me fera du tort... J'aurai l'air aussi bête que Saint-Arthur... Je me suis trop avancé pour en rester là... d'ailleurs cette jeune fille est si jolie! il me semble que je l'aime... je n'en suis pas bien sûr, mais cela se pourrait. Je ne mentais pas en disant qu'elle éclipserait mademoiselle Zizi... Elle vaut dix... elle vaut cent Zizi! Tiens, un idée... si je lui conseillais de se mettre au théâtre... elle y serait charmante... je ne manquerai pas de directeurs qui seront enchantés de la faire débuter... je lui donnerai des leçons, des conseils... Tiens, tiens! mais elle est très-bonne, mon idée. Un de ces jours j'en ferai un vaudeville... Violette se laissera séduire par cette proposition, le théâtre! l'espoir de briller sur la scène, le plaisir de paraître dans plusieurs costumes étrangers, cela séduit toujours une jeune fille... Celle-ci doit être coquette comme les autres ou ce ne serait pas une femme! Elle cédera, je triompherai.... Une bouquetière devenue actrice, qu'y aurait-il là d'étonnant? nous avons vu de grands talents partir de plus bas... Et puis, quand une femme est jolie, cela lève tant de difficultés... Cela ira tout seul.. Décidément, je ferai une pièce là-dessus.

C'est dans ces dispositions que Jéricourt était venu le lendemain au Château-d'Eau, et il ne tarde point à aborder la bouquetière, qui suivait encore des yeux dans l'éloignement celui qui avait eu tant de peine à la quitter.

— Bonjour, charmante bouquetière...
— Bonjour, monsieur.
— Oh! quel ton sec... je vois que vous être encore fâchée contre moi.
— Moi, monsieur... et pourquoi donc?
— Mais pour ce que je vous ai dit hier...
— Oh! il y a longtemps que je l'ai oublié! Ces choses-là... ça m'entre par une oreille et ça me sort par l'autre; ça ne reste jamais dans ma tête...
— Si cela restait dans votre cœur, cela vaudrait mieux.
— Dieu merci, mon cœur ne s'occupe pas de toutes ces balivernes!

— Mademoiselle Violette, vous ne parlerez pas toujours ainsi... à moins que la nature ne vous ait donné un cœur garni d'une triple cuirasse d'acier...

— Ah! je ne mets pas de cuirasse, monsieur, c'est bien assez d'un corset!... Est-ce que vous désirez un bouquet, monsieur?

— Tout à l'heure... j'ai bien des choses à vous dire... Je désire d'abord causer avec vous.

— Si c'est pour me répéter vos propos d'hier, je vous assure que ce n'est pas la peine d'entamer de conversation.

— Vous craignez que je ne vous parle d'amour ? Vous avez une manière de dire les choses qui n'est pas encourageante !

— Mon Dieu, je ne cherche pas mes paroles, moi, je dis tout simplement ce que je pense...

— Une femme qui dit ce qu'elle pense ! savez-vous que c'est rare ?

— Dites donc, savez-vous que vous n'êtes pas poli pour les femmes, vous ! elles vous ont donc attrapé bien souvent?

— Ce n'est pas là ce que je voulais dire. Tenez, Violette, hier, je conviens que j'ai eu tort... je vous ai parlé comme si j'avais la certitude d'être aimé de vous, et vous ne m'en avez pas donné le droit.

— Du moment que vous convenez que vous avez eu tort, c'est fini, c'est oublié... parlons d'autre chose...

— Ce n'est pas que mes sentiments pour vous aient changé, bien au contraire, je vous adore plus que jamais!

— Dites donc, il me semble que vous recommencez votre chanson d'hier!...

— Non... hier je vous ai fait des propositions qui vous ont déplu!

— Pardi! elles étaient gentilles, vos propositions... aller dans un restaurant dîner avec monsieur... m'offrir de me mettre dans mes meubles!... Alors pourquoi donc que vous ne m'épousez pas tout de suite?

— Cela aurait pu venir !

— Oui, au treizième arrondissement! mais j'aime mieux

les autres. Quant à des meubles, j'en ai, monsieur, et ils sont bien à moi... c'est la mère Gaspard qui me les a laissés... ils ne sont pas en palissandre, c'est vrai, mais ils sont assez beaux pour moi, et d'ailleurs j'y tiens, en souvenir de celle qui me les a donnés.

— Tout cela est très-louable, sans doute ; mais je crois qu'il n'y a pas non plus de mal à chercher à s'enrichir, à faire fortune ; c'est le but de ceux qui n'en ont pas, et jamais on ne leur a donné tort !

— Faire fortune !... certainement que ce n'est pas désagréable... quand on la fait d'une façon honnête pourtant !... sinon il vaut mieux rester dans son petit coin !

— Oh ! mon Dieu ! qui vous parle de cesser d'être honnête... ces jeunes filles sont singulières, elles croient toujours qu'on veut les entraîner au mal...

— Ah ! c'est qu'on vous connaît, mes beaux messieurs, et il me semble que hier, vous ne me proposiez pas de devenir rosière !

— Tenez, Violette, je vais droit au but...

— Eh bien, voyons-le votre but...

— Vous avez été quelquefois au spectacle sans doute ?

— Mais oui... plusieurs fois.

— Et cela vous a plu ?

— Je crois bien que ça m'a plu ! j'ai trouvé cela charmant, et si j'étais riche, oh ! j'irais bien souvent !

— Et que pensez-vous des actrices ?... ne trouvez-vous pas que c'est un bonheur de paraître en public, d'être applaudie, de se montrer sous cent costumes variés, d'être lorgnée ! admirée par toute une salle...

— Oh ! comme vous y allez ! c'est charmant quand on a du talent... J'ai vu de ces dames qui jouaient si bien qu'on ne se lassait pas de les entendre ; mais j'en ai vu d'autres qui jouaient si mal, qu'on murmurait, qu'on riait dans les moments où elles voulaient faire pleurer... J'en ai vu de très-jolies, mais il y en a aussi de très-laides... et celles-là ont beau se mettre de superbes costumes et un tas de couleurs sur la figure... ça ne les rend pas plus belles... Mais à propos pourquoi me dites-vous tout ça ?

— Parce que, si vous le voulez, Violette, il ne tiendra

qu'à vous d'entrer au théâtre : c'est une belle carrière qui vous est ouverte, et je suis certain que vous y réussirez, que vous y gagnerez à la fois de la gloire et de la fortune !

— Moi ! actrice !... vous voulez encore vous moquer de moi, monsieur !

— Non, vraiment, je parle très-sérieusement... Ecoutez-moi bien : je suis auteur, le théâtre est donc aussi ma carrière ou plutôt mon étude continuelle, par conséquent, vous ne nierez pas que je dois m'y connaître... Vous avez tout ce qu'il faut pour réussir sur la scène : votre taille est bien prise, vous êtes grande sans l'être trop ; votre figure est charmante... Oh ! je ne vous fais pas ici de compliments, d'ailleurs vous devez savoir que vous êtes jolie, on vous le dit assez ! votre organe est clair, votre voix bien timbrée ; avec tout cela et les leçons que je vous donnerai pour bien dire, pour bien vous tenir sur la scène, il est impossible que vous n'ayez pas un grand succès. Quant à être admise à débuter, ceci est mon affaire, je m'en charge, cela n'éprouvera aucune difficulté... Il y a mieux, je vous donnerai un rôle... un rôle charmant dans ma première pièce... et pour prix de mon zèle, de mes leçons, de mes démarches, je ne vous demande rien... qu'un peu de reconnaissance lorsque vous serez une actrice en vogue... Eh bien, voyons, est-ce que tout cela ne vaut pas mieux que d'être bouquetière ?...

— Est-ce là tout ce que vous m'achetez ce matin, monsieur ?

— Mais vous ne répondez pas à ma proposition, Violette ; ne comprenez-vous pas que je vous offre un avenir brillant... toutes les jouissances, tous les plaisirs de la vie... et cela ne vous empêchera pas de rester sage.

— Dans cet état-là, c'est trop scabreux ; merci, monsieur, tout cela ne me tente pas... ça m'amuse de voir jouer les autres, mais ça ne me donne pas des envies de jouer moi-même... chacun son goût, j'aime mieux mes fleurs que vos coulisses.

— Allons ! il n'est pas possible que vous refusiez... quand je me charge d'aplanir toutes les difficultés...

— Prenez-moi donc ce bouquet-là... voyez comme c'est joli !... et quelle odeur... je gage que ça ne sent pas si bon dans vos coulisses...

— Violette, ce n'est certainement pas votre dernier mot, vous réfléchirez, vous accepterez.

— Oh ! c'est tout réfléchi, monsieur ; avec moi, ça n'est pas long, je sais tout de suite ce qui me va... je ne me sens aucune vocation pour être au théâtre...

— Puisque je vous dis...

— Ne vous donnez pas la peine de m'en dire davantage, monsieur, vous perdriez vos paroles, et ça serait dommage, vous qui en faites votre état et qui vendez de l'esprit sur du papier...

Jéricourt est tellement dépité de voir sa proposition repoussée, lorsqu'il s'attendait à une réussite complète, qu'il demeure interdit et ne trouve plus un mot à répondre à la bouquetière.

C'est en ce moment qu'il se sent touché au bras, et qu'on lui dit :

— Bonjour, monsieur Jéricourt ; je vous ai reconnu par derrière à votre canne... j'ai dit : Voilà la canne de mon voisin... Et ça va bien ?

Jéricourt s'est retourné et se trouve en face du tout petit jeune homme qui louche si horriblement, et que nous avons déjà rencontré sur le marché aux fleurs du Château-d'Eau, en compagnie de sa mère et de sa sœur, M. Astianax Glumeau, dont la chambre, située au-dessus du logement de ses parents, se trouvait être sur le même palier que l'appartement de Jéricourt.

— Ah ! c'est vous, jeune homme, dit l'auteur en donnant d'un air de protection un de ses doigts à serrer au petit Astianax, qui se croyait fort honoré de cette faveur, parce que pour lui un homme qui faisait des pièces de théâtre que l'on jouait était un demi-dieu. Et que venez vous faire par ici, petit libertin ? acheter un bouquet pour quelque belle que vous courtisez sans doute ?

— Ah ! par exemple, monsieur Jéricourt... je ne me permettrais pas... je suis encore trop jeune... et cependant ce n'est pas l'envie qui me manque...

— Quel âge avez-vous donc ?

— Dix-neuf ans.

— A cet âge-là, moi, j'avais déjà eu cinquante aventures galantes !

— Oh ! mais vous !... un auteur !... c'est bien différent... vous n'étiez pas timide !

— Je ne l'ai jamais été... il n'y a rien de plus pernicieux pour un homme. Si vous m'en croyez, vous vous corrigerez de ce défaut-là.

— Papa et maman ne disent pas cela... ils veulent me tenir en laisse comme un caniche. Qu'ils y tiennent ma sœur, à la bonne heure, c'est une demoiselle !... mais moi... Oh ! vous avez raison... il n'y a rien de plus sot qu'un homme timide... mais je ne veux plus l'être... je me sens même des dispositions à faire parler de moi... Et vous achetiez des fleurs, monsieur Jéricourt ?

— Oui... c'est-à-dire... je regardais... je ne suis pas encore décidé...

Le petit Astianax se penche contre l'oreille de son voisin et lui dit bas :

— Elle est bien jolie la bouquetière !...

— Vous trouvez... mais cela dépend du goût...

— Hum ! laissez donc !... ça saute aux yeux... je l'ai remarquée hier... nous sommes venus avec maman et ma sœur pour acheter des fleurs, parce que c'était la fête de mon père... moi je n'ai rien acheté... je lui ai donné un nougat.

— C'est un fort joli bouquet !

— Oh ! c'est égal, aujourd'hui je veux lui donner des fleurs... et je suis revenu ici... car j'avais rêvé de la bouquetière toute la nuit !...

— En vérité...

— Oui... oui... j'étais pacha et elle était esclave...

Et Jéricourt reprend très-haut en s'adressant à Violette :

— Mademoiselle, voici un jeune homme qui a rêvé de vous toute la nuit... pour vous avoir seulement aperçue hier.

Monsieur Astianax devient écarlate ; il tire Jéricourt par son paletot en murmurant :

— Ah ! je ne vous dirai plus rien à vous !... vous me rendez tout confus !...

— N'ayez donc pas peur... je vous sers, au contraire ; vous êtes amoureux de mademoiselle, eh bien, je le lui dis pour vous... que sait-on ? vous serez peut-être plus heureux que les autres... d'autant plus que vous avez tout ce qu'il faut pour réussir.

Jéricourt avait dit ces derniers mots d'un ton tellement moqueur que tout autre que le petit Astianax les aurait fort mal pris ; mais celui-ci les prend au contraire pour une vérité, il sourit et fait sa bouche en as de pique, tandis que ses yeux lancent des fusées à droite et à gauche.

Violette a réprimé une envie de rire que lui donnent les grimaces du jeune Astianax ; elle arrange ses fleurs en disant :

— Voyez, monsieur, choisissez... désirez-vous un bouquet ?... en voilà un bien joli... et puisque monsieur ne le prend pas.

— Oui, c'est-à-dire il faudrait m'en faire un... mais je vais vous expliquer de quoi il doit être composé : je veux de l'héliotrope, c'est la fleur des gens d'esprit... ensuite du myrte... c'est de la tendresse... de l'affection... une tulipe au milieu... c'est ce qui annonce un cœur droit... une bonne conduite...

— Comment, mon cher Astianax, la tulipe veut dire tout cela ? s'écrie Jéricourt en riant, je ne m'en serais jamais douté !... Diable, mais vous êtes très-fort sur les fleurs ; continuez, que vous faut-il encore ?

— Quelques œillets rouges, cela dit que l'on combattrait au besoin pour l'objet de son affection... vous comprenez que c'est pour moi que je mets cela... ensuite une pivoine et des immortelles, cela promet la force et la santé, cela fera plaisir à mon père qui se croit toujours malade... il a encore pris ce matin une bouteille de limonade... vous savez, cette limonade qui purge... Tout cela entouré de pensées, et j'aurai un bouquet rempli d'intentions... un véritable *sélam*.

— Bravo, jeune homme, bravo !... avec de tels bouquets vous ferez rapidement votre chemin près des dames...

— Celui-ci est pour papa, mais plus tard, j'espère...

— Monsieur, je suis bien fâchée, dit Violette, mais je ne peux pas faire le bouquet que vous me demandez... je n'ai pas d'œillets rouges... vous n'en trouverez guère à cette époque... je n'ai point de myrte... je n'ai plus de pivoine...

— Ah ! diable, mais voilà qui est contrariant... je serais cependant fâché de m'adresser à une autre bouquetière... je veux, au contraire, vous donner ma pratique...

— Monsieur, je suis sûre qu'une autre bouquetière n'aura pas non plus les fleurs que vous me demandez... dans ce quartier du moins ; tenez, croyez-moi, monsieur, prenez le bouquet que j'offrais à monsieur... tout en roses et en violettes, il est bien joli... c'est mon dernier... et je n'ai plus de quoi en faire un pareil.

— Je ne dis pas qu'il ne soit pas fort gentil, mais cela ne remplit plus mes intentions... et ce n'est plus un sélam !

— Mais voyez-donc les jolies roses, les beaux boutons... Tout le monde trouvera ce bouquet charmant !

— Et je suis de l'avis de tout le monde, moi ; ce bouquet est aussi joli que la marchande ; et, ma foi, ce n'est pas peu dire !

Ces derniers mots viennent d'être prononcés par un monsieur d'un âge mûr, mis avec une certaine recherche et dont la tournure, les manières, et jusqu'au sourire, font sur-le-champ reconnaître un homme du grand monde.

Les traits de ce personnage sont fins, réguliers et distingués, mais ils annoncent aussi l'homme qui a beaucoup usé de la vie ; la figure est fatiguée, le dessous des yeux bouffi, des plis sillonnent le front et les joues. Enfin, il n'y a plus là que les débris d'un fort joli garçon, mais il a toujours l'air comme il faut, l'œil spirituel et le ton légèrement impertinent et railleur.

Ce monsieur, tout en s'appuyant sur un rotin assez beau, tient dans sa main droite un binocle avec lequel il lorgne Violette ; il s'était arrêté devant l'étalage de fleurs et avait écouté les derniers mots prononcés par la bouquetière ; puis, tout en regardant la jolie marchande, il murmurait entre ses dents :

— Oh ! c'est singulier... il y a de la ressemblance... je ne sais plus avec qui... mais je connais une figure comme celle-là.

Jéricourt et le petit Astianax demeurent tout surpris, en voyant ce monsieur prendre le bouquet des mains de la jeune fille, et lui dire :

— Combien ce bouquet ?...

— Trois francs, monsieur.

— Trois francs ! l'ardieu ! c'est pour rien, il me paraît que les bouquets ne sont pas chers dans ce quartier... Je le prends. Tenez, jolie bouquetière, payez-vous.

Le nouveau venu tend une pièce de cinq francs à Violette, lorsque le petit Astianax monte sur ses pointes et s'écrie :

— Mais, monsieur, j'avais marchandé ce bouquet avant vous, et c'est moi qui l'achète... Vous ne pouvez pas l'acheter, vous !

Le monsieur se contente de jeter un regard impertinent sur le petit jeune homme, en disant :

— Voyons, bouquetière, payez-vous donc...

Jéricourt juge alors convenable de se mêler à la discussion. Il passe entre Astianax et le monsieur, et, prenant un ton suffisant, dit à celui-ci :

— C'est moi qui, le premier, ai marchandé ce bouquet... La bouquetière n'a donc pas le droit de le vendre à d'autres, puisque je veux bien lui en donner le prix qu'elle en demande... Veuillez donc, monsieur, me remettre ce bouquet... comprenez-vous ?

Le monsieur âgé se contente de braquer son binocle sur Jéricourt, et, renversant sa tête un peu sur le côté, lui dit en souriant d'un air railleur :

— Monsieur, quand j'avais votre âge, je ne me laissais

jamais prendre ce que je tenais, et c'est une habitude que j'ai conservée en vieillissant... comprenez-vous ?

L'assurance de ce monsieur, le ton de persiflage avec lequel il vient de répondre, surprennent notre homme de lettres, qui ne sait plus ce qu'il veut faire ; mais il n'en est pas de même du petit Astianax, furieux de ce qu'on a l'air de ne point prendre garde à lui, de le traiter comme un enfant ; il repasse près du monsieur, le regarde le mieux qu'il peut, et s'écrie, d'une voix que la colère rend très-criarde :

— Je ne sais pas pourquoi monsieur ne m'a pas répondu... C'est que je ne me laisse pas molester, moi !... c'est que je n'entends pas qu'on me traite comme un enfant, moi !... c'est que j'ai du courage... moi !...

— Ah ! vous avez du courage, mon bon ami ! répond le monsieur en tournant alors son binocle sur Astianax. Eh bien ! tant mieux, je vous en félicite, cela pourra vous servir quand vous serez grand !...

— Comment ! quand je serai grand !... j'ai dix-neuf ans, monsieur, et à cet âge-là on n'a peur de personne...

— Vous avez dix-neuf ans... vous? Allons donc ! ce n'est pas possible !... c'est neuf ans que vous voulez dire !...

Ces paroles font bondir de colère le petit Astianax ; il trépigne du pied et semble disposé à s'élancer sur le monsieur qui continue de le lorgner et se permet même de sourire en l'examinant. Violette, qui craint que le petit jeune homme ne se livre à quelque voie de fait, s'est levée pour le retenir, et Jéricourt, que cette discussion semble amuser, est curieux de savoir ce que cela va devenir... lorsque tout à coup la scène change aussi subitement qu'à l'Opéra, lorsque le sifflet du machiniste se fait entendre.

Mais sur le boulevard, c'est Chicotin Patatras qui est encore le machiniste.

L'ami de Georget flânait depuis quelques instants autour du Château-d'Eau ; ayant voulu dépenser le matin tout ce qui lui restait d'argent de la veille, le jeune *voyou* avait assez bien déjeuné pour avoir la tête montée et se sentir très entrain de faire quelque farce. Dans cette disposition, il avait remarqué que plusieurs messieurs étaient arrêtés devant l'étalage de la bouquetière ; il avait bientôt reconnu Jéricourt pour celui que, la veille, il avait eu l'intention de jeter par terre, aussitôt il s'était dit :

— Pourquoi donc que je ne ferais pas aujourd'hui ce que j'ai manqué hier... Ce beau musqué là-bas déplaît à mon petit Georget... il est encore là, qui tourne devant la bouquetière ; en le jetant par terre je rendrai service à un ami, et puis... ça m'amuse... allons-y gaiement... Chopard n'est plus là pour me pousser... c'est embêtant... Ah ! pardi... je vas aller prendre le chapeau ciré de ce cocher qui est en contemplation devant ses chevaux... il faudra bien qu'il me poursuive... et je me jetterai dans les jambes de mon individu.

Chicotin avait sur-le-champ mis ce plan à exécution. Le cocher, privé de son chapeau, avait couru en vociférant après le gamin ; celui-ci avait fui du côté de la bouquetière, puis il s'était jeté brusquement dans les jambes de quelqu'un qu'il avait fait tomber, tandis que les autres s'écartaient vivement ; mais, cette fois encore, Chicotin avait manqué son coup ; ce n'était pas Jéricourt, c'était le petit Astianax qui était étalé sur le bitume.

— Oh ! pour le coup, mademoiselle Violette, il n'y a plus moyen de s'arrêter devant votre boutique, à ce qu'il paraît ! dit Jéricourt en s'éloignant avec colère. Je vous fais mon compliment sur la manière dont vous traitez vos pratiques... et surtout du champion que vous avez choisi pour cela... Si c'est là celui pour qui vous voulez rester bouquetière, cela ne fait pas l'éloge de votre goût.

— De quoi ! qu'est-ce qu'il dit le beau brun ?... s'écrie Chicotin en se relevant et en rejetant au cocher son chapeau ciré. J'ai pas compris *l'apologe!*

— Je ne sais pas ce que dit ce monsieur, s'écrie à son tour Violette, mais ce que je sais, monsieur Chicotin, c'est que voilà deux jours de suite que vous jouez le même tour aux personnes qui sont arrêtées devant ma boutique, et j'entends que cela finisse, sinon je saurai bien à qui me plaindre.

Pendant cet échange de paroles, le jeune Astianax

s'est relevé avec une bosse au front et son pantalon déchiré aux deux genoux, parce qu'il portait des sous-pieds, ce qui faisait nécessairement craquer l'étoffe à la moindre chute.

Les solutions qu'il aperçoit à son pantalon paraissent affecter le jeune Astianax, il pousse un profond soupir en murmurant :

— Sapristi ! et c'est la seconde fois que je le mets. Puis sans plus songer au bouquet ni à sa querelle, le petit monsieur s'éloigne à grands pas, tâchant de tenir les mains sur les déchirures de son vêtement, que son court paletot ne pouvait pas couvrir.

Le monsieur mûr avait, pendant ce temps, gardé le bouquet à sa main, et continuait à s'appuyer fortement sur sa canne.

— Voilà un bouquet qu'on ne me disputera plus ! dit-il enfin. Mes deux concurrents ont abandonné la place... il paraît qu'elle est dangereuse, si je dois en croire ce que disait ce monsieur. Eh ! oh ! drôle ! est-il vrai que tu t'amuses à jeter par terre les pratiques de mademoiselle ?...

— Oh ! non, monsieur... c'est pour rire ! répond Chicotin d'un air goguenard ; mais j'ai du malheur, j'attrape jamais ceux que je vise.

— Est-ce que c'est moi que tu visais, par hasard ?

— Oh ! non, monsieur... par exemple !

— C'est que, vois-tu, j'ai la goutte, et si tu m'avais fait tomber, cela aurait pu être plus sérieux pour moi que pour ce petit jeune homme, qui ne doit pas encore avoir perdu l'habitude des culbutes...

— Oh ! monsieur... si j'avois eu ce malheur-là, je ne me le serais pas pardonné... mais je vous aurais ramassé !

— C'eût été fort généreux de ta part ! j'aime mieux cependant que tu ne m'aies pas ramassé. Tu m'as l'air d'un assez franc vaurien !... mais je ne déteste pas les gaillards de ton espèce.

— C'est que monsieur s'y connaît.

— Veux-tu venir avec moi ?... je te chargerai d'une commission.

— Oui, monsieur, pourquoi pas ?... et vous ne serez pas fâché de m'avoir choisi ; je les fais un peu chouettement, les commissions !...

— Eh bien ! si je suis content de toi, je te donnerai de la besogne. Comment t'appelles-tu ?

— Chicotin... surnommé Patatras... à cause de...

— Parbleu ! je me doute bien de ce qui t'a fait donner ce surnom... si tu te présentes toujours comme tout à l'heure en renversant le monde... Mais cette jolie marchande n'est pas contente de la façon dont tu traites ses pratiques, et elle a raison...

— Dame ! monsieur, dit Violette, c'est la seconde fois, depuis hier, qu'il vient comme ça se jeter dans mon étalage.

— C'est fini, mam'selle Violette, puisque je vous dis que je ne recommencerai pas... c'est toisé.

— Elle est vraiment bien cette bouquetière ! murmure le monsieur en payant son bouquet. A qui diable ressemble-t-elle donc ?... ah ! ma foi... j'en ai tant connu !...
Puis il se tourne vers Chicotin et lui dit :

— Suis-moi.

Et il se met en marche, s'appuyant sur sa canne et ne posant son pied gauche qu'avec précaution, ce qui, nécessairement, l'empêchait de marcher vite.

Et M. Chicotin suit ce monsieur, faisant quelques pas très-vite, puis s'arrêtant derrière lui pour faire une pirouette ou quelque singerie, en disant :

— Si nous allons toujours de ce train-là, nous ne jouterons jamais avec le chemin de fer.

X

Intérieur de famille.

Dans un fort beau salon d'un appartement situé boulevard Beaumarchais, dans une de ces belles maisons bâties depuis peu, et qui font de ce quartier un des plus agréables de Paris, trois personnes étaient rassemblées : M. Glumeau, sa femme et sa fille.

Nous connaissons les dames; M. Glumeau, ci-devant courtier-marron, est un homme de cinquante ans, de taille moyenne, qui n'a jamais été joli garçon, mais qui pouvait plaire lorsqu'il était jeune, grâce à ses cheveux blonds, à ses yeux bleu faïence (il y a des personnes qui aiment les yeux bleu faïence) et surtout à sa taille fine, à sa jambe bien tournée et à son pied petit et bien cambré. En prenant des années, M. Glumeau, n'ayant pas pris d'embonpoint comme madame son épouse, a conservé une tournure jeune, surtout vu par derrière ; quant à sa figure, elle s'est extrêmement chiffonnée ; mais enfin, ses yeux sont toujours bleu faïence, et s'il n'a plus ses cheveux blonds, il les a remplacés par une perruque de la même couleur.

Il est probable que les traits de M. Glumeau n'auraient point subi un ravage si prompt, sans la manie que ce monsieur avait contractée de se droguer, de se mettre, pour la plus petite indisposition, à la tisane, au régime ou à la diète ; la crainte d'être malade tourmentait sans cesse le ci-devant courtier-marron, et à force de soigner sa santé il était parvenu à la gâter. Sa lecture habituelle était la quatrième page des grands journaux ; il prenait note de tous ces remèdes efficaces annoncés et prônés par les inventeurs ; souvent il les achetait sans avoir la maladie que ceux-ci devaient guérir ; mais M. Glumeau prenait tout cela par prévoyance en se disant : Si cette maladie m'arrivait, j'aurais le remède sous la main.

À cette faiblesse d'esprit, peu agréable dans un intérieur, M. Glumeau joignait de la prétention à briller dans la conversation. Il cherchait continuellement à lancer des pointes, des mots spirituels ; mais, comme il n'en trouvait pas... il restait souvent en route, ce qui donnait beaucoup de décousu à son entretien. Enfin, ayant jadis été ce qu'on appelait un beau danseur, il avait conservé beaucoup de goût pour cet exercice, dans lequel il pouvait à loisir faire voir son pied dont il était très-fier, et qu'en dansant il regardait continuellement.

Après avoir quitté les affaires avec une assez jolie fortune, qu'un héritage venait récemment d'augmenter, M. Glumeau avait acheté une maison de campagne à Nogent-sur-Marne ; là, il avait fait construire dans son jardin un petit théâtre où, dans la belle saison, sa famille et ses amis se donnaient la jouissance du spectacle, tour à tour acteurs ou spectateurs ; M. Glumeau aimait à recevoir du monde : la société lui faisait oublier ses maladies imaginaires ; sa femme et ses enfants aimant aussi beaucoup le plaisir, la maison du ci-devant courtier était de celles où l'on est presque toujours certain de passer agréablement son temps ; la cérémonie, l'étiquette en étaient bannies, chacun avait le droit d'y faire ce que bon lui semblait ; la société était parfois un peu mêlée, mais on se rattrapait sur la quantité. En ce moment le chef de famille est entrain de boire une tasse de thé dans lequel il exprime un jus de citron, parce que, le matin en s'éveillant, il s'est senti la bouche amère.

— Je crois que cette boisson me fera du bien, dit M. Glumeau tout en avalant son thé par petites gorgées, le citron dans le thé chasse la bile...

— Mais pourquoi voulez-vous avoir de la bile, mon

ami ? vous avez le teint très-bon, vous n'êtes pas jaune !...

— Oh ! je ne suis pas jaune ! ma chère amie ! ceci est une question ! je le suis un peu... du côté du nez... et je n'ai pas envie d'attendre que je sois comme un coing pour prendre un purgatif...

— Est-ce que vous avez encore envie de vous purger?... Il ne manquerait plus que cela... Vous avez pris de l'eau de Sedlitz il y a quinze jours...

— Qu'est-ce que cela prouve... si j'en avais encore besoin ?

Madame Glumeau hausse les épaules en s'écriant :

— Édouard ! vous vous rendez malade à force de vous droguer !

— Mais non, ma chère amie, on ne se rend pas malade en se soignant ; au contraire, cela empêche de le devenir...

— Vous savez que nous avons aujourd'hui du monde à dîner... Je présume que vous n'avez pas l'intention de choisir ce moment pour prendre médecine?...

— Il n'est pas question de médecine aujourd'hui... mais tenez, tout à l'heure je lisais dans mon journal l'annonce d'une découverte bien précieuse...

— Qui empêche les pommes de terre d'être malades?..

— Ah ! il s'agit bien de pommes de terre !...

— Mais, mon ami, c'est quelque chose de si utile, de si nourrissant, de si précieux, de...

— Laissez-moi donc tranquille avec vos pommes de terre... je ne les aime pas, moi... Il s'agit d'un remède infaillible pour guérir la gravelle...

— Mais vous n'avez pas la gravelle, monsieur !

— Non, mais cela pourrait me venir !

— Quel malheur d'avoir peur de toutes les maladies !...

— Je n'en ai pas peur, madame, seulement je me tiens en garde contre elles ; ce n'est pas par crainte, c'est par prudence... par sagesse !

— Ah ! Dieu ! si tous les hommes vous ressemblaient... ce serait amusant !...

— Qu'est-ce que vous entendez par là, Lolotte ?

— J'entends qu'à force de s'occuper de maladie, on croit toujours les avoir toutes... et on n'est pas gai en société !

— Madame, *si vis pacem, para bellum.*

— Qu'est-ce que cela veut dire, Monsieur ?

— Si vous voulez la paix, préparez-vous comme pour la guerre.

— Quel rapport cela a-t-il avec votre citron dans du thé ?

— Cela veut dire aussi : si vous voulez vous bien porter, soignez-vous comme si vous étiez malade.

— Oh ! pour cela je n'en crois rien ; est-ce que je me soigne, moi, monsieur, et vous voyez comme je me porte !

— C'est-à-dire que vous devenez trop obèse, ma chère amie, mais si vous aviez voulu prendre un peu de graine de moutarde blanche... vous auriez aminci !

— Merci, monsieur, je serais devenue comme une latte peut-être, et je préfère rester comme me voilà ; ne dirait-on pas que je suis énorme ?...

— Pas précisément, mais vous n'avez plus de taille...

— Je n'ai plus de taille !... je n'ai plus de taille !... Monsieur, décidément, je crois que c'est au yeux que vous avez mal... vous y voyez de travers...

— Comment ! pourquoi me dites-vous que j'ai mal aux yeux ?... est-ce qu'ils sont rouges ?... Ne plaisantons pas, Lolotte, mes yeux sont-ils gonflés ?...

— Ah ! je n'ai plus de taille !... Tous les hommes ne pensent pas comme vous, monsieur, et malgré mon embonpoint, si je voulais écouter tous les tendres propos qu'on me tient...

— Madame !... vous oubliez que votre fille est là... Eolinde... viens donc regarder mes yeux, il me semble qu'ils me piquent.

Mademoiselle Eolinde parcourait un volume de pièces de théâtre ; au lieu de répondre à son père, elle s'écrie :

— Il faudra jou... jouer la *Forêt périlleuse*, papa, je ferai la belle Caca... la belle Camille !...

— Mais oui, ma fille, oui, on a déjà arrêté que l'on

jouerait cette pièce-là... dit madame Glumeau, puisque nous réunissons aujourd'hui les personnes qui doivent jouer dans la première partie que l'on montera à notre campagne, afin de faire la distribution des rôles. Mais c'est l'autre pièce que l'on n'a pas encore choisie... il faut un vaudeville bien gai...

— Ah ! maman... *Estelle ou le père et la fille?*

— Si tu appelles cela un vaudeville gai ! c'est différent. Ma chère amie, quand on joue la comédie entre soi, pour s'amuser, il ne faut pas avoir la prétention de faire pleurer ; il faut seulement faire rire... En général, vous êtes tous très-mauvais, mais c'est ce qu'il faut : plus vous êtes mauvais et plus vous faites rire... si vous étiez bons, ce serait, je crois, fort triste.

— Ah ! maman, coco... comme tu nous traites !... parce que tu tu... ne joues pas, toi !...

— Si je jouais, je tâcherais d'être drôle, et voilà tout ; mais, par exemple, je saurais mes rôles, et vous ne savez jamais les vôtres.

Pendant cette conversation entre la mère et la fille, M. Glumeau s'est levé, il est allé se mettre devant une glace, et il se regarde les yeux avec une attention et une persistance qui finit par lui brouiller la vue, il se promène ensuite dans le salon en murmurant :

— Je me ferai faire un collyre... je dois avoir une recette...

— Mais vous n'avez pas mal aux yeux, monsieur ! s'écrie madame Glumeau avec impatience ; mais vous voulez donc vous rendre aveugle à présent. Prenez tout de suite de l'élixir de longue vie et que cela finisse !...

— Ce ne serait pas une si mauvaise idée, madame !

— Ah ! oui, pour faire comme votre ami Boutelot... Vous souvenez-vous de ce qui lui est arrivé pour avoir avalé je ne sais combien de bouteilles d'élixir de longue vie en six mois ?... Il en est mort !...

— Il serait peut-être mort six mois plus tôt s'il n'en avait pas bu.

— Déjà trois heures passées et Astianax ne rentre pas,

dit la grande Eolinde ; il n'est guère aimable, mon frère, il devait nous apporter une collection de pièces de théâtre pour choisir dedans...

— N'est-ce pas son voisin, M. Jéricourt, ce jeune auteur qui demeure au quatrième, qui doit prêter des pièces à ton frère ?

— Oui, maman.

— Il a l'air fort bien ce jeune homme-là ; il faudra l'inviter à venir à la campagne, à notre spectacle, n'est-ce pas, Edouard ?

— Je ne m'y oppose pas ; n'est-il pas journaliste aussi, ce monsieur ?

— Je ne crois pas.

— Tant pis ! il faudrait tâcher d'avoir quelques journalistes : ils sont très-répandus dans le monde... ils font des articles sur tout ce qu'ils voient... parleraient peut-être de moi dans le journal... je me verrais imprimé... c'est gentil cela !... Qui donc avons-nous aujourd'hui à dîner ?

— Mais vous devez le savoir aussi bien que moi, mon ami,...

— Ah ! bigre !... je crois que j'ai mal au ventre...

— Ah ! bon ! ce serait le restant de nos écus.

— Non... ce n'est rien... cela se dissipe... c'était une fausse position !...

— Nous attendons à dîner monsieur et madame Dufournelle ; madame Dufournelle désire jouer... elle sera bien embarrassée en scène, je crois, mais ça la regarde !

— Elle est gracieuse... elle est jolie... je crois, moi, qu'elle aura du succès.

— Oh ! voilà bien les hommes ! vous trouvez cette dame jolie, parce qu'elle rit toujours, qu'elle est très-coquette... elle pousse même cela jusqu'à faire quelquefois des agaceries aux hommes que c'en est indécent !...

— Par exemple, Lolotte ! où avez-vous vu cela ?...

— Je l'ai vu plus d'une fois... et chez nous à la campagne... avec vous, quand elle vous disait de courir après elle en vous défiant de l'attraper !... Monsieur courait comme un cerf... puis vous disparaissiez tous deux derrière les charmilles... Vous n'aviez pas mal au ventre ce jour-là !...

— Madame, en vérité... vous dites des choses... votre fille vous entend...

— Ma fille se mariera, monsieur, et il n'y a pas de mal à ce qu'elle soit d'avance avertie de toutes les perfidies des hommes... d'ailleurs, la coquetterie de madame Dufournelle saute aux yeux de tout le monde... Son mari n'y voit que du feu !... Pauvre bonhomme ! pourvu qu'il fasse sa partie de billard, tout le reste lui est indifférent.

— Il n'est pas jaloux, madame, et il a raison, cela prouve qu'il a de l'esprit !...

— Ah ! vous croyez cela... J'ai cependant connu des hommes de beaucoup d'esprit qui étaient jaloux comme des tigres ! Dites plutôt que ce gros Dufournelle n'est pas amoureux de sa femme... D'ailleurs il est trop gros pour être amoureux !...

— Mon Dieu ! que les femmes sont méchantes !... quand on n'est pas jaloux, c'est qu'on ne les aime plus... Vous voudriez donc que je le fusse, moi, madame, jaloux ?

— Vous, Édouard ! Ah ! grand Dieu !... il ne vous manquerait plus que cette maladie-là... avec toutes celles que vous croyez avoir !... ce serait le bouquet !...

Ah ! si nous jouions les *Bains à dodo... à dodo... à domicile !* s'écrie Eolinde, qui cherche toujours dans les pièces de théâtre. Je serais Ninie, moi...

— Ma chère amie, est-ce que tu comptes prendre tous les rôles dans les pièces qu'on jouera ? dit M. Glumeau en admirant ses pieds. Il me semble que si tu en joues un, c'est bien assez ; avec ton défaut de prononciation, tu sais bien que tu fais durer les pièces une heure de plus... et tu as la manie de choisir des rôles longs ! La dernière fois que nous avons donné *Andromaque*, on a cru que ta scène avec *Oreste* ne finirait jamais !

— Parce que c'étaient des vevers... mon papa... que

c'est pluplus difficile à prononcer... Mais quand c'est de la prose... ça va... toutou... toutou... tout seul.

— Je m'en aperçois! Pourquoi, diable! aussi avez-vous voulu jouer de la tragédie?...

— Ah! mon ami! ils ont eu raison! dit madame Glumeau, car je vous assure qu'ils étaient à pouffer de rire... et vous-même, dans Pylade, Dieu! que vous étiez beau!...

— Madame, vous prenez toujours tout en charge... J'ai joué Pylade très-convenablement... et sans mon casque qui retombait sans cesse sur mes yeux et m'empêchait de voir le public, j'aurais fait un très-grand effet...

— Mais vous en avez fait beaucoup, mon ami! vous aviez l'air d'un aveugle, c'était bien plus drôle!

— Vous êtes bien moqueuse, ma chère amie, on voit bien que vous ne jouez pas vous!

— Si je jouais en société, mon ami, je ne me fâcherais pas si l'on riait de moi!...

— Et M. Dufournelle, qu'en ferez-vous?

— Il soufflera... c'est son affaire! il souffle continuellement comme un bœuf!... nous attendons ensuite le petit Kingerie... il est très-bon garçon, il fait ce qu'on veut, lui!... il prend les rôles qu'on lui donne.

— Maman, avez-vous remarqué que M. Kingerie a, quand il chante, toute une autre voix que quand il parle?...

— C'est vrai, mais c'est très-heureux pour lui; quand il parle il a toujours l'air d'être enroué, tandis que lorsqu'il chante il a un petit filet de voix clair et flûté au point qu'on ne peut pas croire que ce soit lui qu'on entend. Nous aurons ensuite M. Cantuzard et sa fille, mademoiselle Polymnie, qui désire aussi jouer.

— Il faut lui donner un rôle... c'est une très-belle personne... grande, bien faite... élégante!

— Elle a bien mal joujoué la dernière fois son petit rôrôle de soubrette, et elle n'avait cependant que quelques mots... à... à... dire... pour annoncer : *Madame, la société est en bas dans le salon*, elle... a dit : Madame, le salon est en bas dans la société!...

— C'est sa langue qui aura bifurqué ! mais cela n'empêche pas que mademoiselle Polymnie ne soit fort bien sur le théâtre...

— Elle a un trop gros nez !

— Les gros nez font très-bien en scène... D'ailleurs je vous répète, ma fille, que je désire être agréable à M. Camuzard, et je sais que cela lui fait grand plaisir quand sa fille joue...

Et M. Glumeau ajoute en regardant sa femme :

— Il faudrait tâcher de faire jouer à Astianax un rôle d'amoureux et que mademoiselle Polymnie fît l'amoureuse... Vous comprenez mes idées et mes projets, n'est-ce pas, Lolotte ?

— Oui, monsieur, oh ! ce n'est pas difficile à comprendre... Mademoiselle Camuzard sera un très-bon parti, je le sais... mais Astianax est encore si jeune !...

— Je me suis marié fort jeune, moi, madame, et je ne m'en suis jamais repenti.

— Ah ! Edouard, voilà le plus joli mot que vous ayez dit de la journée !

— Il me semble, cependant, que j'en dis souvent de jolis... mais vous n'y prenez pas garde parce que vous y êtes habituée... Ce thé m'a fait du bien... je me sens tout léger... Je danserais volontiers une mazurke !... A propos de danse, Eolinde, as-tu étudié sur ton piano les nouveaux quadrilles que je t'ai apportés ?

— Ah ! ils sont trop difficiles...

— Non, mademoiselle, c'est que vous ne voulez pas vous donner la peine d'étudier... et vous avez d'autant plus tort que maintenant tout le monde touche du piano... les jeunes gens, les jeunes filles, tout le monde sait faire danser ; une jeune personne qui ne saurait pas jouer un quadrille en société se ferait regarder comme une fille sauvage ! comme une Hottentote !...

— Je sais très-bien que toutout le monde touche du piano à... à... présent. La fille de la portière en joue, et dernièrement le serrurier qui est venu arranger une serrure qui n'allait pas, a dit en en... en m'écoutant: Moi aussi je toutouche du piano les dimanches, quand j'ai le temps. N'est-il pas vrai, ma... maman ?

— C'est la vérité ; j'avais même envie de dire à ce serrurier qu'il devrait mettre sur sa boutique : Ici on pose des sonnettes avec accompagnement de piano.

— Enfin mon pa... mon papa, le piano est devenu un instrument si... si commun, que j'aimerais bien mieux jou... jouer d'autre chose...

— Et de quoi, s'il vous plaît ?

— Mais de... de la petite flûte, par exemple !

— Vous êtes folle, Eolinde, une demoiselle qui jouerait de la petite flûte... ce serait joli... les instruments à vent sont exclusivement réservés aux hommes...

— Pou...ourquoi donc cela... papa ?

— Mais parce que... Apollon ayant joué de la flûte... quand il gardait des troupeaux... et ce dieu étant le... ce dieu représentant la mélodie... alors les pipeaux... et la flûte... A propos, Lolotte, j'espère que l'on a dit à Chambourdin de venir... c'est un aimable garçon... un boute-en-train, toujours gai, bon vivant ; il jouera... Je gage qu'il sera fort drôle !

— Eh ! monsieur, est-ce qu'on peut compter sur votre Chambourdin ? vous savez bien qu'il n'est jamais de parole... quand il promet de venir, on ne le voit plus... Si on compte sur lui pour faire un rôle, il fera manquer la représentation. Mais nous aurons M. Mangeot et sa sœur, en voilà qui sont complaisants, aimables. M. Mangeot fait très-bien les grimes, les caricatures... il joue avec soin, il sait ses rôles... sa sœur aussi.

— Oui, mais comme sa sœur a l'oreille extrêmement dure, elle est obligée de se tenir constamment à deux pas du souffleur, c'est très-gênant pour la mise en scène !... et quelquefois aussi elle parle en même temps que son interlocuteur... Bigre !... voilà ma douleur de ventre qui me reprend... Qu'est-ce que cela peut donc être... Lolotte, est-ce que nous avons mangé des champignons hier ?...

— Des champignons... il y en avait dans le vol-au-vent que nous avons eu... mais vous voyez bien que personne n'a été malade, et tout le monde a mangé du vol-au-vent.

— Ce ne serait pas une raison... quelquefois cela se déclare tard; Eolinde, tu n'as pas mal au ventre?...

— Au contraire, papa.

— Comment, au contraire... tu y as mal...

— Non, puisque je vous... je vous didis au contraire.

— Ma fille, vous répondez bien sottement!... Si cela ne se passe pas, je dirai à la bonne de me préparer un lavement à la guimauve.

— Songez donc que la bonne est entrain de faire son dîner, elle est dans un coup de feu, comment voulez-vous qu'elle quitte tout cela pour vous faire un remède?...

— Ça m'est fort égal; si je suis malade, il me semble qu'il est plus urgent de me soigner que de faire le dîner.

— Mais, monsieur, nous avons dix personnes à dîner, et il est quatre heures passées...

— Alors, madame, chargez-vous de me préparer vous-même cette lotion...

— Mon Dieu! pour un malheureux mal de ventre... souvent ce n'est rien... allez... quelque part, monsieur, et cela se passera...

— Je n'irai nulle part, madame, parce que je n'en éprouve pas la nécessité...

— Paaapa, si nous jouions *Pourceaugnac?*

— Fichez-moi la paix, ma fille, vous m'ennuyez!

— Eh! mon Dieu, Eolinde! dit madame Glumeau en poussant un soupir, pourquoi monterions-nous la pièce de *Pourceaugnac* sur notre petit théâtre? nous le jouons bien assez souvent dans notre intérieur, ainsi que le *Malade imaginaire!*

M. Glumeau se dispose à répondre à sa femme lorsque le bruit de la sonnette retentit.

— Du monde... voilà du monde! s'écrie la grosse Lolotte, et je n'ai pas achevé ma toilette!

— Et mon lavement, madame? il me le faut! lui dit son mari d'une voix altérée.

— C'est sans doute mon frère, répond à son tour la grande Eolinde; ce n'est pas la peine de nous mettre tous en révolution pour lui!

XI

Le remède imprenable.

Mais la porte du salon s'ouvre et c'est M. Dufournelle et sa femme qui se présentent.

M. Dufournelle est un gros homme de quarante-cinq ans, à figure réjouie et qui respire la franchise : sa femme, qui n'a qu'une trentaine d'années, est gentille, bien faite, et rit toujours ; inutile de dire qu'elle a de belles dents ; si elle les avait laides, elle ne rirait pas à tous propos.

— Bonjour la compagnie ! dit M. Dufournelle en poussant un : Ouf ! qui fait voltiger dans la chambre les romances éparses sur le piano. Nous venons de bonne heure nous autres, c'est mauvais genre, mais nous nous en moquons !... Et ça va bien, ces chers amis !...

— Très-bien... fort bien... Oh ! que c'est aimable à vous d'être venus de bonne heure ! dit madame Glumeau en dissimulant une légère grimace. La dame aux jolies dents reprend à son tour :

— J'ai fait remarquer à mon mari que nous serions peut-être indiscrets en arrivant avant cinq heures, mais il m'a répondu que chez vous on était sans cérémonie.

— Et il a bien fait... il a très-bien fait ! répond M. Glumeau en appuyant une de ses mains sur son ventre ; puis il se retourne en murmurant contre sa fille : Que la peste les étouffe !... je veux mon lavement, moi !...

— D'ailleurs nous avons à causer de beaucoup de

choses, dit madame Dufournelle : ne doit-on pas distribuer les rôles aujourd'hui pour votre spectacle ?... Ah! ah! ah! que ce sera amusant... je n'ai jamais joué, mais je m'en fais une fête... Ah! ah! ah!

— Figurez-vous que ma femme ne me parle plus que de cela depuis quinze jours, et tous les soirs il faut que je la mène au spectacle, parce qu'elle prétend que cela lui donne des leçons !... Un jour elle veut singer *Scriwaneck*, une autre fois mademoiselle *Fargueil*; ensuite c'est *Aline Duval* qu'elle tâche d'imiter, ou bien c'est la gentille *Alphonsine*... ou bien c'est *Grassot*...

— Ah! par exemple, monsieur Dufournelle, y pensez-vous ? voilà que j'imite *Grassot* à présent !... est-ce que vous croyez que je veux faire des rôles d'hommes ?... Ah! ah! ah!...

— Je ne sais pas, mais je t'assure que tu as eu des intonations de Grassot en répétant... je ne sais quel rôle... Et ce cher petit Astianax... où donc est-il ?... est-ce que nous n'allons pas le voir ?

— Si fait, oh! vous le verrez, il devrait être rentré... je ne sais pas où il est allé courir...

— Je gage qu'il est allé faire faire un bou bou bouquet pour papa.

— Un bouquet! comment! est-ce que ce serait la fête de Glumeau ?

— N'est-ce pas aujourd'hui la Saint-Honoré ?

— Ah! sapristi! et nous n'y avons pas pensé, Eléonore?

— C'est vrai, mon ami, nous sommes coupables !...

— C'est égal, cher ami, je vous la souhaite bonne et heureuse... le bouquet viendra plus tard !...

— Merci! merci! répond Glumeau en lançant des regards significatifs à sa femme. Dans ce moment... ce n'est pas un bouquet que je désire ?

— Je vais achever quelque chose qui manque à ma toilette, dit la grosse Lolotte en répondant de l'œil aux signes de son mari. Vous permettez, n'est-ce pas ?...

— Comment! si nous permettons...

— Oui, va faire... ce que tu as à faire... s'écrie Glumeau en regardant ses pieds d'un air piteux. Et moi... j'irai après toi...

— Voyez-vous, nous sommes venus trop tôt ! dit madame Dufournelle, nous vous gênons...

— Mais pas du tout !... vous voyez bien que non.

Au moment où madame Glumeau s'apprête à sortir du salon, on en ouvre la porte, et un monsieur vieux et vilain, portant des besicles bleues, entre en donnant la main à une demoiselle grande et bien faite, mise avec une élégance prétentieuse, et douée de ces physionomies qui ne varient jamais.

— Monsieur et mademoiselle Camuzard ! s'écrie madame Glumeau en s'arrêtant pour faire des révérences aux nouveaux venus. Ah ! que c'est aimable à vous d'être venus de bonne heure... Donnez-vous donc la peine d'entrer... Edouard ! voici monsieur Camuzard et mademoiselle Polymnie...

Edouard était allé se regarder le teint dans une glace ; en voyant encore arriver du monde, il pousse un gémissement sourd, puis fait son possible pour se donner un air riant tout en se disant :

— Je n'aurai jamais mon lavement !... cela devient bien inquiétant !

Mademoiselle Polymnie tient à sa main un gros bouquet qu'elle présente à Glumeau, en lui disant :

— Monsieur, voulez-vous me permettre de vous souhaiter une bonne fête ?...

— Comment donc, mademoiselle, mais avec un grand plaisir... je suis bien sensible... Quel magnifique bouquet !... C'est trop aimable...

— Sapristi ! que je suis donc fâché de n'en pas avoir apporté ! s'écrie de nouveau le gros Dufournelle, tandis que sa femme rit beaucoup en regardant les lithographies de romances et mademoiselle Camuzard.

— Comment va cette santé, mon cher Glumeau ? dit le vieux monsieur en allant secouer avec force la main du maître de la maison.

— Trop bon, monsieur Camuzard, ma santé est assez passable... sans être tout à fait comme je le désirerais...

— Est-ce que vous souffrez... Moi, j'ai des douleurs dans les genoux et dans les bras... ça me tient comme ça ici... voyez-vous... et ça s'étend le long du dos...

— Moi, ça n'est pas dans le dos que j'ai mal... c'est...

— Ensuite je tousse beaucoup les matins, en m'éveillant... il y a des jours où j'ai des quintes !...

— Moi, je ne tousse pas... mais...

— Ensuite, j'expectore avec beaucoup d'abondance !... Oh ! je m'en donne... ça me fait du bien...

— Voilà une conversation qui est peu amusante ! dit à demi-voix madame Dufournelle en s'adressant à son mari ; celui-ci fronce le sourcil pour que sa femme se taise. Celle-ci court alors à mademoiselle Éolinde en s'écriant :

— Eh bien ! qu'est-ce qu'on jouera ?... avez-vous décidé quelles pièces... Quel rôle me donnerez-vous à moi ?... je veux avoir un joli costume !...

— Voyez-vous comme elle est co... co... coquette ! dit mademoiselle Glumeau en se tournant vers sa mère ; c'est au costume qu'elle pense avant tout.

— Nous n'avons pas encore arrêté tout le spectacle, dit madame Glumeau, nous attendons pour cela que toute notre *troupe* soit réunie...

— Si vous avez besoin de moi, dit M. Camuzard, ne vous gênez pas, je ferai une utilité... un rôle accessoire.

— Il faut espérer qu'on n'aura pas besoin de lui ! dit tout bas madame Dufournelle à son mari, il est par trop vilain, ce monsieur... il a l'air d'un oiseau de proie !...

— Éléonore, taisez-vous donc, je vous en prie !...

— Ma chère amie, va donc faire ce que tu as à faire, dit monsieur Glumeau en regardant sa femme. Nos amis t'excuseront, ils savent bien qu'une dame de maison a toujours des ordres à donner.

— Allez donc, belle dame, votre aimable fille est là, d'ailleurs, pour faire les honneurs.....

— Puisque vous le permettez... j'ai quelque chose à terminer là-bas...

— Voulez-vous que j'aille vous aider ? dit madame Dufournelle, disposez de moi...

— Oh! non... non... vous êtes trop aimable; mais pour ce que j'ai à faire... il faut que l'on ne m'aide pas... je reviens à l'instant.

Et la maîtresse de la maison se dispose encore à quitter le salon, lorsque la porte s'ouvre de nouveau pour deux autres invités, un monsieur et une dame; tous deux, d'un âge assez mûr, s'avancent en souriant à la société.

— Monsieur et mademoiselle Mangeot! s'écrie madame Glumeau, obligée de faire ses révérences en reculant, parce que les nouveaux venus marchent directement sur elle. Ah! comme c'est aimable à vous d'être venus de bonne heure...

— Mais vous avez dit à cinq heures... et elles vont sonner! dit le monsieur en s'inclinant profondément. Moi je suis exact comme un balancier... j'ai pressé ma sœur... qui n'en finissait pas de se coiffer... j'ai toujours peur d'être en retard...

— Oui, mon frère voulait prendre un char, dit mademoiselle Mangeot, mais je lui ai fait observer que nous irions plus vite à pied qu'en omnibus... Monsieur Glumeau, voulez-vous me permettre de vous souhaiter votre fête?

Et la demoiselle mûre, sortant un joli petit bouquet de roses pompons qu'elle tenait caché sous son châle, le présente à Glumeau, qui le flaire, en faisant une singulière figure et répond:

— Mademoiselle... en vérité vous me gâtez... des roses pompons...

— Vous les aimez, je crois...

— Ah! oui, je les aime... pas trop chauds cependant...

— Comment, est-ce qu'il y a des bouquets chauds?...

— Oh! pardon, mademoiselle... je me trompais... je voulais dire... ça me ferait bien plaisir maintenant de le prendre...

— Mais prenez-le donc, monsieur, vous voyez bien que je vous le présente pour cela...

— C'est juste... excusez-moi... j'ai des distractions... je le prends, c'est-à-dire... si... je prends ces charmantes roses,

— Vous les prenez mal... Vous aller vous piquer, vous devriez me le laisser mettre moi-même.
— Où donc cela ?
— Mais à votre boutonnière...
— Sapristi ! que je suis vexé de n'avoir pas apporté de bouquet ! redit le gros Dufournelle, et mademoiselle Eolinde, qui l'entend, murmure entre ses dents : Il dit cela tou... tous les ans, mais il n'en apporte jamais.
— Mon cher monsieur Glumeau, dit à son tour M. Mangeot en allant presser la main du maître de la maison qui semble vouloir s'obstiner à tenir les siennes sur son abdomen, recevez aussi tous les vœux que je forme... et puissé-je dans cent ans vous en souhaiter autant... Hein !... la phrase n'est pas neuve, mais elle est toujours bonne !... Et ce cher fils... cet aimable Astianax... où donc est-il ?
— Je n'y conçois rien ! dit madame Glumeau, ne pas être encore ici... aujourd'hui... En vérité cela commence à me donner des inquiétudes...
— Maman, vous sasa... savez bien que mon frère voulait se faire faire un boubou... un bouquet plein d'intentions... c'est sans... sans doute ce qui le retient...
— Qu'est-ce que c'est qu'un bouquet à intentions ? dit monsieur Camuzard.
— Monsieur, c'est un *sélam*.
— Ah ! et qu'est-ce que c'est qu'un sélam ?
— C'est un bouquet à intentions.
— Ah ! fort bien.
— Quand on a une fille qui s'appelle Polymnie, on devrait être plus savant, dit en riant madame Dufournelle à mademoiselle Mangeot, et celle-ci, qui a l'oreille un peu dure, lui répond :
— Oui, je crois qu'il fera beau temps.

Cependant, madame Glumeau, remarquant les signes réitérés de son mari, se décide cette fois à quitter le salon sans demander la permission aux derniers venus. Et craignant que d'autres invités n'arrivent encore pour la retenir, elle s'esquive par une porte qui donne dans la chambre à coucher.

En voyant sa femme disparaître, monsieur Glumeau laisse échapper une exclamation de satisfaction qui est couverte par l'arrivée de M. Kingerie, le jeune homme qui fait tout ce qu'on veut : c'est un petit monsieur qui a continuellement l'air honteux, et en entrant commence par rougir jusqu'aux oreilles, se jette dans une chaise qui est entre lui et le maître de la maison, qu'il veut aller saluer, puis en se relevant après avoir ramassé la chaise, donne un coup de tête dans le ventre de M. Glumeau, qui pousse un juron assez énergique, tandis que le timide Kingerie, désolé de ce qu'il vient de faire, se recule précipitamment et écrase les pieds de mademoiselle Mangeot, laquelle ayant des cors repousse assez brusquement le jeune maladroit, qui va se heurter sur M. Camuzard, dont il fait tomber les bésicles.

Madame Dufournelle rit aux larmes, tout en disant à son mari :

— Va donc arrêter ce monsieur, sans cela il va renverser toute la société.

On fait asseoir le jeune Kingerie, qui ne sait comment s'excuser de ses gaucheries et semble avoir envie de pleurer, lorsque, heureusement pour ce monsieur, d'autres personnes arrivent, ce qui fait qu'on cesse de s'occuper de lui.

D'abord, c'est un monsieur qui a fort bonne tournure et l'air très-distingué, que l'on nomme monsieur de Merval; celui-là entre dans le salon avec cette aisance qui donne l'habitude de la bonne compagnie, il salue chacun sans renverser personne, et va serrer la main de monsieur Glumeau sans lui frapper sur le ventre. Quoique monsieur de Merval ne soit plus un jeune homme, il est encore fait pour plaire, et ce qui le prouve, c'est qu'à son entrée dans le salon toutes ces dames ou demoiselles se redressent, se composent le maintien et la physionomie ; vous ne verrez jamais une femme faire tout cela pour un homme qui n'en vaut pas la peine.

M. Glumeau, qui paraît avoir beaucoup de considération pour monsieur de Merval, oublie un moment le remède qu'il attend, pour lui dire de ces phrases polies que l'on échange dans le monde, comme de l'argent contre de la monnaie.

— Je n'aperçois pas madame, dit le nouveau personnage après avoir salué mademoiselle Éolinde.

— Maman va venir, elle est... allée... allée... pour pré... pour pré...

— Ma femme s'assure si le dîner sera bientôt servi, s'empresse de dire M. Glumeau. Vous savez que l'œil du maître... ou plutôt de la maîtresse, est toujours indispensable lorsque l'on traite quelques amis.

— Et monsieur votre fils ?

— Mon fils... Je ne comprends rien à son absence... il devrait être ici depuis longtemps... il faut qu'il lui soit arrivé quelque accident...

— Papapa, j'entends la voix de mon frère dans la salle à manger... il est avec M. Chambourdindin...

— C'est bien heureux, nous allons savoir ce qui l'a retenu.

Et M. Glumeau se penchant vers sa fille lui dit à l'oreille :

— Va donc voir si ta mère a fini de me préparer... ce que tu sais... cela me devient indispensable...

— Mais papapa... je ne puis pas quiqui... quitter le salon maintenant... il n'y aurait plus avec la soso... société que vous qui n'avez pas l'air gai du tout...

— Ah ! parbleu, tu entreras avec moi, mauvais sujet ! dit un jeune homme porteur d'une jolie figure, mais dont la tête est déjà entièrement chauve, et qui entre dans le salon en tirant par le bras le jeune Astianax, qui tient ses mains sur son pantalon déchiré.

— Mesdames et messieurs, j'ai l'honneur de vous présenter un jeune homme qui grimpait rapidement l'escalier sans s'arrêter chez Monsieur son père ; mais je l'ai saisi dans l'escalier en lui disant : Cher ami, il est trop tard pour monter chez vous... les bras paternels vous attendent et le potage doit être servi... C'est égal, il ne voulait pas venir, et voyez comme il fait encore des façons pour entrer...

— Qu'est-ce que cela signifie, monsieur mon fils ? dit

Glumeau après avoir pressé la main que lui tend Chambourdin. Pourquoi vous tenez-vous ainsi contre la porte sans entrer?...

— Mon père... pardon... permettez-moi de monter un instant à ma chambre... je vais redescendre... il m'est impossible de paraître en ce moment devant la société.

— Comment, cela vous est impossible, mais vous y êtes devant la société...

— Et il me semble que le petit n'est pas vêtu en sauvage! dit Chambourdin en allant saluer les dames.

— Mon bon cher père, puisque je vous assure que j'ai quelque chose... qui n'est pas présentable!

— Mon Dieu! est-ce que mon frère serait in... indisposé coco... comme papa? se dit la grande Éolinde, est-ce qu'il en voudrait un aussi?...

M. Glumeau, qui a la même pensée que sa fille, n'ose plus insister, lorsque le jeune homme chauve, qui a l'habitude de faire des farces en société, et qui est très-sans-façon partout où il va, se glisse en tapinois derrière le fils de la maison, puis, le poussant brusquement, l'oblige à entrer dans le salon en faisant une cabriole, et dans ce mouvement monsieur Astianax s'est vu forcé d'ôter ses mains de dessus ses genoux, on aperçoit alors les deux accrocs et chacun pousse un cri de surprise :

— Ah! mon Dieu!
— Ah! ce pauvre garçon!
— Déchiré aux deux genoux... il sera tombé!
— Vous êtes tombé, n'est-ce pas!
— Mon fils... d'où vient que ce pantalon... qui était tout neuf... est déchiré aux deux genoux?...
— Ah! vous savez à présent pourquoi je ne voulais pas entrer... vous voyez si j'avais raison... suis-je présentable comme cela?...
— Mais enfin, mon fils...
— C'est moi qui ai tous les torts! s'écrie Chambourdin, c'est moi qui l'ai obligé à montrer son désastre... à la rigueur je devrais lui prêter un pantalon... mais comme je pense qu'il en a d'autres, je préfère qu'il mette un des

sions... Allez, pauvre victime d'une glissade... mais ne tardez pas ! quelque chose me dit que le potage n'est pas loin...

Le petit Astianax s'est éclipsé, M. Glumeau voudrait bien en faire autant, mais on l'entoure, on lui parle, il est cerné de tous côtés.

— Tout votre monde doit être arrivé, n'est-ce pas, cher ami? dit Chambourdin en offrant du tabac dans une de ces tabatières nommées *queue de rat*.

— Oh! non, et c'est bien heureux... car alors nous serions treize; répond Glumeau en se tortillant le moins désagréablement possible.

— Treize! ça m'est bien égal à moi d'être treize à table... Tous les jours des truffes, du champagne, du chambertin, et treize à table, je prends un abonnement si on ne paie pas d'avance !

— Et si on ne paie pas après peut-être ? dit M. Dufournelle.

— Ah ! c'est méchant ça, gros Dufournelle ! Devient-il gros cet être-là !... s'il continue il ne pourra plus entrer nulle part... les bornes décentes ne le cachent plus... on doit en faire d'autres exprès pour lui.

— Taisez-vous, avocat sans cause !

— Avocat! moi? Ah ! j'y ai renoncé, je n'étais pas assez bavard, et puis j'étais trop bon enfant... j'arrangeai tout de suite les affaires... je faisais dîner les plaideurs ensemble, je dînais avec eux; nous nous grisions tous ; après dîner on s'embrassait et c'était fini ; mes confrères m'ont prié de renoncer au barreau, je gâtais le métier.

— Qui donc attendez vous encore, monsieur Glumeau ! demande M. Camuzard.

— Une dame... une jolie dame... qui n'est plus toute jeune, mais qui est encore fort bien...

— Et vous nommez cette dame ?

— La baronne de Grangeville.

— Une baronne ! oh ! diable... une vraie baronne?

— Je n'en ai jamais connu de fausse !

— Je plaisantais; et celle-ci est mariée?

— Non, c'est une veuve.

— Ah ! une veuve... et riche ?

— Je la crois fort riche... mais pardon... j'ai un mot à dire à ma fille.

— Je ne conçois pas ce que ta mère fait ! dit Glumeau à l'oreille de sa fille. Je ne puis rester dans cette situation... il faut qu'il soit arrivé quelque accident à l'instrument... Allez voir, Eolinde, et priez votre mère de se presser...

Mademoiselle Eolinde est fort mécontente d'être obligée de quitter la société ; elle sort du salon en faisant la moue et sans répondre à un cinquième salut que lui adresse le jeune Kingerie.

Madame Dufournelle dit à son mari :

— Il se passe ici quelque chose qui n'est pas naturel : madame Glumeau s'en va et ne revient pas ; le fils a son pantalon déchiré et disparaît ; la fille vient de quitter le salon en faisant la moue. M. Glumeau se tient tantôt sur une jambe, tantôt sur l'autre ; il fonce le sourcil, et n'est pas du tout à la conversation : certainement il y a quelque chose !

— Un plat manqué, ou quelque entrée de chez le traiteur qui n'arrive pas, peut-être... ou plutôt, ils attendent une baronne, ils font sans doute de grands préparatifs pour la recevoir...

— Bath ! vraiment ! une baronne de quoi ?

— Comment... de quoi ? une baronne, je n'en sais pas plus.

— Et c'est pour cela que ces dames nous laissent là... Est-ce que nous ne valons pas bien une baronne, nous autres ?...

— Tais-toi donc, Eléonore !...

— Ah ! mais, c'est que je m'en moque pas mal de leur baronne ?...

— Il est cinq heures et demie sonnées, dit M. Mangeot à sa sœur, j'espère qu'on nous fera dîner bientôt... j'ai très-faim, moi !...

— Je crois que tu as le temps de te serrer la taille... on attend une baronne... c'est M. Camuzard qui vient de nous le dire...

— Oh! oh! fichtre!... J'avoue qu'en ce moment l'entrée d'une dinde farcie me serait plus agréable que celle d'une baronne... On est capable de nous faire dîner à six heures... Je ne connais rien de plus insupportable que de ne point faire dîner ses convives à l'heure indiquée. Si vous voulez me faire dîner à six heures et demie, ne m'invitez pas pour cinq heures; car, alors, je me serais arrangé en conséquence... j'aurais pris quelque chose pour attendre... Ah! la porte s'ouvre, c'est la baronne si désirée sans doute.

— Non, c'est madame Glumeau qui revient.

La grosse Lolotte vient en effet de reparaître dans le salon, elle cherche des yeux son mari, mais elle est obligée de s'arrêter pour saluer et dire bonjour aux personnes qui sont arrivées en son absence. Elle a beaucoup de peine à se débarrasser de M. Chambourdin qui l'embrasse, et du jeune Kingerie qui marche sur sa robe. Enfin elle peut rejoindre Edouard, dont les tortillements deviennent inquiétants, et lui dit à l'oreille :

— Cela t'attend dans ton cabinet de toilette!...

La figure de Glumeau s'épanouit; sa femme reprend tout haut :

— Mon ami, va donc voir si le couvert est disposé comme tu l'entends... si les noms des personnes sont placés comme tu le veux...

— Oui... oui... tu as raison... j'y vais... mais tu sais qu'on ne peut pas se mettre à table avant que madame la baronne de Grangeville soit arrivée...

— Oui... oui, va toujours.

Glumeau ne se fait pas répéter ces paroles, il court vers la porte d'entrée en se disant : Enfin je vais donc le prendre?

Mais au moment où il ouvre cette porte, il se trouve nez à nez avec une dame fort élégante qui se dispose à entrer. L'infortuné amphitryon demeure à sa place, en se disant :

— Il est écrit que je ne le prendrai pas.

XII

La baronne de Grangeville.

La baronne de Grangeville, qui vient d'arriver chez M. Glumeau, est une dame qui a été extrêmement jolie, et qui est encore assez agréable ; à la lumière elle ne paraît que trente-six ans ; au jour elle en montre trente-neuf ; nous ne sommes pas certain de ce qu'elle fait voir entre chien et loup.

Peut-être madame de Grangeville a-t-elle passé la quarantaine, mais il serait difficile de l'affirmer, cette dame est tellement soignée dans les moindres détails de sa toilette, elle est toujours mise avec tant de goût, elle porte de si doux parfums, elle a une tournure si élégante, que nécessairement elle sera toujours jeune.

L'arrivée de la baronne fait sensation dans le salon de M. Glumeau, car il faut dire que toute la société rassemblée là ne s'était pas encore trouvée avec cette dame, que les Glumeau avaient rencontrée dans une maison tierce où, enchantés de son amabilité, ils l'avaient engagée à venir chez eux.

Le maître de la maison, malgré sa position intéressante, n'a pu faire autrement que de présenter sa main à cette dame pour la conduire près de sa femme, qui reçoit la baronne avec des élans de politesse et de satisfaction qui paraissent surabondants à quelques personnes de la société.

— Elle est fort bien, cette dame, dit M. Dufournelle à sa femme qui murmure :

— Non ! c'est-à-dire : elle a été.

— Mais si fait, elle est bien... c'est encore une dame qui doit faire des conquêtes !...

— Ah ! tant mieux, mon ami ; cela me fait espérer que je plairai encore longtemps.

— Belle toilette... tournure très-distinguée ! dit M. Camuzard à sa fille. Mademoiselle Polymie regarde tout cela sans sourciller et se contente de dire : Sa robe est trop longue de taille !

— Eh ! eh ! dit le facétieux Chambourdin en frappant sur l'épaule de M. Mangeot : c'est encore assez coquet ceci.... qu'est-ce que nous en disons, l'ami Mangeot ?

— Je dis qu'il va être six heures et que je crève de faim.

— Puisque la baronne est arrivée, il est probable que l'on va servir...

— Mais non, tenez, voilà Glumeau qui s'esquive à présent... le voyez-vous qui file en tapinois... où diable va-t-il ?

— Il faut le retenir...

Mais cette fois ces messieurs arrivent trop tard, M. Glumeau était enfin parvenu à sortir du salon, et il y aurait laissé un pan de son habit plutôt que de ne point s'en aller.

Au milieu de toutes les réflexions et observations auxquelles l'entrée de madame de Grangeville a donné lieu, une seule personne n'a rien dit, et c'est M. de Merval ; cependant ce monsieur n'a pas moins que les autres examiné la baronne, peut-être même l'a-t-il fait avec plus d'attention, et l'expression de sa physionomie, en regardant cette dame, semblerait annoncer qu'il ne la voit pas pour la première fois, mais, en homme du monde, il sait bien vite dissimuler ce qu'il éprouve.

Quant à celle qui est en ce moment le point de mire de la société, elle n'est pas un moment embarrassée par tous ces yeux braqués sur elle ; souriant à chacun de la façon la plus gracieuse, répondant aux politesses de madame Glumeau, adressant des mots aimables à mademoiselle Eolinde, elle montre autant d'aisance que si elle était chez elle jusqu'au moment où ses regards rencontrent ceux de M. de Merval ; alors une expression de surprise, un léger trouble, se mêlent aux sourires qui erraient constamment sur ses lèvres ; mais, ainsi que M. de Merval, cette dame redevient bientôt maîtresse d'elle-même et cette émotion n'est que passagère.

Le jeune Astianax reparaît dans le salon dans un autre costume, il est accueilli par les houras de Chambourdin et de Dufournelle, qui lui disent que toutes les dames ont jeté un coup d'œil sur son pantalon.

Le petit jeune homme s'empresse d'aller présenter ses hommages à la baronne de Grangeville, à laquelle il adresse un compliment qui dure fort longtemps et pendant lequel M. Mangeot ne cesse de murmurer à ses voisins :

— Ah ça mais, on ne dînera donc pas ?... Six heures sont sonnées... j'avais très-faim, et vous verrez que mon appétit sera passé quand on se mettra à table.

— Où donc est ce fameux bouquet que tu devais offrir à ton père, jeune hidalgo ? dit Chambourdin au fils de la maison.

— Le bouquet !... Ah ! mon cher Chambourdin, ne m'en parlez pas !... c'est ce maudit bouquet qui a été cause de l'accident arrivé à mon pantalon.

— Vous aviez donc voulu cueillir les fleurs vous-même ?... vous avez donc voltigé dans la prairie.... petit berger ?

— Non... c'est toute une histoire !... il y a une bouquetière... qui est jolie... oh ! mais jolie...

— Assez, assez, polisson ! je ne veux pas en savoir davantage... mais vous me donnerez l'adresse de la bouquetière...

Madame de Grangeville continue à causer avec madame Glumeau et mademoiselle Eolinde, mais le reste de la société prend cette teinte morose et cet air rogue qui envahit toujours un salon lorsque le dîner tarde trop à être servi. Les uns regardent au plafond, les autres se promènent en dissimulant des bâillements ; ceux-ci consultent à chaque instant la pendule, d'autres s'étalent dans un fauteuil où ils se dandinent avec impatience ; lorsqu'enfin la porte du salon s'ouvre et une domestique paraît en criant :

— Madame est servie !

Aussitôt se fait le changement à vue : les figures redeviennent aimables, les bouches sourient ; un mouvement général s'opère ; un murmure de satisfaction circule, et le gros Dufournelle court offrir sa main à la maîtresse de la maison, empressé de la conduire à la salle à manger. Mais, tout en acceptant la main qu'on lui présente, madame Glumeau hésite encore ; elle se demande si on doit se mettre à table sans son mari... En ce moment celui-ci reparaît enfin, et cette fois il est fier, léger, il porte le nez au vent et cambre le pied ; ce n'est plus le même homme qui tout à l'heure se tortillait en faisant la grimace. Madame Glumeau respire et se dit :

— Il paraît que cela lui a fait du bien.

Glumeau a passé comme une flèche à travers tout le monde pour aller présenter son bras à la baronne, qui l'accepte. On se rend à la salle à manger. On se met à table dans l'ordre voulu par les noms. Madame de Grangeville est naturellement à côté du maître de la maison, et elle a M. Camuzard de l'autre. Madame Glumeau a mis près d'elle M. de Merval. Ce monsieur se trouve donc éloigné de la baronne, mais pas assez cependant pour que, de temps à autre, ses regards ne rencontrent point ceux de cette dame, et alors, chose singulière, c'est toujours M. de Merval qui baisse les yeux le premier.

Lorsque l'appétit un peu satisfait permet aux convives d'être aimables, ou du moins de tâcher de le paraître, la conversation s'anime et l'on s'occupe enfin du sujet qui a été le motif de cette réunion, du spectacle que l'on donnera sur le petit théâtre de campagne de M. Glumeau et de la distribution des rôles.

— Sauf meilleur avis, dit madame Glumeau, nous voulons donner la *Forêt périlleuse*.

— Fort bien, dit Chambourdin, mais outre les rôles, il faut des voleurs... toute une troupe de voleurs !...

— Nous en trouverons... dit Glumeau, ce ne sont pas les voleurs qui manquent !...

— Diable ! est-ce qu'il y en a beaucoup à votre campagne ?...

— Chambourdin, ne plaisantons pas, sinon notre spectacle ne sera jamais arrêté, et il faut cependant que tout soit décidé aujourd'hui ; la semaine prochaine nous partons pour notre campagne, et il faut jouer vers la fin de juin, pas plus tard.

— Il est certain qu'avec un théâtre dans un bois il ne faut pas attendre le mauvais temps...

— Nous disons donc : la *Forêt périlleuse*... mes domestiques, mon jardinier seront les voleurs...

— Oh ! très-bien ! parfait !...

— Moi, je fais la belle Caca... la belle Camille...

— Vous en avez le droit.

— Et mon frère le capitaine des voleurs.

— De plus fort en plus fort... comme chez Nicolet jadis !

— Ah çà mais, décidément, je crois que Chambourdin se moque de nous... qu'en pense la société ?

— Mais non !... mais il est permis de rire, n'est-ce pas ? dit Chambourdin ; je pense que vous ne jouez pas tout cela sérieusement... D'ailleurs, est-ce que je ne suis pas des vôtres ? je ferai tout ce que vous voudrez ! un voleur, un tyran, une victime... Cependant, permettez-moi une observation : au lieu de votre *Forêt périlleuse*..., qui n'est pas positivement spirituelle, et dans laquelle il n'y a qu'un rôle de femme... et qui n'est pas du premier acte, que ne jouez-vous *Roderic et Cunégonde !* voilà une bonne parodie des mélodrames, et pleine d'esprit d'un bout à l'autre... d'ailleurs, elle est de feu *Martainville*, qui en avait à revendre... à ce qu'on m'a dit, car je ne l'ai pas connu.

La proposition de Chambourdin est généralement goûtée, excepté par mademoiselle Eolinde, qui regrette la belle Camille, mais on lui donne le rôle de Cunégonde, qui est bien plus dans ses moyens, parce qu'il n'a pas de tartines.

— Mais dans *Roderic et Cunégonde* il y a un enfant, dit M. Mangeot.

— Eh bien ! nous en ferons un...

— Comment? vous en ferez un...

— Sans doute, en carton... avec un poupard... ça va tout seul.

— Mais l'enfant parle.

— Alors c'est différent... on en aura un qui parlera ; à la rigueur, moi, je me chargerai du rôle de l'enfant.

— Non, non, dit M. Glumeau, nous aurons le petit de mon jardinier, il est rempli de moyens.

— Y a-t-il d'autres rôles de femmes?

— Il y a un paysan : le petit Colas ; nous en ferons une paysanne, la petite Colette.

— C'est cela, et mademoiselle Polymnie le jouera !

— Elle aurait aussi bien fait le petit Colas ! murmure madame Dufournelle à l'oreille de Chambourdin, qui lui répond :

— Ces choses-là se pensent et ne se disent pas.

— Voilà une pièce choisie, dit Mangeot, c'est bien, mais vous ne jouerez pas que celle-là !

— Non, sans doute, il nous faut un vaudeville très-gai...

— Avez-vous fait votre choix... moi, je vous propose de jouer : *Il y a plus d'un âne à la foire*.

— Oui, dit Dufournelle, c'est fort amusant... nous l'avons vu... n'est-ce pas, Eléonore... Elle riait tant qu'on a failli nous faire sortir de la salle.

— Je ne connais pas cette pièce, dit M. Camuzard. Est-ce qu'il y a en effet des ânes dedans?

— Il y en a trois... mais ils sont habillés en hommes.

— Ah ! fort bien...

Et le vieux monsieur se penche vers la baronne, en lui disant :

— Je ne comprends pas... et vous, madame?

La baronne regarde son voisin d'un air moqueur, en lui répondant:

— Est-ce que vous n'en avez jamais vu, monsieur?
— De quoi, madame?
— Mais des ânes habillés en hommes?
— Je ne crois pas... c'est-à-dire... Ah! j'y suis, c'est une métaphore!... c'est bien méchant!...
— Vous trouvez, monsieur; je ne trouve pas, moi.

La pièce proposée est adoptée; on en veut encore une autre pour commencer le spectacle.

— Oui, dit Chambourdin, quand on fait tant que de se mettre en train, il faut donner la bonne mesure, un spectacle complet comme un omnibus! Je vais vous proposer une bonne farce, un petit acte à trois personnages : *Œil et Nez!*

— Oh! oui! s'écrie Dufournelle; t'en souviens-tu, Éléonore? à celle-là tu as tant ri que... vraiment tu riais trop.

— J'avais déjà proposé cette pièce, dit le petit Astianax, je sais le rôle de *Tityre*...

— Moi, si l'on veut, je ferai l'Œil, dit madame Dufournelle en riant.

— Et moi le Nez, dit Chambourdin.

— Mais qu'est-ce que cela peut donc être que cette pièce où il y a un Œil et un Nez, dit M. Camuzard en s'adressant de nouveau à sa cousine. Je ne devine pas du tout, et vous, madame?

— Moi, monsieur? mais j'en vois assez ordinairement dans toutes les pièces que l'on joue, et cela ne me semble nullement extraordinaire.

M. Camuzard, peu satisfait de cette réponse, rentre son menton dans sa cravate et son nez sous ses besicles.

Le choix des pièces était arrêté. On envoie chercher des brochures pour faire la distribution des rôles dans la soirée. On quitte la table et l'on retourne au salon, où d'autres personnes invitées pour la soirée sont déjà installées.

Dans le mouvement qui s'opère lorsqu'une société passe d'une pièce dans une autre, il est très-facile de se rapprocher des personnes auxquelles on a quelque chose à dire : les amoureux ne laissent jamais échapper ce moment-là, lorsqu'à table ils n'ont pas été placés à côté de la dame de leurs pensées.

Cette fois c'est une dame qui, sans y mettre d'affectation, va s'asseoir dans un coin du salon où un monsieur vient aussi de s'arrêter. Cette dame est la baronne de Grangeville, qui dit à demi-voix à M. de Merval :

— Je suis donc bien changée, puisque monsieur de Merval ne me reconnaît pas !

— Pardonnez-moi, madame, je vous avais parfaitement reconnue dès que vous êtes arrivée.

— Alors... pourquoi ne me parliez-vous pas ?

— Vous avez changé de nom, j'ai pensé que vous ne vouliez pas être reconnue... je respectais votre incognito !

— Si j'ai changé de nom, vous devez bien en savoir... le motif... vous avez dû apprendre... ce qui m'est arrivé...

— Madame, dans le monde on dit tant de choses... que l'on ne sait jamais ce qu'il faut croire, et, à mon avis, le plus sage est celui qui ne croit rien !...

— Ah ! monsieur ! si l'on pouvait prévoir... deviner les événements !

— Mais il en est qu'on peut aisément prévoir...

La baronne attache sur M. de Merval un regard scrutateur, puis reprend :

— Vous ne vous êtes pas marié, vous ?

— Non, madame.

— Ma foi, je crois que vous avez aussi bien fait !... Est-ce que vous ne me ferez pas le plaisir de venir me voir ?

— Madame, c'est beaucoup d'honneur que vous me faites... et si cela n'est pas indiscret...

— Oh ! nullement... je suis entièrement ma maîtresse... Nous causerons du passé... cela ne me rajeunira pas, mais cela aura pour moi du charme. Vous viendrez, n'est-ce pas ?

— Je profiterai de votre permission, madame...

— Tenez, voici ma carte...

Madame Dufournelle qui, n'importe à quel endroit elle soit placée, sait toujours tout ce qui se fait dans le salon, dit tout bas à son mari :

— La baronne cause beaucoup avec M. de Merval...

— Eh bien ! est-ce que tout le monde ne cause pas ici ?
— Oui, ceux qui se connaissent...
— Ils se connaissent peut-être...
— Cela m'en a bien l'air ; elle vient de lui mettre quelque chose dans la main... comme un petit papier. Qu'est-ce que cela peut donc être ?

— Au lieu de t'occuper de cela, va donc prendre un rôle... voilà les brochures que l'on apporte...

— Un rôle... Ah ! mais j'en veux un joli, je n'entends pas qu'on me fasse jouer une figurante ou faire l'amoureuse avec M. Camuzard, avec ça que c'est gentil quand il vous parle... il tue les mouches au vol... et on a beau se reculer, il a la fureur de vous parler dans le nez.

— Que veux-tu, ma chère amie ? tout le monde n'embaume pas.

— Oh ! non ! oh ! non ! c'est même une triste chose de voir comme l'humanité se gâte vite !... mais il y a des gens qui semblent se faire un plaisir de vous empoisonner. Maintenant les trois quarts des jeunes gens ont une odeur de tabac, de pipe, de corps de garde, qui fait lever le cœur aux personnes qui ne fument pas, et en général les femmes n'ont pas cette habitude.

— Ensuite, dit Chambourdin qui a écouté les doux époux, nous avons les personnes qui digèrent mal... il ne faut pas leur parler après dîner. Après cela nous avons celles qui ont des dents gâtées... celles-ci je ne les excuse pas, elles pourraient aller chez le dentiste, qui les rendrait inodores. Nous avons aussi les dames qui se serrent trop la taille, et qui par cela même se sont abîmé l'estomac...

— Oh ! par exemple, monsieur, je ne crois pas cela !...

— Madame, je vous le ferai attester par des médecins, beaucoup de dames ou de demoiselles ont voulu avoir la taille tellement fine, elles ont tellement comprimé leur pauvre corps que l'intérieur en a souffert, et au bout de quelque temps la mauvaise haleine est arrivée... Quelle folie ! quelle sottise... Ah ! mesdames, la taille la plus mince, la plus svelte, ne vaudra jamais une haleine fraîche et pure, c'est là l'accompagnement indispensable de la beauté!... Dufournelle, j'espère que nous allons en faire une petite...

— Une petite... quoi?...

— Parbleu! une petite bouillotte... vous, moi, M. de Merval... et ce petit scélérat de Miaulard qui vient d'arriver en éternuant; il est toujours enrhumé du cerveau.

— Ah! messieurs, vous ne pensez qu'à vos cartes, comme c'est aimable, au lieu de venir jouer avec nous...

— A quoi?

— Mais à des petits jeux...

— Plus ou moins innocents! J'accepte, à condition qu'on me fera jouer au colin-maillard assis, et que ce seront les dames qui devineront!... Ah! bon! voilà ce malheureux Kingerie qui vient de renverser une lampe Carcel, et mademoiselle Glumeau a de l'huile sur sa robe... ce garçon-là est vraiment bien dangereux en société!

— Oh! voilà bien une autre affaire... voyez donc mademoiselle Polymnie et M. Astianax qui jouent assis au volant...

— Mais non, c'est au bilboquet qu'ils vont jouer, ils tiennent chacun une baguette pointue à la main.

— Monsieur, c'est un nouveau jeu de volant : au lieu de le renvoyer sur une raquette, on avait, il y a quelque temps, inventé des cornets dans lesquels il fallait le recevoir ; mais à présent c'est bien plus joli, le volant est creux par le bout, et il faut, avec cette pointe, le recevoir en l'enfilant par le trou...

— C'est un jeu qui plait beaucoup aux dames... il a un immense succès dans les salons!...

— Mais cela doit être assez difficile.

— Mademoiselle Polymnie y est, dit-elle, très-forte; elle a prié le jeune Kingerie de venir compter les coups...

— Jusqu'à présent, je le vois toujours occupé à ramasser le volant que les joueurs ne reçoivent guère avec leur pointe!...

Et Chambourdin s'approchant des joueurs s'écrie :

— Oh! le joli jeu... je suis fâché de n'avoir pas vu

commencer la partie. Monsieur Kingerie, combien ont-ils fait de coups de suite ?

— Ils en ont fait un ! répond le jeune homme tout en se baissant pour ramasser de nouveau le volant.

Beaucoup de personnes arrivant encore et le salon se trouvant encombré, mademoiselle Polymnie et son partenaire sont obligés de renoncer à leur partie de volant à la pointe, ce qui paraît beaucoup contrarier la grande demoiselle, qui dit :

— C'est dommage, nous commencions à jouer si bien !...

— Comment est-ce donc quand elle joue mal ! dit madame Dufournelle en riant.

Mais le maître de la maison, qui n'a pas mal au ventre, veut absolument que l'on danse. On fait placer les joueurs de bouillotte dans une pièce voisine, et bientôt un amateur se met au piano et fait entendre une polka, puis une redowa, puis une mazurka, car maintenant le quadrille est bien négligé, on l'abandonne pour des danses nouvelles, que la plupart du temps on ne sait pas, et que par conséquent on exécute fort mal. Ce n'est plus que de loin en loin que le vieux quadrille ose se montrer encore, et on le traite avec un sans-façon qui finira par le chasser tout à fait.

M. Glumeau s'est emparé d'une jeune personne de quatorze ans avec laquelle il polke, redowe et mazurke sans cesser de regarder un moment ses pieds, ce qui, du reste, ne doit pas faire de peine à sa danseuse. Et madame Glumeau, toute fière de la légèreté que déploie son mari, s'écrie dans un moment d'enthousiasme :

— Ah ! comme il a bien fait d'en prendre un !...

— Un maître de danse ? dit M. Camuzard. Mais madame Glumeau s'éloigne sans répondre, pour aller prier M. Kingerie de quitter le piano, où il a déjà cassé plusieurs cordes.

Sur les onze heures du soir, madame de Grangeville s'éclipse du salon après y avoir en vain cherché M. de Merval ; mais celui-ci était parti depuis quelque temps, et l'élégante baronne, qui avait compté sur un cavalier pour la reconduire, monte seule dans un fiacre en faisant la moue et en murmurant :

— Ah ! les hommes ne sont plus si aimables qu'autrefois !

XIII

Le monsieur goutteux.

Le monsieur goutteux a suivi les boulevards, en tournant du côté des petits théâtres ; quand je dis *petits théâtres*, ceci est une ancienne habitude dont il serait bon de se défaire. D'ailleurs il y a sur le boulevard du Temple des théâtres qui sont bien loin d'être petits, ensuite chez les petits même on donne des ouvrages parfois bien supérieurs à ceux qui se jouent chez les grands.

Le monsieur a pris la rue Charlot, il s'est enfoncé dans le Marais, marchant toujours fort lentement, à cause de son pied malade, puis ensuite parce qu'il ne manquait pas de s'arrêter et de se retourner lorsqu'un joli minois passait près de lui, ce qui faisait dire à Chicotin :

— Il paraît que c'est un amateur, cet ancien-là !... C'est égal, j'aurais dû me faire prendre à l'heure, ça m'aurait rapporté gros !...

Enfin ce monsieur s'arrête dans la rue de Bretagne devant un petit hôtel garni de fort modeste apparence. Il se tourne vers le commissionnaire et lui dit, en souriant :

— Nous voici arrivés... voilà mon hôtel... Ah ! cela

ne vaut pas l'hôtel Meurice, ni même celui des Ambassadeurs !... Autres temps... autres hôtels... Suis-moi.

Chicotin suit le monsieur, qui monte au troisième étage et entre dans une chambre, convenablement meublée, mais sans goût, sans élégance, sans harmonie : le lit est d'acajou ; la commode en chêne, et les chaises en noyer ; avec des rideaux de lit assez modernes, il y en a aux croisées, qui seraient tout au plus bons chez les paysans ; enfin tout cela jure de se trouver ensemble, et celui qui habite cette pièce fait aussi la grimace en se trouvant au milieu de tout cela.

Le monsieur goutteux se jette dans une espèce de bergère à laquelle on a mis des roulettes pour lui donner quelque ressemblance avec un fauteuil à la Voltaire et il dit au jeune commissionnaire qui est resté au milieu de la chambre :

— Eh bien, que dis-tu de cela ?... C'est magnifique ici, n'est-ce pas ?

Chicotin secoue la tête en répondant :

— Dame !... c'est pas mal... mais il y a mieux.

— Ah ! à la bonne heure, je suis bien aise de voir que tu t'y connais un peu !... c'est-à-dire que cet hôtel est meublé d'une façon pitoyable !... Je ne sais pas où ils ont été ramasser tout cela... un marchand de bric-à-brac ne s'y reconnaîtrait pas !... et quand on a longtemps logé à l'hôtel Meurice... on trouve une si terrible différence !... Mais enfin il faut bien se soumettre... quand on ne peut pas faire autrement... Attends, je vais écrire un mot, ensuite tu porteras ma lettre et ce bouquet... Tire donc cette sonnette qui est là-bas.

Chicotin tire la sonnette. Une domestique, imprégnée d'une couche de poussière depuis le haut jusqu'en bas, se présente en disant :

— Que veut monsieur ?...

— De la lumière pour cacheter une lettre... car il n'y a rien ici ! pas un flambeau sur la cheminée, pas de cire à cacheter sur... cette espèce de bureau.

— Mais il y a des pains à cacheter dans la boîte à veilleuse... Tenez, monsieur...

— Voulez-vous bien m'ôter cela !... Est-ce que je veux toucher à cette infâme boîte ?... Est-ce que je me sers de pains à cacheter ?... Je vous dis que je veux de la cire, un cachet, de la lumière... Allons, dépêchons-nous.

La fille sort en grommelant. Le monsieur roule son fauteuil devant le bureau et se met à écrire, en jurant encore après le papier, les plumes et la poudre.

La servante revient : elle apporte un flambeau en cuivre avec une chandelle allumée et un bâton de cire qu'elle porte sur le bureau en disant :

Quant à un cachet, madame a dit qu'elle n'en avait pas, mais qu'avec un gros sou c'était la même chose.

— Que m'apportez-vous là ! s'écrie le monsieur en repoussant le flambeau avec dégoût. Ah ! quelle horreur !...

— Comment ! quelle horreur ! je vous apporte ce que vous m'avez demandé...

— Vous osez me présenter une chandelle... car c'est bien de la chandelle !

— Certainement que c'est de la chandelle... puisque vous voulez vous servir de cire...

— Mais c'est une bougie que l'on apporte... est-ce que l'on doit présenter autre chose... Depuis quand se permet-on de présenter une chandelle à ses locataires !... Pour qui donc me prenez-vous, ma mie ?...

— Vot' mie !... mais, monsieur, je vous prends... c'est-à-dire, je ne vous prends pas du tout, moi, je vous apporte ce que j'ai trouvé... il n'y a pas de bougie en train, madame a dit que ça était bien bon pour allumer de la cire...

— Et cela ose s'intituler hôtel !... C'est un garni pour des maçons ici, et pas autre chose !...

— Ah ! monsieur, par exemple...

— Allons... tenez cette chandelle à distance... Pouah ! cela empeste... enfin dépêchons...

Le monsieur a cacheté sa lettre en se servant d'une topaze montée en bague et qu'il porte en breloque à sa chaîne de montre ; puis il renvoie la servante, qui murmure en s'éloignant :

— En fait-il des manières ! celui-là !... ce serait un

pacha qu'il n'en ferait pas plus... Pourquoi n'a-t-il pas un hôtel à lui alors?

— Tiens, mon garçon, dit le monsieur qui vient de mettre l'adresse sur sa lettre, prends ce billet et ce bouquet... que j'ai enlevé à ces deux messieurs... pour le plaisir de leur faire une niche, car je ne pensais pas du tout à acheter un bouquet !... mais puisque je l'ai, il faut bien que j'en trouve l'emploi... et maintenant je ne suis pas fâché de me montrer encore galant... Tu vas donc porter ce bouquet et cette lettre à cette adresse... sais-tu lire ?...

— Oui, monsieur, un peu... l'imprimé... Mais quand c'est de l'écriture...

— Dis donc tout de suite que tu ne sais pas lire... Eh bien, tu vas aller chez madame la baronne de Grangeville, elle demeure... ou du moins elle demeurait il y a douze ans rue de Provence, 27..... Si, par hasard, elle était déménagée, tu demanderais au concierge sa nouvelle adresse, et tu y porterais tout cela. Enfin si tu n'es pas un imbécile, tu sauras bien trouver cette dame. Si elle est visible, tu attendras une réponse, sinon, tu laisseras le tout à sa femme de chambre, et tu reviendras ici où je te payerai, car je te défends de rien recevoir ailleurs. Tu entends?

— Oui, monsieur.

— Tu as bien retenu le nom de cette dame?

— La baronne de Grangeville, rue de Provence, 27.

— C'est bien cela, va, vole, et reviens... Ah ! si pour t'introduire, on te demandait de quelle part tu viens, tu répondrais : de la part de monsieur de Roncherolle...

— De Roncherolle... suffit, monsieur.

Chicotin est parti. Alors M. de Roncherolle, puisque maintenant nous savons que c'est ainsi que se nomme ce monsieur goutteux, pose son pied malade sur une des chaises recouvertes en toile de coton, puis il s'étend dans la bergère, appuie sa tête contre le dos du meuble et tout en regardant le plafond fait ses réflexions.

— Cette chère Lucienne !... je suis sûr qu'elle sera enchantée de me revoir... et de mon côté, cela me fera plaisir aussi de me retrouver avec elle... il y a bien douze ans que nous ne nous sommes vus !... Douze ans !... ce diable de temps va d'une vitesse... c'est effrayant, ma parole d'honneur... il me semble à moi que c'était hier... et pourtant il s'est passé pas mal de choses pendant ce laps !... Ah ! je n'avais pas la goutte alors, et c'était bien des souffrances de moins... Vieillir pour souffrir... tous les ennuis à la fois !... Mais c'est la loi commune... et comme disait cet inimitable *Potier* dans la pièce du *Chiffonnier* : Quand on n'est pas content il faut être philosophe ! Elle était fort jolie, Lucienne !... Oui, c'était une des plus jolies femmes de Paris !... et moi j'ai été un des plus beaux cavaliers de mon époque !... et sans cette maudite goutte... on serait encore fort présentable !... Aye !... j'ai senti un élancement... est-ce que l'accès voudrait me reprendre !... alors il me serait difficile d'aller présenter mes hommages à la baronne, comme je lui en ai demandé la permission dans mon billet... Mais, voyons donc !... en rappelant mes souvenirs... il me semble que nous nous sommes assez mal quittés Lucienne et moi... oui... très-mal... elle devenait jalouse... quelle sottise... mieux que personne cependant elle devait savoir que la jalousie n'empêche pas d'être trompé !... Mais douze années ont passé sur tout cela... et il n'y a point de meilleur réfrigérant que le temps... Cette pauvre baronne doit être devenue raisonnable, on ne voit plus les choses du même œil à quarante ans qu'à trente... eh ! eh !... si elle n'a pas encore quarante ans elle ne doit pas en être loin... C'est dommage ! les femmes ne devraient jamais vieillir... ni les hommes non plus... il n'y a que les enfants qui devraient venir à la maturité et puis s'arrêter là... Aye... ça m'élance... cependant je mène une vie d'anachorète... plus de champagne !... plus de truffes !... Il est vrai que les fonds sont bas... fort bas même... je comptais faire sauter la banque à Baden-Baden... J'avais trouvé une martingale très-ingénieuse... un moyen infaillible de gagner à la roulette... je ne comprends pas comment il se fait que c'est mon or qui a sauté !... Ah ! si je n'étais pas à court d'argent comme j'enverrais promener le régime !... et au moins si j'avais la goutte, eh bien ce serait pour quelque chose... On dit que cela vient de mes excès passés... je n'en crois rien : je l'aurais eue plus tôt !... Et lui... qu'est-il devenu... ce cher ami, qui veut absolument me tuer ?... Depuis six semaines que je suis revenu à Paris, il est probable que je me serais trouvé nez à nez avec lui dans la rue, si la goutte ne m'avait pas retenu dans cet hôtel... dans cette bicoque... Après cela... depuis le temps... il est peut-être mort... Eh bien d'honneur, j'en serais fâché !... ça me ferait de la peine... S'il est mort, la baronne doit le savoir... Comme c'est triste ici !... quel fichu quartier !... on n'entend pas même le bruit des voitures... je crois, Dieu me pardonne, qu'il n'en passe point par ici... Oh ! je n'y resterai pas... Mieux vaut une chambre à tabatière dans mon joli quartier Breda !... La seule chose que l'on puisse faire ici, c'est d'y dormir !... et puisque ma goutte me le permet, dormons en attendant le retour de mon commissionnaire... il a l'air assez fûté ce garçon... il me rappelle un petit Normand que j'employais, en 1830... ou approchant !... et que je surpris un jour jetant de l'huile sur mes pantalons et mes habits, parce que je lui faisais ordinairement cadeau de mes effets dès qu'ils avaient quelques taches...

M. de Roncherolle s'était endormi en rêvant à son passé. C'est assez ce que fait l'homme qui est sur son déclin, tandis que dans la jeunesse on rêve à l'avenir.

La voix criarde de Chicotin réveille brusquement le ci-devant séducteur, qui ouvre les yeux en murmurant :

— Quel est le faquin qui se permet d'entrer chez moi sans que je sonne !... Ah ! mille diables !... je me croyais encore à Baden-Baden... Hélas ! il faut revenir à la triste réalité... C'est toi, mon garçon... eh bien, voyons... ton message... quelle réponse ?

— Voilà, monsieur... En disant cela, Chicotin présente le billet et le bouquet qu'il tenait encore dans ses mains.

— Comment, tu me rapportes tout !... on a refusé mon bouquet et ma lettre ?...

— Mais non, monsieur, on n'a rien refusé... puisque je n'ai pas trouvé cette dame... elle est déménagée.

— Pardieu ! je te croyais plus habile que cela, mon garçon : parce qu'une personne a changé de logement, tu ne peux plus la trouver ! Voilà un adroit commissionnaire !

— Je ne suis pas plus bête qu'un autre, monsieur, et vous allez voir s'il y va de ma faute : Je suis allé rue de Provence, à l'adresse que vous m'aviez indiquée... une belle maison, bon style !... j'ai demandé au concierge... qui a une loge mieux meublée que c'te chambre !... Madame la baronne de Grangeville ? il a ouvert ses yeux, regardé sa femme qui *lipait* du café dans une timbale d'argent et lui a dit : la baronne de Grangeville, connais-tu ça, mon épouse ? et son épouse a d'abord bu son café, puis elle a répondu : Nous n'avons personne ici de ce nom-là. Pourtant, lui dis-je, cette dame a demeuré dans cette maison... le monsieur qui m'envoie en est certain ; si elle a déménagé elle a dû laisser son adresse, donnez-la moi, et j'irai.

— Combien y a-t-il de temps que cette baronne logeait ici, a repris le concierge ? — Douze ans, que je lui réponds. Alors voilà le mari et la femme qui se mettent à rire et me disent : Depuis douze ans il a passé de l'eau sous le pont, mon garçon. Il y a déjà sept ans que nous avons remplacé l'ancien concierge qui est mort, et nous n'avons jamais entendu parler de votre baronne. Ah ! si l'ancien concierge vivait encore, peut-être bien saurait-il son adresse... mais il est à Montmartre... vous savez où, voyez si vous voulez aller la lui demander. Ma foi, monsieur, j'ai pensé que ce n'était pas la peine d'aller à Montmartre... et je suis revenu avec votre lettre et votre bouquet... trouvez-vous encore qu'il y ait de ma faute ?

M. de Roncherolle prend les objets que Chicotin lui présente. Il déchire le billet en murmurant :

— Non... du moment que tu n'as pas trouvé la piste... Hum !... toujours les mauvais effets du temps... On revient... on ne trouve plus personne... les uns sont morts... les autres ont disparu... Ah ! c'est une sottise de voyager... ou bien alors il faudrait faire comme le Juif errant !... courir toujours, ne s'arrêter jamais... mais le Juif errant n'avait pas la goutte... Tiens, mon garçon, voilà pour ta commission...

M. de Roncherolle a payé grassement le commissionnaire, parce que l'homme qui a toujours agi en gentilhomme conserve l'habitude de se montrer généreux, même lorsque ses moyens ne lui permettent plus de l'être, et s'impose quelquefois de grandes privations pour se donner le plaisir de jeter l'argent par les fenêtres.

— Monsieur n'a donc plus besoin de mes services ? dit Chicotin affriandé par le prix qu'il a reçu pour sa course.

— Ma foi, mon garçon, j'aurais cependant bien voulu retrouver cette dame... pour qui j'avais écris cette lettre... Il n'est pas dit qu'elle soit morte, comme le concierge de la maison qu'elle habitait... car elle était encore jeune il y a douze ans... et maintenant ce doit être une femme de quarante ans... Si le hasard te faisait connaître sa nouvelle résidence, viens me le dire aussitôt, et tu auras un bon pour-boire.

— Suffit, not' maître, je chercherai, je demanderai, je m'informerai... Oh ! je finirai par trouver... je vas dans tous les coins de Paris, moi ! seulement, dame, ce sera peut-être un peu long... mais dès que je saurai quelque chose, je viendrai vous le dire.

— Chicotin est parti, et M. de Roncherolle dont la physionomie s'est attristée, regarde le bouquet qui lui est resté, en murmurant :

— Allons... le bouquet sera pour moi... elles sont jolies ces fleurs... il y a longtemps qu'on ne m'en offre plus à moi... je me figurerai que c'est un cadeau que l'on m'a fait !... maintenant il faut vivre d'illusions.

XIV

Le fils et la mère.

Georget a passé plusieurs journées à parcourir Paris ; mais c'est surtout dans le quartier de la Chaussée-d'Antin qu'il a pris les informations les plus minutieuses ; dans tous les beaux hôtels, il a demandé : M. de Roncherolle, et on lui a répondu qu'on ne logeait personne de ce nom. Alors le jeune commissionnaire revenait dans l'après-dînée au boulevard du Château-d'Eau, afin de dire bonsoir à Violette, à laquelle il faisait part du peu de succès de ses démarches ; et avant de rentrer il tâchait de trouver encore à travailler pour gagner quelque argent.

Georget n'était plus dans le courant du jour à flâner sur le boulevard comme autrefois, ne se trouvait plus avec son camarade Chicotin, qui, s'il avait su pourquoi Georget explorait Paris, aurait pu d'un mot mettre fin à ses recherches. De son côté, Chicotin cherchait la baronne de Grangeville, sans trop se fatiguer cependant, et sans mettre dans ses informations le même zèle que son ami ; puis, quand venait le soir, au lieu de retourner près du Château-d'Eau, comme il adorait le spectacle, M. Patatras allait rôder près des personnes qui se rendaient à quelque théâtre du boulevard du Temple, et sa félicité était complète quand, vers la fin de la soirée, il parvenait à se faire donner une contre-marque, avec laquelle il voyait le dernier acte d'un drame ou d'un vaudeville.

Tous les matins, avant de se mettre en route, Georget

croyait devoir se rendre chez M. Malberg, pour lui dire quel quartier, quelles rues il avait explorés la veille ; quoique le résultat de ses courses ne fût pas encore satisfaisant, il tenait à prouver à celui qui l'avait si généreusement secouru que son zèle ne se ralentissait pas. Le jeune commissionnaire était rarement admis près de M. Malberg, mais il trouvait toujours Pongo en grande conversation avec les meubles ; alors il racontait au mulâtre ce qu'il avait fait, et celui-ci ne manquait pas de rapporter fidèlement à son maître tout ce que Georget lui avait dit.

La persévérance avec laquelle ce jeune homme tenait à prouver sa reconnaissance avait fini par toucher le monsieur du troisième, qui dit un matin à son domestique de laisser pénétrer jusqu'à lui Georget quand il se présenterait, et cet ordre était à peine donné que celui-ci arrivait, comme de coutume, pour dire ce qu'il avait fait la veille.

Pongo suspend aussitôt la toilette d'un petit chat qu'il avait ramassé la veille dans la rue, pour conduire Georget jusqu'à son maître, puis il s'éloigne en disant :

— A présent, moi aller déjeuner avec nouvel ami Carabi... que moi a trouvé hier sous une porte, tout seul pleurant !... pas mangé depuis longtemps... tout maigre, tout malheureux, mais moi ai amené lui ici ; couché avec moi, fait manger... et ce matin li tout beau, tout content ! fait ronron, et le gros dos à moi.

— Avancez, mon ami, dit M. Malberg à Georget, qui se tenait tout craintif sur le seuil de la porte, entrez et asseyez-vous...

— Oh ! monsieur a trop de bonté, mais je ne suis pas fatigué, et puis je ne me permettrai pas de m'asseoir devant monsieur...

— Je vous dis, moi, que je veux que vous vous asseyez... j'ai à causer avec vous... mettez-vous là, sur cette chaise.

Georget obéit en se mettant sur le bord d'une chaise, puis s'empresse de dire :

— Monsieur, hier, je suis allé dans le quartier du Palais-Royal, j'ai parcouru toute la rue Richelieu, la rue Neuve-des-Petits-Champs, toutes les rues qui donnent dans celles-là... Il y a beaucoup d'hôtels dans ce quartier là, et cependant je n'ai rien découvert, on n'y connaît pas ce monsieur...

— Mon garçon, voilà huit ou dix jours, je crois, que vous faites pour moi ce métier fatigant! c'est bien assez! cessez vos recherches, vous avez plus que gagné l'argent que vous prétendiez me devoir.

— Mais monsieur, ça ne me fatigue pas du tout, moi, de courir Paris, d'ailleurs c'est mon état, je fais souvent des commissions tout en cherchant pour monsieur; pourquoi donc ne continuerais-je pas?... Oh! je n'ai pas encore parcouru tout Paris.

— Je vous répète mon ami que je ne veux pas que vous fassiez d'autres recherches... j'ai réfléchi et si le ciel permet que je retrouve ce monsieur... que vous avez cherché en vain il saura bien me mettre en face avec lui,.. s'il en est autrement, c'est qu'apparemment celui qui dirige toute chose ne veut pas que je donne un libre cours... à mes projets... et... je dois me soumettre...

— Monsieur n'est peut-être pas content de moi... il pense que je m'y prends mal et...

— Je suis fort content de vous au contraire; votre mère que j'ai vue... parce qu'elle a voulu absolument me remercier... votre mère ne tarit pas en éloges sur votre compte...

— Ah! monsieur... il ne faut pas tout croire... les mères ça brode un brin, quand ça parle de leur fils!

— C'est possible, mais d'autres personnes aussi ont confirmé ce qu'avait dit votre mère.

— Monsieur est trop indulgent!...

— Vous avez reçu quelque éducation... vous savez lire, écrire, calculer?

— Oui, monsieur, pas trop mal...

— Ecoutez, voici ce que j'ai à vous proposer. Je possède à Nogent-sur-Marne une assez belle propriété, il y huit arpents de jardin fruitier, potager et bois, mais tout cela est mal tenu, mal soigné par un jardinier qui est très-paresseux, et qui, n'ayant personne pour le surveiller, se croit le maître de la propriété et n'y fait que ce qu'il veut, car j'y vais rarement, et dans la belle saison c'est à peine si j'y passe quelques semaines, mais si la maison était bien tenue, le jardin bien soigné, je m'y plairais davantage. Eh bien, je vous offre d'aller, avec votre mère, habiter cette campagne; vous serez chargé, non pas de travailler au jardin, mais de surveiller, de diriger les travaux, les plantations, les embellissements, oh! vous aurez de quoi vous occuper!... huit arpents de terrain, cela peut contenir bien des choses. Il y a aussi des réparations à faire faire dans les bâtiments; je vous donne plein pouvoir, vous me remplacerez, on vous obéira comme à moi-même. Quant à votre mère, elle s'occupera de la maison, de la laiterie, de la basse-cour, qui est très-peuplée, et du moins lorsqu'il me prendra fantaisie d'aller à ma campagne, je serai certain de trouver une chambre en état pour me recevoir et me coucher. Je vous offre pour tout cela, mille francs par an, et naturellement vous serez logés, chauffés, vous aurez tant que vous en voudrez des fruits, des légumes, des lapins et de tout ce qui peuple une basse-cour. Voyez, si cela vous convient, ainsi qu'à votre mère; dès demain vous pouvez aller vous installer, et je me chargerai de payer ce que vous aurez à donner ici au propriétaire.

Pendant que M. Malberg lui parle, Georget, qui écoute avec attention, a plusieurs fois changé de couleur: tantôt il jouit à la pensée de la vie douce et heureuse qu'on lui propose, tantôt son front devient sombre et rêveur, on voit qu'un grand combat se livre dans son cœur, et quand M. Malberg a cessé de parler, le pauvre garçon reste muet et semble craindre de répondre.

— Eh bien! Georget, vous ne me dites rien, est-ce que vous n'avez pas compris ma proposition?...

— Oh! pardonnez-moi, monsieur, j'ai bien compris tout ce que vous voulez faire pour nous... quelle existence paisible et heureuse vous nous offrez... habiter une jolie campagne... avoir des occupations qui sont des plaisirs... et être encore payés pour cela... ah! c'est trop de bonheur... Et ma pauvre mère... elle! qui aime tant la campagne... les jardins... ah! comme elle serait contente là!...

— Eh bien, alors vous acceptez, Georget?

Le jeune garçon baisse les yeux, mais bientôt deux grosses larmes s'en échappent et il cache son visage avec son mouchoir, en balbutiant :

— Non, monsieur... je... je refuse...

— Vous refusez ce qui, dites-vous, serait pour vous une heureuse existence... ce qui ferait tant de plaisir à votre mère... je ne vous conçois pas?

— Oui, monieur... je refuse... oh! tenez! je sens bien que c'est mal ce que je fais là!... c'est affreux de ma part... refuser ce qui assurerait à ma mère du repos et du plaisir... Oh! c'est indigne... c'est une vilaine action que je fais!... mais c'est plus fort que moi!... monsieur! vous ne le direz pas à ma mère, je vous prie... n'est-ce pas? vous ne lui direz pas que vous m'avez offert tout cela et que j'ai refusé... ça lui ferait du chagrin... et peut-être ne me pardonnerait-elle pas!...

Et le pauvre Georget se met à deux genoux devant M. Malberg en répétant encore :

— Je vous en prie, monsieur, n'en dites rien à ma mère !

— Relevez-vous, Georget, relevez-vous, non sans doute, je ne dirai rien à votre mère. D'ailleurs pour agir ainsi, vous avez sans doute de fortes raisons! ne pleurez pas, mon ami, je ne veux point vous faire de la peine, encore une fois... oubliez ma proposition et qu'il ne soit plus question de tout ceci.

— Oublier!... oh! non, monsieur, c'est que je sais bien que je ne l'oublierai pas... c'était si gentil!... des raisons... des raisons pour refuser... je n'en ai qu'une... mais je n'ose vous la dire...

— Gardez votre secret, je ne vous demande rien.

— Et cependant, monsieur, je ne veux pas passer à vos yeux pour un mauvais fils, pour un garçon qui préfère la vie vagabonde de Paris au bonheur de sa mère... non, j'aime mieux tout vous dire... Je suis amoureux, monsieur, oh! mais amoureux à en perdre la tête... d'une jeune bouquetière du Château d'Eau... là-bas sur le boulevard... ah! Violette est si jolie... et une fille sage, honnête... qui n'écoute personne...

— Mais elle vous écoute, vous?

— Non, monsieur, car je n'ai jamais osé lui déclarer positivement que je suis amoureux d'elle... elle s'en est peut-être aperçu, mais elle n'en a pas l'air. Enfin, monsieur, je puis la voir le matin, dès que je sors, le soir avant de rentrer, car je trouve toujours moyen de passer du côté de sa place... mais si j'allais vivre dans votre campagne, il me faudrait donc ne plus voir Violette! ni le matin, ni le soir, ni jamais... ah! tenez, monsieur, je sens que ça me serait impossible de vivre sans la voir! ce ne serait plus vivre... et il me semble qu'alors je ne serais plus bon à rien.

— Pauvre garçon! murmure M. Malberg, si jeune... et déjà aimer ainsi! s'il est heureux, cela m'étonnera beaucoup.

— C'est bien vilain d'agir comme je le fais, n'est-ce pas, monsieur? Pour cet amour qui me tourne la tête... pour cette jeune fille qui peut-être ne m'aime pas... ne m'aimera jamais, je refuse d'assurer à ma mère une vie paisible, une existence assurée... Ah! tenez, je sens que je suis un ingrat!... un mauvais fils... je me déteste... je me battrais si cela pouvait me corriger... mais ça ne me corrigerait pas!... Cet amour est entré tout doucement dans mon cœur... il y a déjà plus de trois ans que je vois Violette presque tous les jours: j'étais tout petit, alors je me suis habitué à l'aimer tout en grandissant, et ce sentiment a grandi avec moi... et bien plus que moi. Aussi à présent il n'y a plus moyen que je le chasse de mon âme: il ne pourrait plus sortir!... et d'ailleurs cela se pourrait, que je ne le voudrais... Pouvais-je deviner qu'un jour cela me causerait tant de chagrin?

— Ne vous désolez pas, Georget, il y a peut-être encore moyen d'arranger les choses. Offrez à votre mère d'aller habiter ma propriété, d'avoir soin de ma maison, et ne lui dites pas qu'il y avait aussi une place pour vous là-bas ; par ce moyen, votre mère vivra à la campagne, où vous dites qu'elle se plaît, et vous irez la voir quand vous le voudrez ; d'ici à Nogent, il n'y a pas loin, trois lieues tout au plus.

— Ah ! monsieur, que vous êtes bon !... En effet, comme cela, ma mère vivra bien à son aise, le bon air de la campagne rétablira entièrement sa santé. Moi, il est vrai que ça me fera de la peine de ne plus la voir tous les jours, de ne plus demeurer avec elle, mais je saurai supporter cette privation, parce que je me dirai : c'est pour son bien... c'est pour son bonheur !... ah ! c'est tout de même pas joli de penser que je pourrai me passer de voir ma mère, et que je ne peux pas me décider à ne plus voir Violette !... n'est-ce pas, monsieur ?

— Ce n'est pas votre faute, mon garçon, la nature a voulu qu'un nouvel amour fût toujours fatal aux anciens...

— Mais l'amour qu'on a pour sa mère ! monsieur, ça ne doit pas diminuer dans notre cœur... seulement c'est moins volontaire que l'autre.

Ah ! si vous connaissiez Violette, monsieur, vous comprendriez que je ne puis cesser de l'aimer... Elle est si jolie... elle a sa place sur le boulevard près du Château-d'Eau... voulez-vous que je lui dise de vous apporter un bouquet ? elle ne demandera pas mieux, monsieur...

— Non, c'est inutile, je n'ai nul besoin de bouquets, et je vous crois sur parole pour tout ce que vous dites de cette jeune fille.

— Alors, monsieur, et avec votre permission, je vais tout de suite faire savoir à ma mère ce que vous avez la bonté de lui offrir...

— Allez, Georget, et vous reviendrez me faire connaître sa réponse.

— Heureux âge ! se dit M. Malberg en regardant s'éloigner le jeune commissionnaire, où l'on ne doute pas de la constance en amour... où l'on croit à la sincérité de l'amitié !... Et moi aussi j'ai cru à tout cela... mais j'ai été bien cruellement désabusé !... Il sacrifie tout à son amour pour une femme !... pauvre garçon !... il sera trompé comme les autres... seulement il commence trop tôt ce métier-là.

Et M. Malberg, dont le front est devenu sombre, demeure plongé dans ses réflexions.

Pendant ce temps, son domestique Pongo avait une vive altercation avec le chat qu'il avait déjà nommé Carabi, et qui, pour prix de l'hospitalité qu'on lui avait accordée, venait de donner un coup de griffe à son bienfaiteur.

— Ah! toi est méchant, Carabi, disait le mulâtre en tenant le chat par ses deux pattes de devant. Toi faire du mal à moi qui t'ai ramassé dans la rue... et pourtant toi pas beau! maigre... vilain... petits poils tout courts, toi chat de gouttière, entends-tu... pas angora, toi, gouttière!... et moi soigné, peigné... bien frotté toi, fais bonne pâtée... pour que toi revienne gentil et se refasse un gros ventre... et toi me donne un coup de griffe sur le nez, quand je veux causer avec toi comme deux amis... Ah! Carabi, prendre garde... si moi prenais mam'selle Zima pour te corriger... mam'selle Zima elle obéirait à moi... tout suite... et elle tape ferme, mam'selle Zima !... toi, seras-tu bon garçon à présent ?

Pour toute réponse le chat miaulait d'une façon déplorable, et il commençait à ajouter à ses cris des jurements qui ne promettaient rien de bon à Pongo, lorsque Georget revient et interrompt cette conversation.

— Tiens, c'était encore petit voisin! et voulait-i toujours parler à maître ou à moi ?

— C'est à votre maître que je viens rapporter la réponse de ma mère... ah! il est bien bon...

— Oh! non, li pas bon... mais moi corriger... moi fouetter si griffer encore !

— Je vous parle de votre maître...

— Oh ! pardon... moi, je croyais que c'était de mon nouvel ami Carabi... qui avait abîmé nez à moi... venez, vous entrez tout de suite... Petite gouttière! toi, attendre là... que je revienne... Pas bouger! ou je prends Zima !...

En reparaissant devant M. Malberg, Georget est triste

et semble embarrassé, il tient ses regards baissés, et n'ose parler.

— Eh bien, Georget, vous venez m'apporter la réponse de votre mère, dit M. Malberg, mais on croirait, à vous voir, que vous n'osez pas me la dire...

— Ah ! monsieur, c'est que...

— Mon Dieu, je vais vous éviter la peine de parler, car je gagerais que je devine ce que votre mère a répondu... elle a refusé ce que je lui propose, parce qu'il faudrait se séparer de vous, et qu'elle aime mieux vivre de privations et ne point quitter son fils, n'est-ce pas cela ?...

— Oui, monsieur, oui, c'est la vérité... quand je lui ai dit ce que monsieur lui offrait, elle est d'abord restée muette; puis, lorsqu'elle m'a répondu, j'ai bien entendu que sa voix était tremblante, qu'elle avait envie de pleurer, tout en me disant : Dame ! si tu veux que j'accepte, que je m'en aille !... si cela t'ennuie de vivre avec ta mère... eh bien, je partirai pour cette belle campagne... mais, moi, j'aimais bien mieux vivre de peu, avoir moins mes aises, et pouvoir embrasser mon fils tous les jours... cela me rendait bien plus heureuse !... alors, monsieur, vous sentez bien que j'ai sauté au cou de ma mère, en lui disant : C'était dans l'espoir d'assurer ton bien-être que je t'offrais cela; si tu es plus heureuse avec moi, il faut y rester, j'en serai plus content aussi !... et elle m'a dit de venir vous remercier de votre bonté, monsieur, en vous expliquant le motif de son refus... et moi je vous prie de m'excuser si je reconnais si mal votre bon vouloir... car dans tout cela, c'est moi qui suis le plus fautif... si j'avais eu le courage de quitter Paris. Ah ! ma mère serait bien venue aussi alors !...

— Je ne vous en veux pas, Georget, seulement je désire que votre bouquetière soit digne du sacrifice que vous lui faites... allez, mon garçon...

— Et monsieur ne veut pas que Violette lui apporte un bouquet pour... pour faire sa connaissance...

— Non... je ne veux pas de bouquet...

— Et il ne faut pas que je cherche M. de Roncherolle ?

— C'est inutile.
— Mais monsieur m'emploiera toujours quand il aura besoin d'un commissionnaire.
— Cela va sans dire ! allez.

Georget s'éloigne tout triste, car au fond du cœur il n'est pas content de lui; en passant dans l'antichambre, il ne répond pas à Pongo qui lui crie :

— Monsieur Georget !... Carabi plus si méchant... il n'avait plus griffé que l'oreille à moi ! »

XV

Un piége.

Pour Georget, le meilleur moyen de trouver l'excuse de sa faute, c'était de se rendre près de celle qui la lui avait fait commettre; c'est aussi ce qu'il ne manque pas de faire, et en regardant la séduisante bouquetière, il se dit :

— Est-ce qu'il m'eût été possible de vivre sans la voir?... Oh! non, je serais mort de chagrin, et c'est cela qui aurait rendu ma mère bien plus malheureuse...! J'ai donc bien fait de ne point accepter les offres de M. Malberg.

C'est ainsi que l'homme trouve toujours moyen de capituler avec sa conscience et de se mettre bien avec elle.

Violette a fait un gracieux sourire à Georget en lui disant :

— Vous ne trottez donc pas par tout Paris aujourd'hui, Georget?

— Non, mam'selle, mes courses sont terminées, M. Malberg ne veut plus que je continue à chercher son monsieur ; mais que devient donc Chicotin ? je ne l'aperçois plus par ici.

— C'est vrai, il y vient moins... je n'en suis pas fâchée, car il jetait souvent mes pratiques à terre, et cela aurait fini par me faire du tort...

— Vos pratiques... Ah ! c'est-à-dire les beaux messieurs qui vous content souvent des douceurs... et vous les voyez toujours, ceux-là...

— Dame ! quand ça leur plaît de m'acheter des fleurs... je ne peux pas refuser de leur en vendre...

— Ah ! mam'selle Violette... si j'étais riche, moi, vous ne vendriez plus rien du tout !... vous seriez chez vous... dans une belle chambre... vous n'auriez rien à faire... qu'à vous coiffer !...

— Vraiment, vous me donneriez donc tout cela, Georget ?

— Certainement... et bien plus encore si je l'avais !...

— Croyez-vous donc que j'accepterais plutôt cela de vous que d'un autre...

— Mais, mam'selle... quand on n'a que des sentiments honnêtes... certainement ce n'est pas comme à une maîtresse que je vous offrirais cela... mais... comme... à... comme... Ah ! Violette, vous me comprenez bien, mais vous ne voulez pas seulement m'aider un peu !

— Non, Georget, je ne veux pas vous comprendre... parce que je ne veux pas prendre sérieusement les folies que vous me dites...

— Des folies !... oh ! vous vous trompez, mam'selle, et si vous saviez... si vous pouviez deviner... Ah ! vous ne douteriez plus de mon amour... oui, Violette, je vous aime... Tant pis, je dois oser vous le dire, puisque vous ne voulez pas le deviner... je vous aime au point de... mais non, je ne dois pas vous dire cela...

— Quoi donc ? voyons, Georget, achevez... vous vous taisez... pauvre garçon ! vous vous figurez que vous m'aimez... mais dans un mois... avant peut-être, c'est autre chose qui occupera votre pensée... Vous êtes un enfant, entendez-vous; un garçon ne doit pas parler d'amour avant vingt et un ans...

— Oh! mon Dieu! que je voudrais vieillir alors... ainsi, mam'selle, vous ne me croyez donc pas!...

— Je vous le répète, ce que vous me dites, vous le pensez à présent, c'est possible! mais cela ne sera pas de longue durée... vous êtes trop jeune...

— Trop jeune! on n'a que cela à me jeter à la tête... quelles preuves faut-il donc pour que vous croyiez à mon amour?...

— Tenez, Georget, regardez ce tout petit monsieur qui passe là-bas devant nous, et qui me regarde d'une façon si drôle...

— Ah! je le reconnais... c'est le petit loucheur... Je me doutais bien qu'il était aussi amoureux de vous, celui-là... mais je n'en suis pas jaloux!... il est trop vilain!... pourquoi me le montrez-vous?... c'est pas de lui que je vous parlais, mam'selle...

— Je vous le montrais, Georget, parce que ce petit jeune homme, qui ne doit guère avoir que votre âge, ou un an de plus peut-être, ne cesse pas depuis quelques jours de rôder par ici; il me marchande constamment des fleurs, et puis il m'a dit aussi qu'il m'adorait, m'a proposé de m'enlever et de m'emmener à Saint-Germain ou à Versailles, ou plus loin encore, en m'assurant qu'il ferait mon bonheur...

— Comment! ce petit-là vous a dit tout cela!...

— Oui, ce petit jeune homme m'a débité toutes ces folies; je lui ai ri au nez, c'est ce que j'avais de mieux à faire! Depuis ce moment-là, il ne me parle plus, mais il se promène toujours aussi souvent en me lançant des regards furibonds... tenez, comme à présent...

— Oh! s'il a l'air malhonnête, je vais aller lui parler, moi...

— Non, Georget, il n'est pas malhonnête, puisqu'il ne me dit rien; nous ne pouvons pas l'empêcher de se promener... et d'ailleurs j'ai toujours envie de rire en le regardant, quand je me rappelle qu'un jour Chicotin l'a fait tomber de façon qu'il a déchiré son pantalon aux deux genoux.

— Oh! que j'aurais voulu voir cela... ah! le voilà qui s'en va... il a pris son parti... il a bien fait.

— Eh bien, Georget, si j'avais écouté les paroles de ce jeune homme, croyez-vous que j'aurais eu raison?

— Oh! non, sans doute!

— Vous voyez donc bien que je ne serais pas plus raisonnable si j'écoutais les vôtres.

— Ah! Violette! quelle différence!... Vous comparez mon amour à celui de ce petit freluquet qui vous connaît à peine! tandis que moi je vous vois, je vous aime depuis trois ans... je ne suis donc pas plus pour vous que le premier venu qui vient vous faire des compliments en achetant vos bouquets! Ah! c'est mal de me traiter ainsi. Vous n'agiriez pas comme cela si vous saviez...

— Quoi donc?... si je savais quoi?... ah! vous m'impatientez! vous commencez toujours des phrases que vous ne finissez pas!...

Georget avait sur le bord des lèvres l'aveu du sacrifice qu'il avait fait à son amour pour Violette, car dans l'adolescence on n'a pas encore l'habitude des sacrifices, et il est dans la nature d'en tirer vanité. Cependant le jeune amoureux retient ce secret prêt à lui échapper; il se doute bien que la jolie bouquetière le gronderait très-fort d'avoir agi de la sorte, et que, loin d'approuver sa conduite, elle voudrait le forcer à accepter les offres de M. Malberg; il juge donc prudent de se taire et ne répond plus aux questions de Violette; en ce moment quelqu'un vient le chercher pour faire une commission, et il profite de cette occasion pour s'éloigner en faisant un signe d'adieu à la bouquetière.

La jolie marchande était plus émue qu'elle n'avait voulu le paraître, Georget était si gentil! c'était la première fois qu'il lui avait dit positivement qu'il l'aimait, et cet aveu, il l'avait fait d'une voix si douce, avec une expression si tendre, qu'il était difficile de ne point croire à sa sincérité, et plus encore... de ne point être touchée de cet amour si vrai, et dans lequel la passion était si naïvement exprimée.

Tout en donnant à son jeune amoureux de sages conseils, tout en ayant l'air de rire de ses tourments, Violette avait cependant éprouvé une sensation bien vive; son cœur s'était ouvert à un bonheur qu'elle n'avait pas encore connu, et elle était elle-même tout étonnée de cette joie nouvelle qui remplissait son âme.

Il y avait une heure environ que Georget n'était plus là, lorsqu'une espèce de domestique s'approcha de Violette et lui dit :

Mademoiselle la bouquetière, il faudrait un bouquet magnifique pour ma maîtresse, madame de Belleval; tout ce que vous avez de plus rare en fleurs, on ne regarde pas au prix; je vais toujours vous donner cent sous d'avance, si c'est plus on vous donnera le reste...

— Ce ne sera pas plus, monsieur, pour cent sous je vous ferai un superbe bouquet!...

— Mais, par exemple, mademoiselle, il faudra que vous ayez la complaisance de le porter vous-même à madame, car moi, je suis pressé, je n'ai pas le temps d'attendre, et je ne reviendrai pas par ici...

— Porter ce bouquet... mais est-ce loin d'ici ?...

— Non, mademoiselle, boulevard Beaumarchais, numéro 98.

— C'est encore assez loin...

— Non, mademoiselle, et puis vous savez, quand on ne quitte pas le boulevard on arrive si vite...

— Oh ! je sais bien... enfin si ce n'est pas trop pressé...

— Dans une heure... le pouvez-vous ?

— Oui, j'irai dans une heure...

— Ah ! madame veut aussi vous en commander un plus léger pour demain, pour aller à une noce ou un bal... madame vous expliquera cela. Ainsi on peut compter sur le bouquet, mademoiselle ?

— Assurément, monsieur, puisque j'ai reçu l'argent; vous dites : madame de Belleval, boulevard Beaumarchais, 98 ?

— C'est cela même, je vous salue.

Le domestique disparaît, et Violette se met à trier ses plus belles fleurs, en se disant :

— Il paraît que ce sera une bonne pratique !... je gagne tout ce que je veux... et ce Georget qui se trouvait sans argent l'autre jour, quand sa mère était malade... et qui ne s'est pas adressé à moi... et il dit qu'il m'aime... Ah! je lui parle trop durement peut-être... et il croit que j'ai un mauvais cœur... je ne veux pourtant pas qu'il croie cela.

Lorsque la jeune fille a terminé le bouquet auquel elle a mis tous ses soins, elle prie une voisine de veiller sur sa boutique et se dirige vers le boulevard Beaumarchais. Elle arrive à l'adresse qu'on lui a donnée; elle entre dans une jolie maison nouvellement bâtie, et demande à un concierge :

— Madame de Belleval?

Le concierge fait l'air étonné de quelqu'un qui ne sait pas ce qu'on veut dire, puis tout à coup il se ravise et se tape sur la cuisse, en s'écriant:

— Ah! que je suis bête... je n'y pensais plus !... madame de Belleval, montez au cinquième et la porte à droite.

— Au cinquième?

— Oui, et la porte à droite.

Violette monte l'escalier en se disant :

— Ce concierge avait un air singulier en me répondant... il a toujours cet air-là peut-être. C'est étonnant qu'une dame qui achète de si beaux bouquets demeure si haut... mais les logements sont très-chers à présent !... après tout, ça ne me regarde pas !...

Et sans concevoir la moindre défiance, la jeune bouquetière grimpe lestement les cinq étages et va sonner à la porte de droite. On ouvre presque aussitôt; une femme, qui ressemble à une ouvreuse de loges sans emploi, dit à Violette :

— Ah! c'est le bouquet que mam'selle apporte... c'est bien, entrez, mam'selle, entrez...

— Mais je n'ai que ce bouquet à remettre, je suis payée.

— Ça ne fait rien... entrez, mam'selle, on veut vous parler, attendez un moment.

Et la jeune fille est poussée dans un petit salon dont on referme presque aussitôt la porte sur elle.

— Au fait, se dit Violette, ce domestique m'avait prévenue que sa maîtresse voulait me commander un bouquet de bal pour demain... Attendons... ce n'est pas bien beau ici !... c'est gentil... mais... c'est drôle... ça n'est pas arrangé avec coquetterie... avec goût... on se croirait plutôt chez un monsieur que chez une dame... et cette personne qui m'a ouvert... ce n'est là ni une femme de chambre ni une cuisinière... il me semble que j'ai peur ici... j'ai envie de m'en aller...

Déjà Violette fait quelques pas pour sortir du salon, lorsque la porte s'ouvre, et Jéricourt se présente devant elle en robe de chambre, en pantoufles comme quelqu'un qui est chez lui.

La jeune bouquetière pousse un cri, elle comprend qu'elle est tombée dans un piége, mais presque aussitôt elle rappelle son courage, et Violette en avait ; chez elle la frayeur n'était que passagère. Aussi relève-t-elle bientôt la tête, en regardant avec fermeté la personne qui est devant elle.

Jéricourt fait un de ses sourires les plus gracieux, et va à la jeune fille.

— Ce n'est pas moi que vous attendiez, séduisante bouquetière ?

— Non, monsieur, car j'attends une dame, madame de Belleval... suis-je bien ici chez elle ?...

— Madame de Belleval... c'est ma tante, chère enfant, et je loge avec elle...

— Ah ! vous logez ici... eh bien, votre tante, monsieur, pourquoi ne vient-elle pas ?... ce n'est pas à vous que j'ai affaire... si cette dame ne veut pas venir, je m'en vais....

Déjà Violette a fait quelques pas vers la porte, mais Jéricourt, qui lui barre le passage, la ramène dans le salon en lui disant :

— Mon Dieu ! quelle vivacité, vous êtes donc bien pressée... attendez, asseyez-vous... on va venir.

Ne voulant pas laisser voir les craintes qu'elle éprouve, Violette se décide à s'asseoir un moment. Alors le jeune homme prend aussi un siége et se place tout contre elle.

— Savez-vous bien, charmante fille, que je suis enchanté d'avoir enfin un entretien avec vous... il y a longtemps que je le désirais... et on a tant de peine à obtenir de vous la plus légère faveur...

— Monsieur, est-ce que vous allez me répéter votre même chanson que sur les boulevards... je la sais, celle-là... je n'ai pas envie de l'apprendre par cœur, je vous ai dit que cet air-là ne me plaisait pas...

— Que vous êtes méchante !... mais ce petit mouvement de colère vous rend encore plus gentille !... Les femmes qui cèdent tout de suite, cela n'a plus de prix ! tandis que votre conquête serait un vrai triomphe...

— Votre tante ne vient pas, monsieur, je veux m'en aller.

— Ma tante !... ah ! ah ! ah ! elle est bonne celle-là !... est-ce que vous donnez encore là-dedans, petite ?...

— Comment, monsieur, c'est donc un mensonge... cette dame de Belleval qui m'a fait acheter ce bouquet...

— Elle n'a jamais existé que dans mon imagination... je voulais vous attirer chez moi... vous ne vouliez pas y venir de bonne volonté, j'ai employé la ruse... ça se fait... c'est de bonne guerre...

— Oh ! mais c'est indigne, cela... Ainsi ce portier à qui j'ai demandé cette dame...

— Je l'avais prévenu qu'on demanderait cette personne, et lui avais ordonné de faire monter chez moi... c'est simple comme bonjour.

— Cette femme qui m'a ouvert... qui m'a dit que madame de Belleval allait venir.

— C'est une voisine complaisante... avec un billet de spectacle j'ai payé ce service...

— Mais c'est affreux... et il y a des gens qui se prêtent à de telles actions !...

— Ma chère enfant, vous faites une grande affaire de bien peu de chose !... chercher à avoir un tête-à-tête avec une jolie bouquetière, ce n'est pas là un grand crime... j'aurais pu vous tromper plus longtemps, mais vous voyez que je suis très-franc... je joue cartes sur table... Voyons, ne vous fâchez pas... il faudrait toujours finir par vous apaiser. Au lieu de cela, faisons tout de suite la paix, et pour la sceller, laissez-moi vous embrasser.

Avant que Jéricourt ait pu approcher sa bouche du visage de Violette, celle-ci s'est levée et a couru vers la porte, mais le jeune homme court après elle et la retient en la saisissant par la taille.

— Oh ! vous ne m'échapperez pas ainsi, ma chère, vous êtes chez moi, et nous y sommes seuls... Voyons, ne soyez pas si cruelle laissez-moi vous embrasser...

— Prenez garde, monsieur, vous croyez avoir affaire à une faible fille... mais je ne vous crains pas... vous n'obtiendrez rien de moi, je vous en préviens... et si vous tenez à me faire violence... prenez garde... je ne ménagerai pas votre figure dont vous êtes si fier... lâchez-moi, monsieur, je ne veux pas que vous m'embrassiez.

Jéricourt ne fait aucun cas des prières de la jeune fille ; il veut poursuivre ses entreprises, mais il rencontre une résistance à laquelle il était loin de s'attendre ; les bras de Violette sont agiles et robustes, et appliquant une de ses mains sur le visage de son adversaire, elle y incruste ses ongles avec tant de force que le sang jaillit, et que la douleur fait lâcher prise au jeune homme, qui va se regarder dans une glace et s'écrie avec colère :

— Mademoiselle ! c'est épouvantable, ce que vous venez de faire là... me griffer la figure... me blesser... il n'y a que les tigresses, il n'y a que dans la canaille qu'on se permet ces façons-là...

— Vraiment, monsieur !... Ah ! je suis de la canaille parce que je me défends, parce que je ne laisse pas monsieur prendre des libertés avec moi... Eh bien alors, pourquoi vous adressez-vous à moi... pourquoi vous encanaillez-vous avec une marchande de fleurs ?...

— Est-ce que jamais on va se douter... attaquer la figure... c'est du plus mauvais genre !...

— Vous n'avez que ce que vous méritiez, monsieur, je vous avais prévenu... et si vous tentiez de me retenir encore, cette fois je vous assure que vous n'en seriez pas quitte à si bon marché...

— Oh ! je ne vous retiens plus, mademoiselle, j'en ai assez, vous êtes libre... mais... voilà des coups de griffes... que je n'oublierai pas... vous vous repentirez de m'avoir traité ainsi !...

— Oh ! je n'ai pas peur de vous, monsieur, et je vous l'ai prouvé... quand on se conduit comme vous venez de le faire, on ne menace pas les autres... mais on tâche de devenir plus sage pour se faire pardonner ce qu'on a fait... Adieu, monsieur.

Violette ouvre la porte du salon, elle traverse une petite pièce, elle court ouvrir une autre porte, mais dans son empressement elle s'est trompée, ce n'est point celle du carré, elle allait entrer dans la chambre à coucher ; s'apercevant de sa méprise, elle revient sur ses pas et trouve enfin la porte de sortie. Pendant ce temps, Jéricourt l'avait suivie, l'avait rejointe, et lorsque Violette ouvre la porte du carré, il essaye encore de la retenir par sa robe, mais elle se dégage brusquement, et, lui jetant un regard qui lui ôte l'envie de l'arrêter de nouveau, elle s'élance sur le carré et descend les degrés sans tourner la tête, ni voir un jeune homme qui était alors sur sa porte entr'ouverte, laquelle se trouvait juste en face de celle de Jéricourt.

Ce jeune homme, qui n'est autre que le petit Astianax, pousse un cri de surprise en reconnaissant la jeune fille qui a passé tout près de lui. Et après l'avoir suivie des yeux pendant qu'elle descend l'escalier, il se tourne vers Jéricourt qui est resté sur sa porte et lui dit :

— C'est bien elle... c'est la jolie bouquetière du Château-d'Eau... Dites donc, voisin, elle sort de chez vous...

— Mais, sans doute, vous l'avez bien vue en sortir...

— Oui, oui, je l'ai vue... Ah ! la petite bouquetière va chez vous... Ah ! diable... vous êtes bien heureux, vous...

— En effet, je suis généralement heureux avec les femmes...

— Est-ce que vous avez une fluxion, voisin, que vous tenez votre mouchoir sur votre joue ?

— Non, mais j'ai un peu mal aux dents...

— C'est égal, je vous avoue que je n'en reviens pas, moi... mademoiselle Violette qui sortait de chez vous... elle était très-rouge... et pas mal chiffonnée même...

— Eh mais... c'est la suite de notre conversation...

— Ah ! oui, je comprends... Ah ! vous êtes un mortel favorisé de Vénus... La jolie bouquetière... qui faisait tant sa fière, sa vertueuse, qui m'envoyait promener quand je lui disais des phrases passionnées... qui me rembarrait quand je lui proposais de la mener à Saint-Germain en wagon...

— Que ceci vous serve de leçon, jeune homme, cela vous apprendra qu'il ne faut pas se fier aux airs que prennent ces demoiselles... Au revoir, Astianax.

— Au revoir, *Joconde! Don Juan! Richelieu!*

Jéricourt rentre chez lui en se disant :

— Maintenant je suis certain de ma vengeance ! mademoiselle Violette payera cher les coups d'ongle qu'elle m'a donnés.

XVI

Une décadence.

Madame de Grangeville, dont Chicotin n'avait pu savoir la demeure, habitait, dans la rue Fontaine-Saint-Georges, un petit logement au quatrième étage d'une maison nouvellement bâtie.

Dans les maisons que l'on vient d'achever et dont les

murs n'ont pas encore eu le temps de sécher et les peintures de perdre leur odeur, on loue ordinairement très-facilement aux personnes qui se présentent pour étrenner les appartements. Pourquoi ces personnes sont-elles assez fréquemment des lorettes, des femmes entretenues ou des danseuses sans emploi ? c'est probablement parce que ces dames-là savent qu'on ira fort peu aux informations sur leur compte et qu'on les prendra avec tel bagage qu'elles voudront bien apporter. On n'est jamais difficile pour ceux qui se résignent à essuyer les murs.

La baronne de Grangeville ne faisait cependant point partie des différentes classes de femmes qui ont l'habitude de louer un appartement sans s'informer du prix et qui répondent aux personnes qui trouvent leur loyer cher : « Qu'est-ce que cela me fait ! je ne le paye jamais ! » Cependant, par sa position, ses goûts, ses habitudes, on pouvait s'y méprendre ; il était facile de voir que cette dame était une grandeur déchue.

Son mobilier conservait encore quelques vestiges de son opulence passée : elle avait une toilette et une causeuse d'une extrême élégance, puis à côté de cela des chaises et des fauteuils passés, tachés, en mauvais état : il y avait d'amples rideaux, grands et petits, dans sa chambre à coucher : il n'y en avait que des petits dans son salon. La salle à manger était presque nue et la cuisine à peine garnie, mais la baronne ne faisait point faire la cuisine chez elle, ou très-rarement, elle faisait prendre chez le traiteur ; cette façon de vivre est plus dispendieuse, mais madame de Grangeville n'avait jamais voulu prendre la peine de calculer, de s'occuper de ses dépenses; tant qu'elle avait eu des rentes, elle n'avait pensé qu'à satisfaire ses fantaisies, ses moindres désirs, sans s'inquiéter si sa fortune pouvait suffire à ses nombreux caprices ; les gens qui n'ont point d'ordre étant jeunes, changent rarement en prenant de l'âge ; avec eux, cela va tant que cela peut aller ; on ne songe jamais au lendemain ; ces gens-là sont très-aimables en société, on les trouve fort généreux ; ils n'ont rien à eux, et chacun de s'écrier : « Ah ! quel bon cœur ! »

Je ne reconnais un bon cœur qu'à ceux qui donnent ce qu'ils possèdent, mais qui, avant tout, payent leurs fournisseurs, et ne font point de dettes ; si vous faites des cadeaux à une amie, si vous ouvrez votre bourse à des flatteurs obséquieux qui vous entourent, vous faites un tort réel à votre tailleur que vous ne payez pas, à votre traiteur que vous remettez de jour en jour pour lui donner des à-compte ; ce n'est plus avec votre argent que vous êtes généreux, c'est avec celui de vos créanciers. Ce sont des gens qui font l'aumône après avoir fait banqueroute, et qui se posent en bienfaiteurs de l'humanité. Il y a comme cela de grandes réputations de bons cœurs, pour lesquelles j'ai fort peu de considération ! En fouillant là-dessous, on trouve tout de suite le tuf.

Madame de Grangeville ne pouvant plus avoir une femme de chambre et une cuisinière avait renvoyé cette dernière, qu'il eût été plus utile de garder ; malheureusement, cette dame ne pouvait se passer de femme de chambre, elle aurait bien volontiers conservé sa cuisinière, mais celle-ci s'était lassée d'aller prendre à crédit chez les fournisseurs, qui se lassaient aussi de fournir sans être payés.

Lorsque madame Roc, c'était le nom de la cuisinière, venait trouver sa maîtresse pour lui demander de l'argent, celle-ci se renversait sur sa causeuse et portait un flacon sous son nez en s'écriant :

— Ah ! madame Roc !... que venez-vous me parler d'argent ! laissez-moi en repos, je vous en prie ! j'ai déjà mes vapeurs... vous allez m'irriter les nerfs...

— Mais, madame, cependant pour dîner...

— Ne me parlez pas de tout cela ! faites ce que vous voudrez ! je vous donne carte blanche !...

— Carte blanche... ce n'est pas de l'argent ça... et on m'en demande ; je ne peux pas dire au boucher : J'ai carte blanche pour payer votre filet.

— Dieu ! que vous m'étourdissez ! que vous me rendez malheureuse !...

— Mais, madame, quand je ne vous aurai pas fait à dîner... serez-vous contente ?

— Dieu ! que vous m'agacez, que vous êtes insupportable !... allez-vous-en ! je vous le répète ! laissez-moi.

Cette petite scène, qui se renouvelle fréquemment à Paris, doit donner une idée de ce qu'était la baronne de Grangeville. La cuisinière une fois partie, les choses s'arrangèrent mieux avec la femme de chambre ; celle-ci, habituée à flatter ses maîtresses pour se faire donner une robe ou une écharpe, savait aussi mille ruses pour renvoyer, dépister, tromper des créanciers, et c'était bien là la femme de chambre qu'il fallait à madame de Grangeville.

Cependant tout a une fin, la patience des créanciers comme la confiance des fournisseurs. S'apercevant un peu tard qu'elle allait se trouver dans une situation fort critique, après avoir mangé une partie de ses rentes, elle avait vendu le peu qui lui restait, et avec l'argent s'était imaginé de jouer à la Bourse. C'était un moyen comme un autre, c'était une chance aléatoire, on pouvait encore rêver la fortune, et pour les gens qui n'ont pas d'ordre, c'est un coup de maître de pouvoir compter sur le hasard.

Un matin, madame de Grangeville, qui venait de se lever et de prendre son chocolat à la vanille, dit à Lizida, sa cameriste, d'aller lui chercher un journal où il y ait le cours des chemins de fer et des actions industrielles.

La femme de chambre s'empresse d'obéir à sa maîtresse ; celle-ci se regardait dans une glace en chiffonnant sur sa tête un bonnet fort élégant qu'elle n'avait encore mis que trois fois, mais qui ne parvenait pas à la rajeunir autant qu'elle l'aurait voulu.

— Voici le journal, madame, dit Lizida en lorgnant le bonnet de sa maîtresse qui lui faisait grande envie. Je me suis informée des *Mouzaïa* ; madame n'a-t-elle pas des actions sur les *Mouzaïa* ?

— Oui, sans doute, j'en ai vingt... j'ai là-dedans mes dernières espérances...

— Qu'est-ce que c'est donc que des *Mouzaïa*, madame... une fabrique de sucre de canne?

— Hélas! non, ce n'est pas du sucre... Je crois que ce sont des mines de cuivre... en Algérie... je ne sais pas au juste... peu importe... une de mes amies a doublé son argent il y a six mois en achetant de ces actions... et j'espérais doubler le mien... mais jusqu'à présent je n'ai pas de chance... Trouves-tu que ce bonnet me va bien, Lizida?...

— Mon Dieu, madame, c'est drôle... si vous voulez que je vous dise mon avis...

— Certainement, puisque je te le demande...

— Eh bien! madame... qui est toujours si jolie... je ne sais pas comment cela se fait... mais avec ce bonnet-là... madame a un air sévère... sérieux...

— Dis donc tout de suite que cela me vieillit... car c'est cela que tu n'oses pas dire...

— Oh! ce n'est pas que madame puisse avoir l'air vieux... c'est impossible... mais madame a l'air moins sémillant, moins coquet... C'est cela, moins coquet...

Madame de Grangeville ôte le bonnet et le jette sur un meuble, en s'écriant :

— Tu as bien raison, Lizida... décidément ce bonnet me rend affreuse, je n'en veux plus...

— Oh! affreuse, est-ce que madame peut être affreuse quand... quand on est jolie comme madame...

— Taisez-vous, enfant... Prends ce bonnet, je te le donne, c'est pour toi, fais-en ce que tu voudras.

— Oh! madame est trop bonne... mais cependant... je ne voudrais pas que madame pût croire...

— Je te dis de prendre ce bonnet, je ne veux plus en entendre parler... va me chercher le petit bleu que je mettais avant d'acheter celui-ci.

Mademoiselle Lizida va en sautillant chercher la coiffure qu'on lui demande et la donne à sa maîtresse, puis elle se hâte de porter dans sa chambre le bonnet qu'on a payé trente-cinq francs et qu'on n'a mis que deux fois, en se disant :

— Je savais bien que je l'aurais !... Oh ! c'est qu'il est délicieux ! il me va comme un ange, et je le mettrai dimanche pour aller danser au Château des Fleurs... Oh ! comme c'est ça !...

Puis elle revient près de sa maîtresse qui a mis le bonnet bleu, et s'écrie :

— Oh ! comme madame est gentille avec celui-là... madame n'a que vingt-cinq ans... pas davantage... Ah ! si j'étais homme... comme je serais amoureux de madame...

— Tais-toi, folle ! le fait est que ce bonnet me va très-bien...

— Madame, il faut vous en faire faire bien vite un autre tout pareil...

— Oui, c'est ce que je compte faire... quand je serai en fonds... Voyons ce journal... ces cours... je n'y comprends pas grand'chose...

— Madame, on m'a dit que les Mouzaïa avaient monté...

— Vraiment! ah ! si cela se pouvait... moi qui ai acheté vingt actions au pair et ils sont tombés à quarante-huit francs... Voyons... montés de cinquante centimes ! c'est bien joli !...

— Madame n'a donc pas gagné...

— C'est-à-dire que si je vendais maintenant, des deux mille francs que j'ai mis là-dedans je n'aurais pas tout à fait mille francs... je perdrais plus de moitié !...

— Oh ! madame ! il ne faut pas vendre alors...

— Il ne faut pas vendre... mais il me faut de l'argent cependant... J'ai promis d'aller à Nogent chez ces Glumeau... où l'on doit donner une fête de famille... jouer la comédie...

— Ah ! les Glumeau... qu'est-ce que c'est que ça ?... des épiciers retirés...

— Non... ce sont... ma foi, je ne sais pas ce qu'ils ont fait, cela m'est égal... S'il fallait m'informer de tout cela... est-ce qu'on irait dans ce monde ?... mais ce sont de bonnes gens, on s'amuse chez eux, on y est comme chez soi... la société y est peut-être un peu mêlée... mais ne l'est-elle pas partout?... J'ai retrouvé chez M. Glumeau une personne que j'avais connue... autrefois, avant d'être mariée...

— Ah! il y a longtemps alors!

Mademoiselle Lizida n'a pas plutôt achevé ces mots qu'elle s'aperçoit qu'elle vient de dire une bêtise; elle se hâte de reprendre:

— Quand je dis il y a longtemps, c'est que je dis une sottise, je parle sans réfléchir... car enfin... je ne sais pas, moi, s'il y a longtemps que madame s'est mariée... pas plus que je ne sais depuis quand madame est veuve... Quelquefois on est veuve tout de suite... Un mari, ça ne dure pas toujours une année...

— Ah! ma pauvre Lizida! il y a encore bien d'autres choses que tu ne sais pas... et qui te surprendraient bien si je te les disais!...

Mademoiselle Lizida, qui est curieuse comme toutes les femmes de chambre, s'apercevant que sa maîtresse est dans un de ces moments où l'on aime à épancher ses secrets, à faire confidence de ces mystères les plus intimes qu'une femme se lasse toujours de garder pour elle seule, emploie d'abord sa tactique habituelle pour se faire bien venir de sa maîtresse.

— Mon Dieu! comme ce petit bonnet bleu va bien à madame... ça lui donne un air si gracieux... après ça, madame a toujours cet air-là.

— Oh! il y a des jours où l'on est mieux... tout le monde est comme cela; il est certain qu'aujourd'hui je suis dans un de mes beaux jours...

— Alors, il paraîtrait que madame s'est mariée très-jeune?...

— Oui... très-jeune, j'avais dix-sept ans... pas plus.

— Quelle jolie petite mariée madame devait faire!...

— Oui, tout le monde m'admirait!...

— Et le mari de madame... le baron de Grangeville était-il jeune?... était-il beau garçon?...

— Mais oui... mon mari était un bel homme, assez bien

le figure... l'air un peu sérieux... Croirais-tu, ma chère enfant, que j'en étais folle de ce monsieur !

— Tiens, madame, pourquoi pas ?... il y a des femmes qui adorent leurs maris, ça n'est pas très-commun, mais ça s'est vu...

— Oui, je l'adorais... la première année de notre mariage...

— Ah ! la première année seulement...

— Les hommes sont si peu de temps aimables...

— Oh ! comme madame a raison !... et le mari de madame était sans doute devenu comme les autres, bougon, humoriste, tracassier... Il y en a qui refusent tout à leur femme... jusqu'à un cachemire... et tout le monde sait qu'une femme qui va dans le beau monde ne peut point se passer de cachemire !... Par exemple ! de quoi aurait-on l'air !...

— Mon mari ne blâmait pas mon goût pour la toilette... d'ailleurs, j'avais ma fortune... je lui avais apporté en l'épousant douze mille francs de rente.

— Eh bien, si avec cela une femme n'était pas la maîtresse, ce serait joli !...

— De son côté, il avait, lui, près de vingt mille francs le revenu.

— Vous deviez tenir un bien beau train de maison !... Ah ! votre femme de chambre devait être bien heureuse ! madame est si grande... si généreuse !... Madame est née pour être servie, cela se voit tout de suite.

— Mais mon mari devint jaloux... oh ! mais d'une jalousie à se rendre ridicule !

— Ah ! voilà encore un des défauts de ces messieurs !... Etre jaloux !... et à quoi ça leur sert-il, je vous le demande ?... à rien du tout... au contraire à ennuyer leur femme !... et quand une femme s'ennuie... dame !... elle cherche une distraction quelconque ! Tenez, madame, puisque M. le baron était devenu si jaloux... il me semble que vous ne devez pas être bien fâchée d'être veuve... Dieu ! que madame a de jolies couleurs roses aujourd'hui...

Madame de Grangeville se sourit dans la glace qui est

devant elle, puis, se renversant dans un fauteuil, dit en poussant un petit soupir :

— Ah! Lizida... tu ne sais pas tout... ce que je vais te dire va bien te surprendre !... mais il faudra être bien discrète... n'en parler à personne !...

— Madame doit me connaître... elle sait que je ne suis pas bavarde... je me ferais plutôt hacher que de trahir un secret...

— Eh bien, ma chère, je ne suis pas veuve...

— Ah bah! il serait possible !... le mari de madame vit encore ?

— Oui, et je sais même par quelqu'un qui l'a rencontré, qu'il habite Paris en ce moment.

— Oh! en voilà une nouvelle... le baron de Grangeville qui existe !...

— Non pas le baron de Grangeville, car ce n'est pas ainsi qu'il se nomme... mais en quittant mon mari, j'ai pris un autre nom... je ne voulais plus porter le sien.

— Je comprends... madame n'est point baronne pour de bon alors...

— J'étais comtesse, Lizida, ce qui est bien plus encore... car mon époux est comte !

— Oh! pardon, madame, pardon... madame la comtesse... Ah! c'est gentil à dire cela... madame la comtesse; permettez-moi de vous appeler comme cela, madame?

— Non pas, tu t'y habituerais... d'ailleurs, je ne le veux plus... cela me rappellerait un temps que je veux oublier...

— Ah! c'est juste au fait, puisque madame a été si malheureuse avec son mari au point d'être obligée de le quitter... au bout de plusieurs années sans doute ?

— Mais non... Il y avait trois ans à peine que nous étions mariés, lorsque nous nous sommes séparés !

— Que trois ans !... ce n'est guère ! il a été tout de suite bien méchant, ce mari-là ?

— Oui... il a été tout de suite... fort ridicule !

— Madame n'avait pas d'enfants !

— Non, je n'en avais pas.

— C'est bien plus heureux, car quelquefois on se dispute à qui aura les enfants... ou à qui ne les aura pas; au lieu que, quand il n'y en a pas, « adieu, bonsoir... nous ne pouvons plus vivre ensemble, quittons-nous! » N'est-ce pas, madame, cela se fait ainsi?

— Pas tout à fait aussi facilement... quand on veut se séparer... devant la justice... et c'est ce que nous avons fait... monsieur de... mon mari ayant sa fortune, et moi la mienne... chacun a repris son bien...

— Ah! bon... mais si votre mari mourait, hériteriez-vous madame?

— Non, vraiment, il ne me reviendrait pas un sou...

— Comme c'est injuste ça!... Voyez! une pauvre petite femme se donne à un homme qui la rend malheureuse... et s'il meurt, elle n'hérite pas!... et M. le comte, votre mari a au moins ses vingt mille francs de rente, lui?

— Oh! depuis plus de dix-neuf ans, il paraît qu'il a au moins doublé sa fortune dans des entreprises... des spéculations.

— Comment! il y a dix-neuf ans que madame a quitté son mari?...

Madame de Grangeville fait un petit mouvement d'humeur, la femme de chambre se hâte de reprendre:

— Non, non, ce n'est pas possible, madame s'est trompée... c'est sans doute neuf ans qu'elle a voulu dire...

— Oui, tu as raison, je me suis trompée... il y a beaucoup moins... et d'ailleurs qu'importe?... il ne faut plus songer à cela...

— Pardon, madame, ne vous fâchez pas de ce que je vais vous dire... c'est une idée qui me passe et que je vous soumets...

— Parle donc, tu sais bien que je ne me fâche jamais, moi!...

— Eh bien... puisque le ci-devant mari de madame est si riche... quand madame se trouve... gênée... assiégée par ces imbéciles de créanciers.... comme nous le sommes depuis quelque temps... si madame envoyait demander à M. le comte.. quelques billets de mille francs... est-ce qu'il les lui refuserait?...

— Ah! Lizida!... cela est impossible!...

— Pourquoi donc cela? mais que madame me dise le nom et l'adresse de son mari, et je me chargerai volontiers de la commission, moi!

— Cela est impossible, Lizida, parce que je ne le veux pas... parce que jamais je ne m'adresserai au comte... Non, j'aimerais mieux être privée de tout que de lui faire connaître ma position.... D'ailleurs il répondrait: Vous aviez votre fortune, madame, il fallait la conserver!...

— Conserver!... conserver!... c'est bien facile à dire... mais madame a si bon cœur, elle est si grande, si généreuse... madame a une trop belle âme pour savoir calculer... fi donc... ce sont les petits bourgeois qui calculent!...

— Ah! ils ont raison peut-être.

— Madame qui n'est pas veuve, je n'en reviens pas! C'est donc pour cela que madame ne se remarie point... Voyez comme on a tort de défendre le divorce.

— Si du moins ces maudits Mouzaïa étaient revenus au prix où je les ai achetés... il me faut absolument de l'argent... je vais dans quatre jours à Nogent... on joue la comédie, il y aura beaucoup de monde, il me faut un autre chapeau... le mien n'est plus assez frais...

— Ah! il est certain qu'il commence à n'être plus digne de madame... et madame est toujours si bien mise... aussi tout le monde admire sa tournure!...

— Oui, autrefois j'étais une des femmes que l'on citait pour leur toilette... je donnais les modes...

— Madame les donnerait toujours si elle voulait...

— Dis donc si je le pouvais, ma pauvre Lizida!... Ah! écoute... on a sonné... si c'est M. de Merval, tu laisseras entrer: c'est la personne que j'ai rencontrée chez les Glumeau.

— Et si c'est un *anglais*...

— Un créancier! eh! mon Dieu! tu sais bien ce qu'il faut leur dire, tu as l'habitude de recevoir ces gens-là.

— Oh! oui, madame, je l'entortillerai.

XVII

Un ancien ami.

La femme de chambre est allée ouvrir. Madame de Grangeville se met de nouveau devant sa toilette, et chiffonne son bonnet et ses cheveux. Chercher à plaire, à paraître jeune, est chez elle un désir tellement identifié avec sa nature, qu'elle irait se regarder à son miroir avant de laisser entrer un ramoneur dans son appartement.

Mais personne ne paraît; seulement un bruit de voix se fait entendre dans la pièce d'entrée : cela dure assez longtemps. Madame de Grangeville, qui devine ce que c'est, s'est rejetée dans son fauteuil et se remet à parcourir le journal comme si ce qui se passe dans son antichambre ne la regardait pas.

Au bout de quelque temps la porte du carré est refermée, et mademoiselle Lizida reparaît en s'écriant :

— Ah! que ces gens-là deviennent insupportables... ils ne veulent plus savoir vivre... j'ai cru que cela n'en finirait pas...

— Qui était celui-là?

— Eh! mon Dieu! c'est cet imbécile d'épicier en face... qui se donne le genre de venir lui-même, à présent !

— L'épicier !... mais que puis-je devoir à un épicier... je ne mange pas chez moi... c'est-à-dire on prend dehors...

— Sans doute on ne fait pas de cuisson chez madame, mais je lui fais du chocolat cependant, nous prenons donc du chocolat, ensuite de la bougie... madame en use beaucoup... il me faut à moi de l'huile pour le modérateur, ensuite il faut du sucre... on ne peut point se passer de sucre... puis du thé... puis du café... j'en prends le matin, moi. Puis du savon... des mèches... des chimiques... que sais-je? cela n'en finit pas... quoiqu'on ait l'air de ne prendre rien ; enfin, il réclame un total de quatre-vingt-seize francs !...

— Tant que cela pour des misères...

— Oui, madame... Ah! c'est le sucre qui va vite... quand on prend du thé !

— Eh bien ! on le payera quand on aura de l'argent...

— C'est ce que je lui ai dit; mais croiriez-vous, madame, qu'il a osé me répondre : — Votre maîtresse a bien de l'argent pour prendre des voitures, car elle en prend assez souvent pour sortir, elle peut bien en avoir pour payer son épicier !

— Ah ! quelle horreur !... mais c'est ignoble... Comment ! il faudra que je me gêne pour prendre une voiture à cause d'un méchant créancier ?...

— Oui, madame... on en est là... C'est la suite des révolutions !...

— Lizida ! tu ne prendras plus rien chez cet homme, je te le défends !...

— Oh ! madame n'a pas besoin de me le défendre... il n'y a pas de danger que je retourne chez lui... d'ailleurs, il ne me donnerait plus rien à crédit !... il a dit que si d'ici à deux jours il n'avait pas reçu d'argent, il irait chez le juge de paix...

— Eh bien ! qu'il aille chez son juge de paix !... je n'irai pas moi, voilà tout... Qu'on est malheureuse d'avoir affaire à de semblables gens !... Ah ! mon Dieu... on sonne encore... est-ce qu'il reviendrait, ce cuistre ?...

— Pour le coup, je vais prendre mon balai, et si c'est encore l'épicier, je lui balaye les mollets !...

Mademoiselle Lizida est ressortie la tête montée. Madame de Grangeville écoute avec un peu d'émotion cette fois, mais aucune voix ne s'élève, ce n'est point un créancier. La femme de chambre reparaît avec une autre figure :

— M. de Merval demande s'il peut présenter ses hommages à madame la baronne ?

— Oui, sans doute, faites entrer.

Et la baronne se hâte de donner de nouveau un coup d'œil à la glace, d'arranger ses cheveux et de prendre une pose gracieuse dans son fauteuil.

M. de Merval est introduit ; il se présente avec cette exquise politesse qui le distingue, et va prendre un siége près de madame de Grangeville, qui lui dit avec son plus gracieux sourire :

— Je suis bien heureuse que vous vous soyez rappelé la promesse que vous m'aviez faite chez M. Glumeau... Je n'y comptais pas trop !...

— Pourquoi donc cela, madame ? pensez-vous que je n'aie pas aussi été charmé de retrouver, de revoir une personne qui m'a transporté aux beaux jours de ma jeunesse... en souvenir, à la vérité ; mais ce sont des souvenirs trop agréables pour qu'ils s'effacent jamais entièrement...

— Ce cher Armand !... Pardon, me permettez-vous de vous appeler encore ainsi ?...

— C'est une marque d'amitié dont je vous remercie !...

— J'étais demoiselle quand je vous ai connu... nous nous trouvions souvent ensemble dans les mêmes réunions... puis vous vîntes chez mon oncle...

— Oui, madame, oui, les soirées chez monsieur votre oncle étaient charmantes... vous en faisiez les honneurs avec tant de grâce... aussi on se regardait comme très-heureux quand on était sur la liste de vos invités...

— En effet, on faisait de la musique... on chantait... Vous rappellez-vous la petite Dumesnil, comme elle chantait faux ?...

— Je me souviens surtout que vous chantiez comme un ange... nous dansions aussi assez souvent...

— Oui, pendant que les gens raisonnables faisaient le

whist, ou la bouillotte... vous valsiez parfaitement, Armand, vous étiez notre meilleur valseur...

— En effet, la valse était ma spécialité...

— Et vous n'avez jamais pu faire aller en mesure la grande Adèle Brillange... vous souvenez-vous... une assez jolie blonde ?...

— Ma foi, je ne m'en souviens guère... Écoutez donc... il y a bien vingt-trois ou vingt-quatre ans de cela!...

Madame de Grangeville se pince les lèvres, assez mécontente de ce que son ancienne connaissance se rappelle si bien les dates.

— Valsez-vous toujours, monsieur de Merval?...

— Oh! madame... c'est fini, j'ai fait mon temps...

— Eh! mon Dieu, on croirait, à vous entendre, que nous sommes du temps de Louis XVI!...

— On ne le croirait pas en vous voyant, madame ; le temps n'a pas marché pour vous.

Ce compliment ramène la sérénité sur le front de madame de Grangeville, qui reprend en minaudant un peu :

— Ah! vous êtes toujours aimable... que ne suis-je encore à cette heureuse époque... Dites-moi donc, Armand, il me semble... que vous me faisiez la cour alors... oui... vous étiez fort empressé près de moi...

M. de Merval semble assez embarrassé ; il promène ses regards dans le salon et reprend enfin :

— Je ne m'en défends pas, madame, mais je me rappelle aussi que dès que le comte de Brévanne fut présenté chez vous, m'apercevant que son amour était parfaitement accueilli, je ne songeai plus qu'à faire une retraite honorable... et j'eus raison, puisque le comte devint votre époux...

— Oui, il devint mon époux...

— Ce fut un mariage d'inclination... n'est-ce pas, madame ?

— Eh! mon Dieu, est-ce qu'on... sait ?... quand on est si jeune... On se figure toujours qu'on éprouve de l'amour... on ne sait pas seulement ce que c'est... Vous avez dû être bien surpris en apprenant que je n'étais plus avec M. de Brévanne...

— Oui, madame... et pourtant ce sont de ces choses qui arrivent assez souvent.

— Tenez, Armand ! je suis fâchée de ne point vous avoir épousé... nous ne nous serions pas quittés, nous...

M. de Merval hoche légèrement la tête et répond en souriant :

— Mais on ne sait pas... on ne sait pas !...

Madame de Grangeville rougit, puis elle se donne un air grave :

— Vous avez peut-être cru à toutes les calomnies que M. de Brévanne n'aura pas manqué de répandre sur mon compte !...

— Moi, madame, je n'ai rien su... rien entendu... M. de Brévanne est un homme de trop bonne compagnie pour dire des choses qui pourraient nuire à votre réputation...

— Oh ! monsieur, quand les hommes sont jaloux !... quand ils se croient... trompés... ils sont parfois si absurdes...

M. de Merval ne répond pas, il continue de promener ses regards dans le salon, et semble péniblement affecté du peu d'accord qui règne dans l'ameublement.

— Oui, dit madame de Grangeville après un assez long silence, les femmes sont toujours les victimes... c'est leur lot... les hommes ont fait les lois pour eux... nous sommes les plus faibles de toutes les façons... il nous faut supporter les mauvais procédés... les scènes violentes... les sarcasmes de ces messieurs... Voyez-vous, Armand, tous les torts sont du côté des hommes... je le sais, moi, pauvre épouse abandonnée !...

M. de Merval, que les jérémiades de son ancienne connaissance semblent fort peu convaincre, dit alors :

— Et M. de Roncherolle... qu'en avez-vous fait, madame ? c'était un cavalier fort aimable... fort galant... et qui avait de grands succès près des femmes... Joli garçon, franc buveur, d'une bravoure à toute épreuve... il avait tout ce qu'il faut pour réussir.

La physionomie de l'épouse abandonnée vient de changer complétement, ses lèvres se serrent, son front se plisse, ses yeux prennent une expression vague, et elle répond d'un ton assez sec :

— Pourquoi donc vous adressez-vous à moi pour avoir des nouvelles de M. de Roncherolle?... qui vous fait présumer que je puis vous en donner?...

— Mon Dieu, madame, je ne pensais pas vous offenser en vous adressant cette question; mais un de mes bons amis vous ayant rencontrée, il y a treize ou quatorze ans, dans les Pyrénées, aux eaux de Bagnères, je crois,.. m'a dit qu'alors vous voyagiez en commun avec Roncherolle... c'est ce qui me faisait penser que vous entreteniez encore quelques relations avec lui...

Madame de Grangeville se trouble et balbutie :

— Ah! oui... en effet... lorsque je voyageais dans les Pyrénées, j'ai rencontré M. de Roncherolle... et pendant quelque temps nous avons fait route ensemble... Eh bien! monsieur de Merval, est-ce que vous voyez du mal à cela?... Après tout, n'étais-je pas libre de voyager avec qui bon me semblait.., puisque depuis plusieurs années déjà j'étais séparée d'avec mon mari?...

— Madame, j'ai déjà eu l'honneur de vous dire que je ne vois jamais de mal nulle part... je vous répète ce qu'on m'a rapporté... nous parlons de nos anciennes connaissances, voilà tout... Et dans vos affaires d'intérêt, j'aime à croire que vous n'avez pas souffert, madame?... vous aviez une fortune indépendante?...

— Ah! oui, en effet, j'avais une fortune... je l'avais...

— Comment! est-ce que vous auriez eu à supporter quelque banqueroute?

— Mais je crois que oui... et puis... vous savez,.. les femmes s'entendent si peu à gérer leurs biens...

— Mais quand il ne s'agit que de toucher ses rentes, on n'a pas besoin d'hommes d'affaires pour cela...

La sonnette se fait entendre de nouveau. La baronne tressaille; M. de Merval prend son chapeau en disant :

— Il vous vient du monde, je vais vous laisser, madame.

— Mais non... ne partez donc pas encore, je vous en

prie... ce n'est pas une visite... je n'attends personne...
on ne vient plus me voir maintenant!...

La pauvre femme a dit ces mots si tristement que
M. de Merval en est touché : il remet son chapeau sur la
chaise et ses yeux s'arrêtent de nouveau sur diverses parties de l'ameublement qui trahissent évidemment la situation déplorable de la propriétaire. Tout en faisant
ainsi sa revue, et pour ne pas laisser voir ce qui l'occupe
il se met à parler de la famille Glumeau ; mais bientôt une
voix rauque se fait entendre dans la pièce d'entrée, et
domine celle de Lizida, qui fait pourtant son possible pour
la couvrir.

Madame de Grangeville tâche alors de parler aussi plus
haut pour que l'on n'entende pas l'altercation qui a lieu
dans son antichambre. Elle essaye même de rire.

— Ah! oui... ah! ah! ah! c'était bien comique la soirée
de ces bonnes gens... il y avait là des figures si originales
on m'avait placée à table à côté d'un vieux monsieur qui
ressemblait à un hibou... ah! ah! ah!

Mais le bruit de l'antichambre ne cesse pas; madame de
Grangeville ne rit que du bout des dents. M. de Merval,
tout en voulant ne pas faire attention, ne saurait, à moins
de se boucher les oreilles, faire autrement que d'entendre
une voix de Stentor qui s'écrie :

— Je ne m'en irai pas ! je veux de l'argent !... j'ai dit
à ma femme : On te fait promener pour ton mémoire, je
vais y aller moi-même... ah ! flchtre... je ne m'en irai pas
sans argent !...

M. de Merval, qui depuis quelques instants est devenu
pensif et préoccupé, dit tout à coup à son ancienne amie :

— Mon Dieu ! que je suis étourdi, madame ! je savais
bien que j'avais encore quelque chose à vous dire... mais
en causant je l'avais oublié... c'est une bagatelle... une
dette dont je désire m'acquitter... si vous voulez bien me
le permettre...

— Que voulez-vous dire ?... je ne vous comprend pas...

— Voilà ce que c'est... la dernière fois que je me suis
trouvé avec M. de Brévanne... il y a fort longtemps de
cela, nous avons joué, et j'ai perdu avec lui cinq cents

francs sur parole... je n'avais pas d'argent sur moi... depuis j'ai en vain tenté de rejoindre le comte... il avait brusquement quitté Paris... Ma foi, puisqu'aujourd'hui je retrouve sa femme, je demande à m'acquitter d'une dette qui me pèse. Si vous voulez bien me permettre de vous donner cette somme, ce sera me rendre service...

Madame de Grangeville rougit légèrement tout en répondant :

— Mais je ne sais si je dois accepter... nous n'étions pas en communauté de biens avec M. de Brévanne...

— Oh! je n'entre pas dans tous ces détails! reprend M. de Merval tout en tirant de son portefeuille un billet de cinq cents francs qu'il pose sur une table. Je paie une vieille dette que j'avais sur la conscience et ce n'est pas une ancienne amie qui voudrait m'empêcher d'accomplir ce devoir ; adieu, madame, je suis obligé de vous quitter, veuillez recevoir l'hommage de mon respect.

M. de Merval baise la main de la baronne et sort vivement ; en passant dans l'antichambre, il aperçoit un monsieur qui se promène le chapeau sur la tête sans écouter les supplications de mademoiselle Lizida. Cet individu regarde d'un air assez impertinent la personne qui sort ; mais M. de Merval n'y fait guère attention, il est satisfait d'avoir mis son ancienne amie à même de se débarrasser de ce monsieur.

Madame de Grangeville n'a pas été dupe de la petite histoire inventée par M. de Merval pour l'obliger ; elle se dit :

— C'est fort gentil de sa part... c'est très-délicat ce qu'il a fait là... mais après tout, il est riche... il a deviné que j'avais besoin d'argent, il m'en prête... c'est tout simple... Lizida! Lizida!...

La femme de chambre accourt et demeure toute saisie en voyant sa maîtresse lui présenter un billet de banque.

— Tiens, ma chère, va changer cela...

— Oh! madame! cinq cents francs que c'est joli!...

— Quelle est cette canaille qui est là-dedans ?

— Le mari de votre couturière, il réclame le total du mémoire, cent vingt-trois francs...

— Emmène-le avec toi... tu le payeras...
— Entièrement ?...
— Il le faut bien... sa femme travaille à ravir... et j'ai toujours besoin d'elle... va, tu ramèneras un coupé, j'irai m'acheter un chapeau...
— Oui, madame... Ah ! et l'épicier d'en face ?...
— Que lui doit-on à celui-là ?
— Quatre-vingt-seize francs...
— Tu lui donneras dix francs à compte, c'est bien assez.

XVIII

La maison de Nogent. — Répétition.

Tout se préparait à la maison de campagne de M. Glumeau pour la fête qu'il avait annoncée depuis longtemps à ses amis et connaissances. Le jour était arrêté, les invitations faites. On avait invité quatre fois plus de monde que la maison n'en pouvait contenir, mais à défaut de la maison il y avait un jardin, et en sus du jardin, il y avait un bois de deux arpents environ ; la société qui ne pourrait pas trouver de place dans la maison avait la ressource du bois et du jardin ; à la campagne il y a toujours moyen de s'arranger.

La maison de campagne de M. Glumeau était cependant assez grande et fort bien distribuée ; le jardin était joli et bien planté, mais ce qui faisait surtout le charme de cette propriété, c'était le petit bois qui en dépendait. Malheureusement, ce bois n'était pas annexé au jardin, il en était séparé par un petit sentier, large de dix pieds tout au plus, et dont les habitants du pays avaient la jouissance. Mais la grille du jardin était en face de la porte du bois, et le sentier était si vite franchi, qu'on ne remarquait plus cette séparation. Ce qui manquait à cette campagne, c'était de l'eau ; mais en attendant qu'il lui arrivât une rivière, M. Glumeau avait fait faire derrière son théâtre un petit bassin large comme deux tonneaux, et dans lequel, au besoin, on aurait pu prendre un bain de pieds.

C'était dans ce petit bois, clos par un treillage assez serré et que soutenaient de loin en loin de forts pilastres en moellons, que M. Glumeau avait eu l'idée de faire bâtir un petit théâtre.

Rien ne manquait à la scène : coulisses, portants, cintre, rideau d'avant-scène. Seulement, lorsque l'action de la pièce se passait dans une forêt, au lieu de mettre un rideau de fond, on ne mettait que des coulisses, et le bois formait ensuite une décoration naturelle et une perspective ravissante qu'il n'y a pas moyen d'avoir même au grand Opéra.

On avait couvert le théâtre par un toit en planches, ce qui mettait les décorations et les acteurs à l'abri d'un orage. Mais comme il n'y avait pas de salle, comme les spectateurs se plaçaient tout simplement dans le bois, en face du rideau d'avant-scène, il était urgent pour le public que le temps fût beau, car la pluie aurait bien vite chassé les spectateurs et rendu la salle déserte.

Les amis qui avaient pris des rôles dans les pièces que l'on devait jouer, venaient deux fois par semaine passer la journée chez Glumeau afin de répéter.

Très-souvent le temps se passait et on ne répétait pas ; les hommes jouaient au billard ou à la bouillotte, les dames allaient se promener à âne ou sans âne ; parfois quelqu'un se mettait au piano et l'on chantait. On se mettait tard à table, on y restait fort longtemps. Quand on en sortait, on n'avait pas la moindre envie d'étudier son rôle, on se mettait à danser, à polker, à valser ; c'était presque toujours ainsi que se passaient les répétitions ; mais on s'était amusé, le but était rempli.

Cependant, lorsqu'on vit le grand jour arriver, on commença à se dire : Il faut pourtant répéter. M. Glumeau, qui se portait très-bien depuis quelque temps, était d'une humeur charmante et voltigeait sans cesse de l'un à l'autre, en regardant ses pieds ; il donnait des conseils, des avis à tout le monde, et voulait que l'on mêlât dans les pièces de la pantomime aux paroles et de la danse à la pantomime ; il transformait tout en ballet.

Le spectacle arrêté se composait de *Œil et Nez*, vaudeville en un acte à trois personnages, joué par madame Dufournelle, le jeune Astianax et M. Mangeot.

Cette pièce, facile à répéter et n'ayant presque pas de mise en scène, était à peu près sue ; le jeune Astianax répondait qu'elle irait comme sur des roulettes, et qu'il ne fallait plus s'en occuper.

La seconde pièce était encore un vaudeville : *Il y a plus d'un âne à la foire*. Dans celle-là il y avait sept personnages : quatre hommes et trois femmes ; les rôles d'hommes étaient confiés à MM. Glumeau, Mangeot, Astianax et Kingerie ; les actrices étaient mesdemoiselles Eolinde, Polymnie et Mangeot.

M. Glumeau avait le rôle le plus important, celui de M. Pincette, créé avec beaucoup de succès par Serres aux *Folies-Dramatiques*. Le rôle était très-long, M. Glumeau avait jugé inutile de chercher à se le fourrer dans la tête, où il était certain qu'il ne parviendrait pas à le faire entrer, mais il s'en reposait sur le souffleur pour suppléer à sa mémoire, et au besoin comptait remplacer par de la pantomime et quelques pas de danse ce qu'il ne saurait pas de dialogue.

Mais c'était pour la troisième pièce que l'on réservait tous les grands effets, toutes les surprises, tout ce que l'on avait de plus beau en décorations et ce que l'on aurait de plus étonnant en costumes. Cette pièce était *Roderic et Cunégonde*, ou l'*Ermite de Montmartre*, ou la *Forteresse de Moulinos*, ou le *Revenant de la Galerie de l'ouest*, excellente parodie de mélodrames, en quatre tableaux, *lardée* comme le dit la brochure, de danse, combats, évolutions, incendie et démolition.

Cette pièce, qui se passe où l'on veut, permet les costumes les plus fantastiques. On avait confectionné des sabres et des poignards en bois, avec lesquels on devait exécuter les combats. Chambourdin, fort lié avec plusieurs artistes dramatiques, avait promis d'apporter des costumes ; les figurants devaient être représentés par le jardinier et sa famille, et tous ceux que cela amuserait. Enfin l'élite de la troupe jouait dans cette pièce : mademoiselle Eolinde ferait *Cunégonde*, son frère *Roderic*, M. Glumeau jouait le tyran *Sucripandos;* le chef des brigants *Détroussandos* était confié à un jeune pharmacien de la plus belle espérance nommé Fourriette, et qui voulait toujours répéter ses combats avec les sabres de bois. M. Mangeot représentait l'*Ermite;* le rôle du valet *Malinot* était revenu de droit au jeune Kingerie. Pour avoir un second rôle de femme, on avait fait du *Petit-Colas* la petite Colette, et mademoiselle Polymnie avait accepté ce bout de rôle à cause du costume. Il y avait aussi un rôle d'enfant. Le fils du jardinier Pichet, petit garçon de cinq ans, qui ne se mouchait jamais, mais que ses parents avaient promis de moucher ce jour-là, était chargé de représenter le fils de *Roderic* et de *Cunégonde;* son père, le jardinier, s'était vanté de lui apprendre les quelques mots dont se composait le rôle, il lui inculquait dans la tête avec accompagnement de coups de pied au derrière, ce qui donnait au petit garçon peu de vocation pour le théâtre.

Enfin les trois voleurs parlants, qui sont encore dans la pièce, devaient être joués par Chambourdin et deux de ses amis. Chaque rôle n'ayant que quatre lignes, on espérait que ces messieurs parviendraient à les savoir.

Le grand jour est arrivé ; le temps est beau et promet une journée et une soirée magnifiques, ce qui est d'abord indispensable pour la fête. Dès le point du jour tout le monde est sur pied à la campagne de M. Glumeau. La grosse Lolotte, quoiqu'elle ne joue pas, est une de celles qui ont le plus à faire ; comme maîtresse de maison, ne faut-il pas qu'elle surveille tout, qu'elle sache si rien ne manquera au spectacle, puis au bal qui doit suivre la représentation, puis au souper qui doit suivre le bal ! car il n'y a point de bonne fête sans souper ; ceci est un principe si bien admis que les personnes qui vous reçoivent sans vous avoir offert cette réfection doivent être classées parmi les gens qui ne savent point recevoir.

Ceux qui jouent dans la représentation doivent venir de bonne heure, car on a senti la nécessité de répéter encore, parce qu'il y a mille choses, mille détails de mise en scène dont on ne s'aperçoit qu'au moment de jouer ; il est alors un peu tard pour les répéter, mais on suppléera par le zèle au temps que l'on n'a plus.

M. Glumeau s'est levé léger comme une plume, il ne se sent pas le plus petit *bobo*, il continue de danser ses rôles ; il mêle assez souvent celui du tyran *Sacripandos* avec le personnage de *Pincette* dans le vaudeville. Mais à la rigueur, il est probable que le public ne s'apercevrait pas de ce mélange. Tout en courant à son bois donner un coup d'œil à son théâtre, il rencontre sa femme, qui revient de chez le meilleur traiteur du pays.

— Eh bien, chère amie, nous sommes heureux, nous aurons un temps superbe, un temps qui semble fait pour nous.

— Oui, Dieu merci, il fait beau... mais je n'en puis plus, je suis déjà sur les dents... je ne sais pas si je pourrai me tenir sur mes jambes ce soir...

— Pourquoi te fatiguer autant ! est-ce qu'il n'y a pas la bonne, la jardinière, son mari pour faire ce que tu veux ?...

— Ah ! bien, ça serait joli, ça irait bien ce soir si je m'en fiais à ces gens-là... la jardinière est si bête, elle a déjà cassé trois verres à quinquets et un globe ! son mari est déjà un peu gris... s'il continue il sera gentil ce soir...

— Sois tranquille, je vais lui parler... Qu'as-tu donc tant à faire encore ?... le souper se compose presque entièrement de pièces froides... tu avais arrangé tout cela d'avance... le traiteur sait ce qu'il doit envoyer...

— Et le dîner, monsieur, est-ce qu'il n'y faut pas penser aussi ?...

— Le dîner... oh ! mais c'est avec nos intimes, c'est tout à fait sans façon...

— Sans façon tant que vous voudrez, mais nous sommes encore au moins quatorze ou quinze, et il faut, ce me semble, quelque chose pour ce monde-là...

— C'est mon couplet sur l'air du *Maçon* que j'ai de la peine à me rappeler... *Je vais la revoir !... Ah ! Ah !* Tant pis, je ferai une pirouette... Dis donc, Lolotte, j'ai bonne mine, n'est-ce pas... j'ai le teint frais ?...

— Oui... vous êtes superbe... Ah ! à propos, mon ami, j'avais oublié de te dire que j'ai invité ce monsieur qui a une si belle propriété de l'autre côté de notre bois.

— Qui... M. Malberg ? ce monsieur qui ne parle à personne, qui ne se promène jamais où il y a du monde, enfin qui vit dans sa campagne comme un loup sans voir aucun de ses voisins.

— Je sais fort bien qu'on dit tout cela dans le pays... mais ils sont si méchants, si mauvaises langues dans ces campagnes... d'une noisette ils font tout de suite un potiron... Ce qu'il y a de certain, c'est que ce monsieur a toujours été fort poli avec nous, c'est lui qui salue le premier dès qu'il nous rencontre... et ce monsieur-là a l'air très comme il faut...

— A quoi vois-tu cela ?...

— A son air, à sa tournure... et puis il a un mulâtre à son service, c'est très-distingué, cela !

— Ce n'est pas plus cher qu'autre chose !... *Je vais la revoir, ah !...*

— Enfin, hier, dans la journée, me trouvant dans le petit sentier avec ce monsieur, qui se rangeait fort poliment pour me laisser passer, je lui ai dit : « Monsieur, demain nous jouons la comédie sur notre petit théâtre dans ce bois, si cela pouvait vous être agréable de venir nous voir, nous serons flattés de vous avoir pour public. » Il m'a saluée en me répondant : « Vous me faites beaucoup d'honneur, madame, je tâcherai de profiter de votre aimable invitation. »

— Ah ! il a répondu cela... il ne viendra pas.

— Peut-être ; moi, j'ai idée qu'il viendra...

— Après tout tu as bien fait... il y a toujours de la place dans notre salle, et plus nous avons de public, plus cela électrise les acteurs. *Je vais la revoir... ah !... ah !...* Dis-moi donc la suite ?

— Est-ce que je la sais, moi ? il fallait apprendre ton rôle.

— Merci, me fatiguer la tête, pour me donner la fièvre ! pas si bête... quand je ne saurai pas, je dirai la première chose venue... Et Astianax, et Eolinde, où sont-ils ?

— Ils apprennent leurs rôles, il n'y a pas moyen de les approcher !...

Sur le midi les acteurs commencent à arriver... C'est Dufournelle et sa femme : le mari porte un énorme paquet, car ces dames ont leur costume de théâtre, puis leur toilette pour le bal. Mademoiselle Polymnie arrive ensuite avec son père, M. Camuzard, qui porte aussi un paquet ; puis M. Mangeot et sa sœur : ceux-ci ont chacun leur paquet.

— Mais pourquoi vous être chargés de tant de choses, dit Glumeau, puisque Chambourdin a promis des costumes ?...

— Ah ! oui... comptez donc sur M. Chambourdin, dit madame Dufournelle ; je me suis fait moi-même mon costume !... c'est une cuisinière que je joue, j'ai emprunté un bonnet à ma bonne.

M. Camuzard, qui est vexé qu'on ne lui ait confié aucun rôle, ne cesse de répéter :

— Vous serez bien heureux, au moment de jouer, s'il ne vous manque pas quelqu'un... Dans une partie comme celle-ci, il arrive toujours des accidents... des indispositions comme au théâtre... je m'étais offert... mais on n'a pas voulu de moi...

— Vous savez bien que vous soufflerez, monsieur Camuzard... vous soufflez si bien !

— Je veux bien souffler une pièce, mais pas trois, c'est trop fatigant.

— Je soufflerai tout ce qu'on voudra et tant qu'on

voudra, moi, dit le gros Dufournelle ; n'ayez pas peur, je suis solide, le souffle ne me manquera pas...

M. Camuzard, qui voit que l'emploi de souffleur va encore lui échapper, reprend bien vite :

— Après cela, quand je serai en train, il ne m'en coûtera pas plus de souffler les trois pièces...

— Répétons, répétons, mes enfants, ne perdons pas de temps, dit M. Glumeau. Les deux petites pièces marchent assez bien ; mais c'est *Roderic et Cunégonde* qui ne va pas... Il y a tant de mise en scène... Astianax, va chercher les sabres de bois, que nous répétions aussi les combats...

— Est-ce que vous aurez beaucoup de monde ce soir ? dit madame Dufournelle.

— Ah ! je le crois bien ! un public d'élite ; j'ai invité plus de cent personnes, des gens de lettres, des journalistes, des artistes ; je ne vous parle pas des habitants du village et des environs qui viennent pour voir la comédie... Quand je ne leur permets pas d'entrer, ils font le diable, ils assiégent, brisent mon treillage.

— Ceci représente le public du paradis à Paris, c'est souvent celui qui juge le mieux.

— Astianax, as-tu dit à ton voisin M. Jéricourt de venir ?...

— Oui, papa, et il amènera un de ses amis, un jeune homme qu'on prendrait pour un mannequin tant il est bien mis ; M. Arthur de Saint-Alfred... non... je me trompe... c'est Alfred de Saint-Arthur.

— Oh ! Saint-Arthur ! Alfred ! ce doit être une blague que ce monsieur-là !

— Madame, je vous assure que c'est un fort joli garçon... au théâtre il ne va qu'aux avant-scène !...

— Du moment qu'il ne va qu'aux avant-scène, dit Dufournelle, c'est nécessairement un jeune homme très-haut placé...

— Répétons, mes enfants, répétons.

— Mais nous ne sommes pas encore complets, il manque le jeune Kingerie et M. Fourriette le pharmacien...

— Moi je ne... ne... veux point me ba... battre avec

M. Fourriette ! dit mademoiselle Éolinde, il me donne toutou... toujours des coups de sabre sur les doigts...

— C'est qu'il met trop d'action dans son jeu... ces pharmaciens sont généralement très-chauds... d'autant plus qu'ils sont presque tous du Midi... Pourquoi le Midi fournit-il plus de pharmaciens, d'apothicaires que le Nord ? voilà une question que je me suis souvent posée... Qu'en dites-vous, messieurs ?...

— Cela me semble facile à comprendre, dit M. Dufournelle. C'est parce que c'est toujours au midi que l'on place les cadrans solaires.

— Oh ! très-joli... très-joli !...

— Je n'ai pas compris, dit M. Camuzard en se mouchant.

Enfin on voit surgir sur la route messieurs Kingerie et Fourriette ; le premier, toujours aussi gauche, commence par renverser une caisse de cactus qui se trouve dans une allée où il y a cependant pour passer plus de place qu'il ne lui en faut. Quant au pharmacien, jeune, brun, assez joli garçon, il arrive frisé, bichonné, le jarret tendu et faisant le l'œil à toutes les dames, auxquelles il ne manque pas d'offrir des pastilles qu'il a fabriquées lui-même.

— Prenez garde, mesdames, prenez garde, dit Dufournelle, c'est bien imprudent d'accepter des pastilles de monsieur... vous ne savez pas ce qu'il a pu mettre dedans !... il est capable de vous faire avaler quelque chose qui vous rendra amoureuses de lui...

— Si j'avais ce secret, je ne manquerais pas d'en faire usage, répond M. Fourriette en continuant de présenter sa boîte et de sourire aux dames.

— Ah ! ma foi tant pis ! je me risque ! dit mademoiselle Mangeot en fourrant ses doigts dans la bonbonnière.

— Il me semble, dit tout bas mademoiselle Dufournelle, que ce n'est pas elle qui se risque en ce moment !... Tant pis, je me risque aussi, moi.

— Répétons, mes enfants, répétons... vous voyez bien que la journée se passe... vite au théâtre, nous sommes complets.

— Sauf les trois voleurs qui parlent.

— Nous passerons cette scène...

— Et l'enfant... il nous faut l'enfant... il faut s'assurer s'il sait son rôle...

— Astianax, va donc chercher le petit Codinde, le fils du jardinier...

— Voilà le jardinier lui-même qui vient par ici... il a l'air de vouloir vous parler...

— Diable ! mais il me fait l'effet d'avoir déjà un petit coup de soleil, ce gaillard-là.

M. Pichet, le jardinier, se dirigeait en effet du côté de la société, et comme il sentait bien lui-même que ses jambes vacillaient légèrement sous lui, pour se donner de l'aplomb il marchait très-lentement et tâchait de se tenir la tête en arrière et le corps droit.

— Pichet ! allez nous chercher le petit Codinde, votre fils, dit M. Glumeau, nous avons besoin de lui pour répéter, allez vite.

Au lieu d'obéir à son maître et d'aller chercher Codinde, le jardinier tâche de se caler et répond d'une voix empâtée :

— C'est pas possible, monsieur, c'est pas possible !... c'est justement au sujet de Codinde que je voulais parler à monsieur.

— Est-ce qu'il lui serait arrivé quelque chose ?

— Il lui est arrivé une indigestion... nous avons cru qu'il allait étouffer... il était violet.

— Que le diable soit de vous !... Pourquoi bourrez-vous votre fils de façon à ce qu'il soit malade ?

— C'est pas nous, monsieur... le gueulard se bourre bien soi-même. Comme il y a gala dans la maison, il aura trouvé ben des choses à licher... dame ! vous comprenez... les enfants, c'est pas raisonnable...

— Avec cela que vous lui donnez un si bel exemple...

— Moi, monsieur... j'ai pas mangé, sauf votre respect, gros comme vot' pouce d'aujourd'hui.

— Non, mais vous avez bu en revanche.

— J'ai bu très-sobrement... d'ailleurs, le vin ne m'incommode jamais... vu la grande habitude.

— Ainsi, Pichet, votre fils ne sera pas en état de jouer ce soir ?

— Il n'y faut pas compter... ce petit animal a la fièvre... et la courante, sauf votre respect, que ça ne le quitte pas ! c'est un va z'et vient continuel.

— Nous voilà bien... et il est trop tard maintenant pour apprendre à un autre le rôle de Codinde !

— Monsieur, si vous le permettez, moi je remplacerai très-bien mon petit... je sais son rôle, puisque je lui serinais toute la journée.

— Vous, Pichet, vous feriez le rôle de l'enfant ?

— Eh ! mais, dit Dufournelle, dans une pièce qui est une parodie des mélodrames, il me semble que ce sera même plus drôle de voir jouer ce rôle par un grand gaillard comme cela.

— C'est votre avis ?... alors je le veux bien, moi... Pichet, on pourra donc compter sur vous ?

— Pisque je vous dis que je sais le rôle : le petit est caché, les voleurs sont là, et quand il voit qu'on veut tuer son père, il accourt comme un cabri.

— C'est bien cela, et il dit aux voleurs : *Messieurs, par pitié ne faites pas de mal à papa...* Vous rappellerez-vous cette phrase-là ?

— Oui, monsieur, je vous dis que je la sais.

— Alors, allez vous reposer... ne buvez plus d'ici à ce soir et soyez présentable au moment où l'on jouera.

— Monsieur sera content.

Le jardinier s'éloigne, tout fier de jouer le rôle de l'enfant ; et les amateurs courent au théâtre où l'on tâche de répéter le moins mal possible ; mais en essayant le combat au sabre qui termine la pièce, le jeune Kingerie, chargé du rôle de Malinot, et qui a beaucoup de peine à apprendre les *quatre coups*, que son adversaire Astianax s'applique à lui montrer, invente inopinément un cinquième coup qu'il frappe sur le nez du fils de la maison.

Astianax pousse des cris aigus et croit son nez jeté à bas. On s'empresse autour de lui et on le rassure, il en sera quitte pour avoir le nez enflé et une entaille dessus. Fourriette s'empresse de bassiner la partie malade, et au moyen d'une compresse, qu'il engage le blessé à porter jusqu'au soir, il pense que le nez reprendra son état normal. Mais il est ordonné au jeune Kingerie de ne pas se servir de son sabre, même pour faire l'exercice.

L'heure du dîner est arrivée, quatre garçons machinistes, attachés à un spectacle de Paris et que Glumeau a loués pour faire le service de ses décorations, arrivent et cherchent le théâtre.

— Comment, vous faites venir des garçons de théâtre, s'écrie Dufournelle, mais nous aurions placé les décorations, nous autres... nous aurions servi de machinistes.

— Ah! oui, dit Éolinde, avec ça que c'est gentil quand ce sont des amis qui font aller tout cela. Une fois, nous avons compté sur eux, ils n'ont jamais pu placer en décors que des coulisses de caverne avec un fond de salon... et ils n'ont pu allumer que deux quinquets, après avoir cassé les autres.

— Ce qui m'inquiète, c'est Chambourdin... Chambourdin qui ne paraît pas. Comment ferons-nous, dit Glumeau tout en regardant ses pieds? Moi qui comptais sur lui... je n'ai pas de costume de chevalier.

— Et moi, dit Astianax, il m'avait promis pour Roderic le costume de *Robins des Bois*.

— Ah! messieurs, il fallait faire comme moi, dit le pharmacien; vous arranger votre costume vous-même. Je me suis fait, moi, un bandit italien dont vous me direz des nouvelles!

— Est-ce que la pièce se passe en Italie?

— Je l'ignore... mais qu'importe? pourvu qu'il soit joli.

— Le voivoi... le voilà! crie mademoiselle Éolinde. Un cacabriolet s'arrête à la grille... il y a un... un gros paquet dedans... C'est M. Chambour... din!...

— Oui, c'est lui... allons tout est sauvé, dit Glumeau, il a été plus exact que d'ordinaire.

Chambourdin arrive en effet avec un énorme paquet de costumes, il a des casques, des cuirasses, des tuniques, des bottes à entonnoir, des perruques, des pourpoints, des maillots, enfin de quoi déguiser toute la troupe; on pousse des *hurra*, on emporte Chambourdin en triomphe, on propose de l'embrasser; il s'écrie qu'il aime mieux dîner. Alors on court se mettre à table, et le gros Dufournelle fait observer qu'on n'a pas besoin de se presser, parce que la société ne doit pas venir de bonne heure, et qu'en mangeant trop vite les personnes qui jouent risqueraient d'étouffer en scène.

Malgré cette recommandation, les dames se hâtent et laissent ces messieurs à table, afin d'aller essayer leurs costumes. Les hommes profitent de cette liberté pour boire davantage et dire des gaudrioles. Dufournelle, qui ne joue pas, fait sauter les bouchons du champagne en disant :

— Allons, messieurs, cela vous donnera de l'aplomb, de la verve ! avec une petite pointe vous jouerez bien mieux !

Le jeune Kingerie, qui sent le besoin de vaincre sa timidité habituelle, avale coup sur coup plusieurs verres de champagne, et bientôt les yeux lui sortent de la tête. M. Camuzard boit pour mieux souffler ; le petit Astianax qui, depuis quelque temps, a pris des manières très-régence, porte des *toast* aux danseuses de la Porte-Saint-Martin, et aux écuyères de l'Hippodrome. Chambourdin boit à tout ce qu'on veut. M. Mangeot boit aux succès des artistes. M. Glumeau propose sa propre santé, et le gros Dufournelle, tout en ne disant rien, boit quatre fois plus que les autres.

Mais en buvant, en riant, en causant, ces messieurs oubliaient l'heure.

— Et tout à coup le petit Astianax s'écrie :
— Ah ! mon Dieu ! déjà du monde qui arrive.

XIX

Spectacle dans un bois.

On était dans les plus longs jours de l'été ; aussi, quoiqu'il fût près de huit heures, les jardins n'étaient pas encore sombres, et l'on pouvait voir derrière la grille affluer un grand nombre de personnes qui venaient pour la fête. Les dames étaient en toilette, parce qu'elles savaient qu'après le spectacle on les ferait danser ; les hommes avaient aussi fait des frais, car tout en se disant : « A la campagne, c'est sans façon ! » on veut plaire à la campagne tout aussi bien qu'à la ville.

— Diable ! diable ! dit Chambourdin en lorgnant les dames qui arrivent. Mais voilà qui n'est pas trop déchiré... Quelle est cette brune, haute en couleur et coiffée à la Fontange?... elle a un petit air mutin qui me séduit beaucoup... Est-ce un produit de l'endroit ?

— Oui, cette dame est du pays, ou du moins elle y a des propriétés...

— A-t-elle un mari ?

— Elle en a un qui a trois fois son âge.

— Alors, c'est à peu près comme si elle n'en avait pas.

— Elle est fort gaie, fort rieuse ; elle monte à cheval, elle fait des armes, elle polke à ravir.

— Sapristi, monsieur Glumeau, pourquoi donc ne lui avez-vous pas fait jouer la comédie?... J'aurais été enchanté de me battre avec elle.,.. de faire les quatre coups avec cette femme-là.

M. Glumeau n'est plus là, il est allé revoir sa société, mais le petit Astianax que le champagne rend très-loquace, répond :

— Ma mère et ma sœur n'aiment pas beaucoup madame Boutillon... c'est le nom de cette jolie brune... elles prétendent qu'elle a un genre trop libre avec les hommes.

— Oh! c'est bien ça!... voilà bien les dames... lorsque parmi elles il s'en trouve une qui a les allures plus dégagées, la tournure plus leste, qui ne cherche pas ses phrases et dit tout franchement ce qu'elle pense, tout de suite elle a mauvais genre!... elle est trop libre!... Je m'en fiche, je les aime comme ça, moi, et je soignerai la petite Boutillon!...

— Ah! messieurs, voilà Miaulard.

— Bonsoir, Miaulard ; es-tu toujours enroué?...

— Ça va mieux... ça va beaucoup mieux!...

— Bah! on dirait cependant aujourd'hui que tu peux à peine parler...

— Oui, mais la dernière fois je ne pouvais pas parler du tout.

— Ah! messieurs, voilà la baronne... la fameuse baronne de... de chose...

— De Grangeville. Belle toilette!...

— Quelle tenue!... elle a dû être extrêmement jolie cette femme-là...

— Ah! voilà mon ami Jéricourt, l'homme de lettres... avec M. Alfred de Saint-Arthur.

Astianax court au-devant de son ami, qui regarde déjà d'un air moqueur les jardins et les personnes qu'il aperçoit dedans.

— Bonsoir, cher voisin... c'est bien aimable à vous de vous être rappelé notre invitation...

— Je n'aurais eu garde d'y manquer... cher Astianax ; on assure qu'on s'amuse beaucoup chez vous... et qu'on y soupe très-bien... Ah! permettez que je vous présente mon ami, M. de Saint-Arthur...

— Monsieur, bien flatté... j'ai eu l'honneur de voir monsieur avec vous...

— C'est vrai, nous nous sommes rencontrés sur le boulevard...

— Devant une jolie bouquetière...

— Oui! oui... je ne m'en cache pas, je suis un de ses admirateurs...

— Moi je l'étais... mais elle a diantrement perdu dans mon estime... depuis ce certain jour... Vous vous rappelez, monsieur Jéricourt...

— Oh! très-bien... mais après tout, qu'est-ce que cela doit vous faire?... La bouquetière n'en est pas moins jolie...

— Sans doute!... mais, moi, qui la croyais l'innocence même.

— Oh! oh! s'écrie le petit maître Saint-Arthur, en essayant de fourrer la tête de sa canne dans son nez, une bouquetière qui serait une vertu!... ce serait donc la huitième merveille du monde... Mais où donc est votre théâtre, monsieur?...

— Tout à l'heure vous le verrez... Ah! j'aperçois ma mère et ma sœur, je vais vous présenter, messieurs.

— C'est cette grande perche qui est sa sœur, murmure Saint-Arthur à l'oreille de Jéricourt.

— Oui, mon cher, je ne vous conseille pas de lui donner le bras; vous auriez l'air d'être sa poupée!

— Soyez tranquille, je n'en ai pas envie... quel dommage que Zizi ne soit pas avec nous... je vois qu'il y aura de quoi blaguer ici! Comme elle s'amuserait... je crois que nous allons un peu rire à leur comédie!... Mais que veut-on faire de toutes ces chaises que l'on sort du jardin... Est-ce qu'on déménage ici!...

— Ce sont des sièges que l'on porte au théâtre, dit madame Glumeau en saluant très-gracieusement ces messieurs, qui, à peine arrivés, s'occupent déjà à se moquer de tout ce qu'ils voient, c'est-à-dire des sièges pour les spectateurs... Ah! messieurs, vous seriez bien aimables de donner un petit coup de main... d'aider à transporter des chaises dans le bois...

— Elle est étonnante cette dame! murmure le beau

Saint-Arthur en se tournant vers Jéricourt. Est-ce que nous sommes venus ici pour porter des chaises ?...

— Allons, Alfred, soyez gentil, ou je ne vous mènerai plus à la campagne... Voyez donc, mais il y a de très-jolies femmes ici... moi, je me dévoue, je porte des chaises.

Le jardin commençait à se remplir d'invités, les uns qui arrivaient de Paris, les autres qui étaient de la localité. Le jour baissait, et cette demi-obscurité ajoutait au piquant de la fête. Quelques dames s'étaient par hasard ou à dessein éloignées de leurs maris qu'elles avaient soin de ne point retrouver, mais des cavaliers galants s'empressaient d'offrir leurs bras pour les aider dans leurs recherches.

Chambourdin ne manque pas de profiter de cette occasion pour s'approcher de madame Boutillon ; la jolie petite brune s'était empressée de perdre son mari fort peu de temps après être arrivée ; le jeune homme chauve court lui offrir son bras en lui disant :

— Vous cherchez monsieur votre époux, acceptez mon bras, madame, je vous guiderai... je connais la maison...

— Moi, monsieur, mais je ne cherche pas du tout mon mari, répond la petite dame en riant ; je n'ai pas peur qu'il se perde...

— Oh ! alors c'est différent... venez dans le bois, madame, je vais vous conduire au théâtre, je vais vous placer...

— Volontiers, monsieur.

En ce moment madame Glumeau se dirige vers la grille avec une foule de dames, en criant :

— Dans le bois, messieurs, tout le monde au théâtre... il faut se placer cela va bientôt commencer.

La société suit madame Glumeau dans l'enceinte qui fait face au théâtre. Tous les siéges sont bien vite occupés, mais la plupart des hommes se placent derrière, et se tiennent debout contre des arbres. Le craquement qui se fait dans le treillage qui sert de clôture annonce qu'il y a aussi en dehors du bois un public qui veut jouir du spectacle, quoiqu'il n'ait pas été invité.

Les artistes mâles s'habillaient dans la salle de billard, les dames dans la maison. Au moment de commencer, on s'aperçoit qu'il manque des accessoires indispensables ; alors on va du théâtre à la maison, de la maison au théâtre ; on ne voit que des gens qui courent en criant :

— Le panier !... il faut un panier !...

— Et la lettre pour M. Astianax ?...

— Et une table ?... il faut une table... et un tapis dessus !...

— Il faut un poêle, où est le poêle ?...

— Il n'y en a pas... prenez une futaille vide, ça représentera très-bien un poêle...

— Il faut un pâté... il y a un repas.

— Prenez un pot de fleur vide, ça remplacera le pâté.

— Il faut une bouteille de champagne...

— Il y a une bouteille d'eau de seltz derrière la première coulisse... ça part comme du champagne...

Tous ces incidents retardent le lever du rideau ; mais ici le public ne murmure pas, il rit et s'amuse de tout ce qu'il voit. Enfin un amateur armé d'un violon, et un autre tenant dans ses bras une clarinette, qu'il porte comme s'il tenait un enfant, viennent s'asseoir devant le théâtre.

Quant au souffleur, comme il n'y a pas de trou pour lui, il se tient derrière le rideau d'avant-scène.

— C'est vraiment fort gentil ce théâtre au milieu d'un bois ! dit madame de Grangeville, qui est assise près de madame Glumeau.

— Oh ! vous allez voir, madame la baronne, quand la toile se lèvera ; nous avons des décorations charmantes, un salon Pompadour peint par M. Devoir ; c'est ravissant...

— Que va-t-on nous donner ?

— On commence par *OEil et Nez*, un petit vaudeville joué par madame Dufournelle, mon fils et M. Mangeot... Mais c'est singulier... j'ai beau regarder autour de nous... je n'aperçois pas madame Boutillon... cependant je suis bien certaine qu'elle est venue avec son mari...

— Qu'est-ce que c'est que madame Boutillon ?
— C'est une jeune dame qui habite ce pays en été, comme nous... elle avait une toilette fort originale, fort jolie.
— Si cette dame a une jolie toilette, il n'est pas possible qu'elle se soit cachée... elle doit être par ici...
— Mais non... j'ai beau regarder...
— Chut! silence, on commence.

On vient en effet de frapper les trois coups. L'amateur qui tient son violon part et joue l'ouverture de *Fra-Diavolo*; la clarinette part quelques mesures après et joue l'ouverture du *Jeune Henri*; ces deux messieurs vont ainsi pendant quelque temps à qui ira le plus vite, persuadés qu'ils finiront par se rattraper et se trouver ensemble; le public ouvre ses oreilles avec surprise, les plus adroits se les bouchent.

— Sapristi! qu'est-ce qu'ils nous jouent là? murmure un indigène en regardant son voisin, qui répond tout bas:

— Je ne sais pas! mais c'est un fameux charivari.

Enfin le violon s'arrête, mais la clarinette va toujours.

— Nous n'y sommes pas... ce n'est pas cela! crie l'amateur en agitant son archet.

La clarinette ne veut rien écouter; elle continue son *Jeune Henri*; heureusement le rideau se lève, les acteurs entrent en scène, la clarinette va toujours, on est obligé de se précipiter sur l'amateur et de lui arracher son instrument.

La petite pièce marcherait assez bien si madame Dufournelle riait moins et si M. Mangeot regardait moins le souffleur, ce qui du reste ne lui sert à rien, parce que M. Camuzard, chargé de cet emploi, ayant par trop abusé du champagne, a la bouche pâteuse au point de ne pouvoir parler et passe son temps à feuilleter la brochure, en disant à l'acteur qui attend sa phrase:

— Attendez que j'y sois, je n'y suis pas!... nous avons le temps!... ils ne demanderont pas leur argent!... Heureusement les acteurs ne tiennent pas compte de ces avis, et, en dépit du souffleur, le premier vaudeville, qui fait beaucoup rire, s'achève au milieu des applaudissements de la compagnie.

Dès que la première pièce est finie, madame Glumeau se lève afin de chercher de nouveau où peut être madame Boutillon, dont le mari est bien tranquillement en train de causer dans un groupe d'hommes qui s'est formé aux abords du théâtre.

— Puisque son mari est là, il faut bien que cette dame soit aussi parmi le public, à moins qu'elle ne soit montée sur le théâtre... elle en est bien capable...

— Ah! voyez donc cette dame qui est assise sur une branche d'arbre! s'écrie en ce moment la clarinette à son voisin le violon. En voilà une idée... si la branche cassait, nous verrions de jolies choses...

— C'est elle! c'est madame Boutillon! dit madame Glumeau en regardant la personne qui a jugé convenable de se percher.

Chambourdin, qui avait pris le bras de la petite dame brune sous prétexte de la bien placer pour voir le spectacle, l'avait emmenée en effet dans le bois, dont il connaissait tous les détours ; mais, au lieu de la conduire du côté du théâtre, il avait pris le chemin opposé, et s'était bientôt trouvé avec madame Boutillon dans les sentiers déserts et où l'on ne voyait goutte, car on n'avait placé des lanternes que dans les allées qui menaient au théâtre.

La petite dame brune, s'apercevant un peu tard que son conducteur ne la menait pas vers la société et qu'il lui donnait le bras comme s'il voulait la faire valser, veut s'arrêter en disant :

— Mais où donc me menez-vous, monsieur? on ne voit pas clair du tout par ici...

— Ça ne fait rien, madame... ne craignez pas que je m'égare : je suis comme les chats, je vois clair la nuit...

— Mais moi, monsieur, je ne suis pas comme les chats... je préférerais marcher où c'est éclairé... nous n'avons pas pris le chemin qui mène au théâtre...

— Nous y arrivons également par ici, tous les chemins y conduisent.

Celui-ci doit être le plus long...

— Avec vous, madame, le plus long sera encore le plus court...

— C'est très-aimable ; mais ne me tenez donc pas ainsi, je vous en prie...

— Si vous vouliez faire un tour de valse...

— Vous êtes fou... sans voir clair...

— Ça ne fait rien... au contraire, ça étourdit moins.

— En vérité, monsieur, vous avez des idées bien originales ; mais je veux allez voir le spectacle... vous serez cause, monsieur, que je ne trouverai plus à me placer...

— Quant à cela, madame, je me fais fort de vous donner une des meilleures places... venez madame...

— Oh ! monsieur, vous ne m'égarerez plus... ce n'est point par là qu'il faut aller, c'est par ici.

La petite brune a pris le bon chemin cette fois, et, sans vouloir écouter Chambourdin, elle arrive enfin devant le théâtre ; mais, ainsi qu'elle l'avait prévu, toutes les chaises étaient occupées.

— Eh bien ! monsieur, que vous avais-je dit ?... voyons, montrez-moi cette place si bonne que vous me réserviez...

— Par ici, madame... vous allez voir...

Et Chambourdin conduit la jeune dame devant un immense châtaignier dont les branches s'étendent fort loin en formant mille contours bizarres.

— Tenez, madame, voulez-vous être bien placée ?... voyez cet arbre... cette première branche qui est très-basse vous offre un siége et même un fauteuil... car les branches qui s'élancent derrière semblent placées là exprès pour qu'on s'appuie dessus... Quant à la solidité, vous pouvez être tranquille, la branche porterait quinze personnes comme vous... De là, vous dominerez sur tout le monde, vous serez infiniment mieux pour voir que toutes ces dames assises là... Voulez-vous me permettre de vous placer là-dessus... madame, rien de si facile... je vais vous faire un marchepied.

Madame Boutillon rit aux éclats de la proposition que lui fait ce monsieur ; mais, comme elle est elle-même fort originale et qu'elle aime surtout à se singulariser, elle accepte et répond :

— Allons, monsieur, faites-moi la courte échelle, que je monte à ma stalle.

Le jeune homme s'était empressé d'obéir en offrant ses mains et ses épaules ; cette manière de monter sur l'arbre était un peu scabreuse pour une dame, et tous les hommes témoins de cette scène avaient envié la position de celui qui servait d'échelle à madame Boutillon ; mais cette dame était montée si lestement, elle s'était retournée sur l'arbre avec tant de désinvolture, que tout le monde avait applaudi à son ascension. Quant à Chambourdin, il était resté au-dessous de la jolie brune, à laquelle ses épaules servaient de petit banc pour appuyer ses pieds, et pour tout au monde il n'aurait pas abandonné sa place.

Madame Glumeau, qui s'est tournée du côté du châtaignier, s'adresse à madame Boutillon :

— Mon Dieu, madame !... que faites-vous donc là ?... quelle idée d'être montée sur cet arbre !...

— C'est pour bien voir le spectacle, madame ; toutes les places étaient prises en bas ; et j'aime à être bien placée...

— De grâce ! descendez, madame Boutillon, je vais vous donner ma chaise... j'en trouverai une autre... venez donc... vous ne pouvez pas rester en l'air...

— Pourquoi donc cela ? il me semble que je ne gêne personne ici, et, comme je suis parfaitement bien, j'y reste.

— Elle est extraordinaire !... dit madame Glumeau en se tournant vers les personnes qui l'entourent. Elle veut toujours faire autrement que les autres !...

— Si cette dame tient à se mettre en évidence, dit madame de Grangeville, il me semble qu'elle ne pouvait pas mieux se placer.

La maîtresse de la maison quitte un moment sa place, et s'approche du groupe où est M. Boutillon ; elle parvient jusqu'au vieux monsieur et lui dit :

— Monsieur Boutillon... voyez donc madame votre épouse qui est assise sur une branche d'arbre... je crains qu'il ne lui arrive quelque accident... dites-lui de descendre ! je l'en ai priée, elle ne m'écoute pas...

— Tiens !... tiens !... c'est ma femme qui est là-haut ?... répond le mari en regardant en l'air. Oh ! cela ne m'étonne pas... elle a toujours aimé à monter sur les arbres... c'est un véritable écureuil que Zéphirine !... elle est forte, et cependant elle est très-légère... Un jour, à une fête de village, elle a voulu monter à un mât de cocagne... elle avait mis un pantalon... elle aurait atteint le prix si son pantalon ne s'était pas déchiré ! ce qui la contraignit à redescendre. Oh ! nous avons bien ri !...

— Mais, monsieur Boutillon... si madame tombait, il n'est pas probable qu'elle ait mis un pantalon pour venir ici danser...

— Ça ne fait rien !... soyez tranquille, je réponds de tout !...

— Du moment que le mari répond de tout, madame, dit Jéricourt d'un air moqueur, il me semble que vous n'avez plus le droit de vous inquiéter !...

— Allons nous placer sous le châtaignier, Jéricourt ! dit le petit Saint-Arthur en entraînant son ami l'homme de lettres.

— Ah ! mon cher Alfred, vous êtes un libertin ! vous voulez voir la feuille... sens dessus dessous... Allons ! je me laisse entraîner.

Au moment de regagner sa place, madame Glumeau aperçoit son fils qui court d'un air effaré dans le bois en criant :

— Miaulard ! Miaulard ! où est Miaulard ?

— Qu'y a-t-il donc, Astianax ? tu as l'air bouleversé... Que veux-tu donc à M. Miaulard ?

— Eh mais, nous voulons qu'il vienne remplacer Kingerie... Au moment de commencer. *Il y a plus d'un âne à la foire*, nous nous apercevons que Kingerie n'est pas sur le théâtre ; nous l'appelons, nous le cherchons partout... Enfin Dufournelle entend des gémissements partir du côté du bassin... Il y court, il trouve Kingerie qui était tombé dedans... il paraît que, resté dans la salle de billard pour s'habiller, il s'était aperçu qu'il était en retard, alors il s'est mis à courir... il ne s'est pas rappelé que dans le bois il y avait un petit bassin... il est tombé dedans...

— Par exemple... il l'a donc fait exprès?... un bassin qui n'a pas dix pieds de tour!... Est-ce qu'il a trouvé le moyen de se noyer aussi?...

— Non, il l'aurait voulu qu'il n'aurait pas pu... il n'y a pas trois pieds d'eau... mais le champagne qu'il avait bu, sa chute dans l'eau... il s'est trouvé mal; il est hors d'état de jouer et il faut que Miaulard le remplace... Dis au public de prendre patience... Miaulard! Miaulard!...

Madame Glumeau retourne à sa place; elle fait part à la société de l'accident qui vient d'arriver à un des artistes amateurs, et réclame l'indulgence pour celui qui va le remplacer; ce petit *speach* terminé, la maîtresse de la maison est sur le point de s'asseoir, lorsqu'elle aperçoit un peu à l'écart un monsieur debout contre un arbre, qui semble occupé à passer en revue les personnes rassemblées là.

— Eh! mais, j'étais bien certaine qu'il viendrait, moi... dit madame Glumeau en se rasseyant à côté de madame de Grangeville. Oh! c'est une grande faveur qu'il nous fait... car jusqu'à présent il avait refusé toutes les invitations... il n'était allé nulle part...

— De qui donc parlez-vous, madame?

— D'un de nos voisins, nommé M. Malberg... qui possède une superbe propriété tout près de la nôtre... et qui a la réputation de vivre comme un ours, de ne voir personne... Il a pourtant fort bonne tournure, ce monsieur...

— Où donc est-il, votre ours?

— Là-bas, sur la droite... Tournez-vous un peu... vous pourrez le voir tout à votre aise... quant à lui, en ce moment il ne regarde pas de notre côté...

Madame de Grangeville suit l'indication que madame Glumeau vient de lui donner, et bientôt elle aperçoit M. Malberg, qui était isolé et semblait vouloir se tenir loin de tout ce monde qu'il regardait comme s'il y eût cherché quelqu'un.

Les yeux de la baronne se sont arrêtés sur ce monsieur, ils ne peuvent plus s'en détacher, et à mesure qu'elle le considère, ses traits s'altèrent, une pâleur effrayante couvre son visage, une profonde émotion se manifeste dans toute sa personne. Madame Glumeau ne remarque pas le trouble de sa voisine, parce qu'elle cause avec le violon et la clarinette, qui lui proposent de jouer quelque chose pour charmer les loisirs de l'entr'acte; mais, heureusement pour le public, on frappe es trois coups, et bientôt la seconde pièce commence.

Madame Glumeau pousse doucement sa voisine qui regarde toujours de côté, en lui disant :

— C'est commencé... c'est commencé... Vous allez voir jouer mon mari, il a un rôle très-important !... il y est charmant... il y fait mille folies... ma fille et mon fils jouent aussi, la pièce est très-bien montée !

Madame de Grangeville ne semble point entendre ce que dit madame Glumeau, car elle continue de regarder de côté sans paraître s'occuper du spectacle; mais tout à coup cependant, elle détourne la tête et reprend sa position naturelle ; c'est que M. Malberg vient aussi de se retourner de son côté, et qu'elle n'a pas osé affronter son regard.

Le second vaudeville est *enlevé*, comme on dit en style de coulisses. Le remplacement du jeune Kingerie par M. Miaulard ne nuit nullement à la pièce. Ce dernier étant extrêmement enroué, on ne l'entend pas parler, ce qui lui évite la peine de savoir son rôle. Cependant on remarque que M. Glumeau, qui a dansé tout son personnage pendant les trois quarts de la pièce, est beaucoup moins gai vers la fin.

Après le vaudeville, comme on s'attend à un entr'acte assez long pour préparer les décorations de la grande pièce et laisser aux acteurs le temps de changer de costume, il se fait un mouvement général dans le public. Les hommes vont se promener dans le bois en fumant leur cigare, les dames vont causer entre elles, et quelques-unes s'enfoncent aussi sous l'ombrage où on les entend souvent rire aux éclats, pourquoi ? on ne l'a jamais su.

— C'est fort original, ce théâtre dans ce bois, dit Jéricourt à son ami Alfred ; d'honneur je ne m'imaginais pas que ce serait aussi amusant... Voyons, Saint-Arthur, allons faire un tour sur le théâtre pour voir tout cela de près. Est-ce que vous comptez rester continuellement planté sous ce châtaignier ?... oh ! mon cher, vous auriez beau secouer l'arbre, cette dame ne tombera pas comme une prune... d'ailleurs elle a sous ses pieds un cavalier qui n'a pas l'air de vouloir la perdre de vue...

— Mais si je grimpais aussi sur l'arbre, moi...

— Ah ! ce serait, il est vrai, un moyen de vous rapprocher de cette dame... mais réservez cela pour plus tard, attendez que la dernière pièce commence.

Le petit lion se laisse emmener par son ami sur le théâtre, où ils ne trouvent pas une seule actrice, ces dames étant allées s'habiller ; mais en revanche ils y voient le jeune pharmacien dans son costume du chef de bandits *Détroussandos*, qui répète avec Miaulard son rôle, ses combats et ses évolutions, ce dernier s'étant chargé aussi du rôle de Malinot, que l'infortuné Kingerie devait remplir dans *Roderic et Cunégonde*.

Le costume de M. Fourriette se composait uniquement d'un maillot couleur de chair par-dessus lequel il avait passé un tout petit caleçon de bain, rouge et noir, puis d'une veste, d'une ceinture et d'un chapeau gris à grands bords rabattus.

— Diable ! mais voilà un brigand qui tient à faire voir comment on est bâti, dit Jéricourt.

— N'est-ce pas, messieurs, que mon costume est joli, dit le pharmacien en s'adressant aux deux jeunes gens, qu'il reconnaît pour leur avoir vendu plusieurs fois des pilules et autres préparations pharmaceutiques.

— Tiens, c'est M. Fourriette... je ne vous avais pas reconnu... ah ! vous jouez dans la pièce qu'on va donner ?...

— Oui, messieurs, je fais le brigand *Détroussandos ;* je suis bien habillé, hein ?...

— C'est-à-dire que vous n'êtes pas habillé du tout... il est extrêmement risqué, votre costume !

— En quoi donc ? j'ai un maillot...

— Oui, mais il vous pince tellement qu'on croirait que vous n'en avez pas...

— Tant mieux... d'ailleurs j'ai un caleçon...

— Qui ne vous vient pas à mi-cuisse...

— Messieurs, j'aime la vérité en tout : ceci est le vrai costume du brigand italien !...

— Il est heureux que vous n'ayez pas joué la création du monde, vous auriez voulu représenter Adam avec le costume du temps !

— Ma foi ! ce serait plus exact...

— J'aime à croire que vous aurez un manteau au moins.

— Oui, j'en ai un, mais je ne le mettrai pas... je le tiendrai seulement sur mon bras.

— Décidément, vous voulez faire des conquêtes.

— Pourquoi pas ! j'ai aperçu une petite dame... sur une branche... fichtre ! messieurs, quelle jolie brune... quel bel oiseau !... Allons, monsieur Miaulard, répétons notre combat au sabre. Une, deux, en dessous ; trois, quatre, en dessus.

— Eh ! messieurs, on ne sait plus si on jouera la pièce, dit M. Mangeot arrivant dans son costume d'ermite, avec un immense morceau de ouate de coton, qu'il s'est collé sur le menton, et qui joue la barbe blanche à ravir.

— Comment ? qu'est-ce donc ?...

— Qu'est-il arrivé ?

— Est-ce que quelque acteur est encore tombé dans le bassin ?

— Je demande qu'on le vide tout de suite et que cela finisse...

— Non, messieurs, ce n'est pas cela, personne n'est retombé dans le bassin... il n'y avait que Kingerie capable d'un pareil tour de force ; mais c'est M. Glumeau qui se plaint, qui prétend qu'il ne sait pas s'il pourra jouer...

— Ah ! bon !... Qu'est-ce qu'il a donc maintenant?

— En jouant tout à l'heure son rôle de Pincette, vous avez dû voir qu'il était d'abord d'une gaieté charmante, il ne faisait que sauter, pirouetter... il a chanté tous ses couplets en se tenant sur ses pointes... c'est un vrai zéphir !... mais vers la fin, en voulant encore pirouetter d'un bout à l'autre de la scène... qui cependant n'est pas large, il paraît qu'il lui a pris une douleur dans le côté... il se sera tourné de travers... c'est quelque nerf froissé... beaucoup moins que cela peut-être ; mais vous connaissez M. Glumeau... qui se croit malade pour la plus petite chose... Depuis ce moment il est très-inquiet, il marche en boitant, en se tenant de côté ; à chaque instant il veut qu'on le frotte ; il redoute une fluxion de poitrine...

— Eh bien, qu'on donne son rôle à Chambourdin...

— Chambourdin !... il ne faut pas même compter sur lui pour faire un des voleurs parlants. Il s'est fourré presque sous les jupons d'une dame qui est assise sur une branche d'arbre... Tout à l'heure je lui ai crié : Venez donc nous habiller en voleur ! il m'a répondu : Je suis ici par la volonté de madame, je n'en sortirai que par la force des baïonnettes !...

— Sapristi ! il faut cependant que nous jouions la pièce ! s'écrie le pharmacien, qui tient beaucoup à se faire voir en maillot ; est-ce que monsieur ne se sentirait pas de force à jouer ce rôle à l'improviste ?

C'est au beau petit Saint-Arthur que le pharmacien vient de s'adresser. Le jeune lion, toujours brûlant du désir de faire de l'effet, est séduit par cette proposition et s'écrie :

— A-t-on un joli costume ?

— On se met comme on veut...

— Oh ! pardieu, alors, ça me va, j'accepte ; seulement, comme je n'aurais pas le temps d'apprendre le rôle, je le jouerai en pantomime.

— Excellente idée... cela vaut celle de la *Dame blanche* exécutée sans musique.

— Comment, Saint-Arthur, vous allez vraiment jouer ? dit Jéricourt.

— Oui... oui... oh ! j'ai idée d'un costume qui dégottera celui de Fourriette ! je vais me couvrir de feuillages...

Mais en ce moment on entend le jeune Miaulard qui crie :

— Victoire ! messieurs, voilà M. Glumeau dans son costume de tyran... c'est qu'il jouera...

— Voyez comme il marche clopin-clopant... et en se tenant de côté...

Ça ne fera pas mal pour son rôle de tyran, il aura un faux air de Ligier dans *Richard III*.

M. Glumeau arrive sur le théâtre en disant d'un air très-affecté :

— Ah ! mes enfants... je ne sais pas si je pourrai jouer... cette maudite douleur ne me quitte pas... c'est terrible !...

— Ce n'est rien, monsieur Glumeau... un nerf tressailli...

— Ou peut-être encore n'est-ce qu'un vent !... un simple vent qui a été se loger là...

— Vous croyez !... ah ! mille bombardes... si je le savais...

— J'aime autant ne pas me trouver à côté de lui ! murmure Miaulard en s'éloignant.

— Tout le monde est prêt ! dit le petit Astianax affublé d'un casque, d'une cuirasse, d'un bouclier, et brandissant une lance qui est deux fois grande comme lui. Où est ma sœur, où est Cunégonde ?

— Me voivoi... cici !... crie mademoiselle Eolinde habillée en veuve du Malabar. Je sais mon roro... mon roro... le... sur le boubout... de mon doigt.

— Commençons, alors...

— Un moment ! dit M. Glumeau ; avant de jouer, je veux boire de l'eau d'anis... on est allé m'en quérir.

— Que va-t-il se passer, grand Dieu ! que va-t-il se passer !... répète Miaulard en s'éloignant toujours de M. Glumeau.

Enfin, à défaut d'eau d'anis, on apporte à M. Glumeau de l'anisette ; il en avale deux petits verres et consent à ce qu'on commence. Le signal est donné. Les musiciens amateurs exécutent une polka qui peut fort bien passer pour une ouverture de mélodrame. Le rideau se lève et des applaudissements partent de tous côtés ; le public est enchanté de la décoration ; on n'a pas mis de rideau de fond, et le bois véritable, éclairé de loin à loin, produit un effet magique. Bientôt les costumes singuliers des acteurs augmentent encore l'enthousiasme du public. La barbe en coton de l'ermite, le casque de chevalier dont la visière s'obstine à retomber continuellement sur le nez du jeune Astianax, les sabres et les poignards en bois, tout, jusqu'à la démarche traînante et l'air empêtré du tyran, concourt à enchanter les spectateurs ; mais lorsque le jeune pharmacien paraît en Détroussandos, lorsqu'il arpente la scène avec son maillot relevé de son caleçon, des éclats de rire partent de tous les points du bois, et la petite dame qui est sur une branche, est prise d'un tel accès de gaieté que plusieurs fois, en se tordant, elle manque de tomber de son arbre ; heureusement Chambourdin est toujours là à poste fixe, prêt à rétablir l'équilibre au-dessus de lui.

La pièce marche au milieu des applaudissements et de l'hilarité générale, jusqu'au moment de la scène de l'enfant avec les voleurs qui veulent tuer *Roderic*. On s'est assuré que le jardinier était à son poste, et en effet, maître Pichet n'avait pas oublié qu'il remplaçait son fils ; mais au lieu d'être sobre comme on le lui avait recommandé, le jardinier avait pensé, au contraire, que pour bien jouer, pour n'éprouver aucune timidité devant le public, il ne ferait pas mal de se donner une petite pointe ; ce que le paysan appelait une petite pointe était se griser jusqu'à se tenir à peine sur ses jambes. C'est dans cet état que M. Pichet est monté sur le théâtre, et qu'il est allé se cacher derrière les arbres d'où il doit voir les voleurs.

— N'oubliez pas votre phrase, lui dit Eolinde :
— *Ah ! messieurs, de grâce, ne faites pas de mal à papa !*
— Mais on la sait, vot' phrase !... mam'selle, soyez donc calme... on ne sait que ça !...

Cependant la fameuse scène est arrivée : Détroussandos et deux voleurs ont leurs sabres levés sur Roderic, et l'enfant ne paraît pas pour les empêcher de frapper.

— L'enfant ! l'enfant !... sapredié !... faites donc entrer l'enfant !... dit Astianax à demi-voix.

— Qu'est-ce qu'il fait donc cet animal-là ! murmure Fourriette, en tenant toujours son sabre levé... est-ce qu'il va nous laisser comme cela longtemps ?

Le jardinier n'entrait pas, parce qu'une fois assis derrière les arbres, il n'avait pas tardé à s'endormir ; le gros Dufournelle, qui soufflait et qui l'entend ronfler, court à lui, et le secoue vigoureusement par le bras, en lui criant :

— C'est à vous ! c'est votre entrée... Allez donc, corbleu !

Le jardinier éveillé en sursaut se frotte les yeux, se relève, court sur le théâtre et va se jeter au milieu des voleurs en criant :

— Ah ! tas de gredins ! tas de feignants que vous êtes, vous voulez rosser not' jeune maître... Attendez ! je vas vous donner une tripotée à tous les trois ! vous allez voir !

Et aussitôt, tombant sur le pharmacien et les deux jeunes gens habillés en voleurs, le jardinier se met à leur distribuer des coups de poing, des coups de pied qui n'avaient jamais fait partie de la mise en scène ; les trois acteurs, qui ne s'attendaient pas à cette attaque, se mettent à hurler, à crier, et finissent par rendre au jardinier les coups qu'ils en reçoivent ; ce combat que le public croit simulé est accueilli par d'unanimes applaudissements ; et M. Boutillon s'écrie :

— Ma foi, j'ai été bien souvent au spectacle, mais je suis obligé de convenir que jamais je n'ai vu de combat à coups de poing aussi bien imité que celui-ci !...

XX

Entrevue muette.

Tout à coup ce cri :
— Il tombe de l'eau... voilà de l'orage ! retentit parmi les spectateurs ; aussitôt toutes les dames, qui craignent pour leur toilette, se lèvent précipitamment et se sauvent du côté de la maison. Madame Glumeau, tout en regrettant qu'on ne puisse voir la fin de la pièce, abandonne sa place, en disant aux dames qui l'entourent :
— Venez, suivez-moi... je prends le chemin le plus court, nous serons bientôt dans la maison.

Le mouvement général qui s'opère parmi les spectateurs a mis fin au combat qui avait lieu sur la scène. M. Glumeau a ordonné à son jardinier d'aller se coucher, et il a invité les acteurs à faire comme le public, à reprendre le chemin de la maison. Le jeune pharmacien prétend que l'orage ne durera pas, et que l'on pourrait finir la pièce, mais on ne l'écoute pas, chacun regagne la porte du bois. Madame Boutillon a dit à Chambourdin :
— Faites-moi descendre. L'avocat a répondu :
— Laissez-vous aller.

La petite brune s'est laissée aller si bien, que, pendant quelques instants, Chambourdin ne peut retirer sa tête qui est coiffée par les jupons de cette dame. Mais lorsque sa tête reparaît, il a l'air tellement triomphant, qu'on croirait qu'il lui est poussé des cheveux. Bientôt il disparaît comme tout le monde avec madame Boutillon, et ce petit bois, qui, quelques instants auparavant, retentissait des éclats de rire, des propos joyeux d'une nombreuse société, serait maintenant entièrement désert, si deux personnes n'étaient restées sans bouger, à la place qu'elles occupaient, ne paraissant point s'apercevoir de l'orage et ne songeant pas à suivre la foule qui s'éloignait.

M. Malberg, qui jusqu'alors avait fui le monde et n'avait accepté aucune invitation de ses voisins, venait, en se rendant chez M. Glumeau, de déroger à ses habitudes ; mais on doit se rappeler que ce monsieur désirait beaucoup retrouver M. de Roncherolle, dont on lui avait appris le retour à Paris. Les courses, les démarches faites par Georget n'avaient amené aucun résultat, et M. Malberg s'était dit :

— Si je veux le retrouver, le rencontrer quelque part, ce n'est pas en restant chez moi, en fuyant le monde que j'y parviendrai. Roncherolle aimait les plaisirs, la société... c'est donc là que je dois le chercher.

Le résultat de ces réflexions avait été de se rendre à l'invitation de son voisin Glumeau. Cependant ayant encore de la peine à se départir de ses habitudes, on a vu qu'au lieu de se mêler à la société, M. Malberg s'était tenu un peu à l'écart ; mais d'où il était, il pouvait facilement passer en revue tout le monde, surtout les hommes, qui se tenaient presque tous debout derrière les dames, il avait acquis la certitude que celui qu'il cherchait n'était pas là.

Alors ses regards avaient erré du côté des dames : il ne pouvait voir que par derrière celles qui occupaient les premiers rangs du théâtre, et madame de Grangeville était de ce nombre ; il regardait donc, sans y faire beaucoup attention, ces dames qui avaient pourtant de fort jolies toilettes, lorsque l'une d'elles, et c'était madame de Grangeville, avait tourné la tête et porté ses regards de son côté. M. Malberg avait été frappé par ce regard, mille souvenirs s'étaient éveillés en lui, mais cette dame avait presque aussitôt retourné la tête, et il ne pouvait plus voir ses traits. Désireux cependant de connaître cette personne dont un seul coup d'œil venait de porter le trouble dans son âme, il avait doucement quitté sa place, et sans se mêler au public s'était rapproché du théâtre, enfin il s'était placé de façon que, sans être vu, il pouvait tout à son aise voir la personne assise à côté de madame Glumeau.

En examinant attentivement la baronne, M. Malberg crut d'abord s'être trompé; dix-neuf années avaient opéré tant de changements! et nous avons tous une singulière habitude : si nous sommes de longues années sans voir quelqu'un, lorsque nous pensons à cette personne, nous nous la représentons toujours telle qu'elle était quand nous l'avons vue pour la dernière fois. Au lieu de nous dire : Le temps a dû marcher aussi pour elle, sa beauté, ses grâces, sa fraîcheur doivent avoir subi de tristes métamorphoses, nous voulons toujours qu'elle soit comme nous l'avons laissée, parce que son image, sa taille, sa tournure nous charmaient ainsi, et que le cœur et la mémoire ne veulent pas vieillir les objets dont ils gardent le souvenir.

Ainsi, tout en considérant attentivement madame de Grangeville, ce monsieur se disait :

— Non... je m'abuse... ce n'est pas elle... ce ne peut pas être là celle dont chacun admirait les grâces, la fraîcheur... la tournure svelte, la démarche légère... et cependant... ce sont bien ses traits... malgré les plis profonds... qui se dessinent maintenant aux coins de sa bouche... c'est le bas de son visage; ses yeux sont cernés... bouffis... mais l'expression du regard encore la même... et c'est ce regard qui a réveillé mes souvenirs... Son visage est amaigri... ses cheveux ont changé de couleur... sur son front quelques rides se dessinent... et cependant je n'en saurais douter maintenant... c'est elle!... oh! oui... c'est bien elle. Et, en effet, plus de dix-neuf ans se sont passés depuis que je l'ai vue... je n'avais pas pensé qu'elle pût vieillir !...

M. Malberg ne pouvait plus détourner ses regards attachés sur la baronne; il se livrait d'autant plus volontiers à cette contemplation, que, d'où il était, personne ne pouvait le remarquer.

Lorsque quelques gouttes d'eau avaient mis en révolution toute la société, M. Malberg n'avait pas bougé de sa place, il observait toujours, curieux de voir ce qu'allait faire la dame qu'il ne perdait pas de vue. Celle-ci était demeurée comme clouée sur sa chaise, elle avait bien entendu madame Glumeau engager la compagnie à la suivre, mais elle n'en avait rien fait ; ne s'effrayant nullement de l'orage, que tout le monde paraissait redouter, elle restait dans le bois, exposée à la pluie ; enfin toute la société avait fui vers la maison, et elle était toujours là... n'osant tourner la tête du côté où elle avait aperçu son mari, car dans M. Malberg, elle avait sur-le-champ reconnu le comte de Brévanne, son époux.

Cette partie du bois où se trouvaient ces deux personnes était encore éclairée par les quinquets du théâtre et les lanternes placées de distance en distance dans l'enceinte réservée aux spectateurs. Cependant la pluie avait éteint quelques lumières, le vent ballottait les lanternes, et il ne restait plus qu'un jour douteux comme le temps, qui pourtant n'était pas devenu aussi mauvais qu'on l'avait craint ; la pluie, qui d'abord avait tombé avec assez de force, diminuait déjà, et l'orage dont on avait eu si peur paraissait se calmer aussi.

— Pourquoi reste-t-elle là... seule ?... pourquoi n'a-t-elle pas suivi tout ce monde ?... d'où vient qu'elle reste exposée à la pluie ?... elle est en toilette de bal cependant... M'aurait-elle vu ?... non, j'étais à l'écart... et si elle m'avait vu, elle ne m'aurait pas reconnu... le temps a marché également pour nous deux... et il a fallu que je l'examine longtemps, moi, pour être certain que c'était elle.

Telles sont les réflexions que faisait en lui-même celui que nous savons maintenant être le comte de Brévanne, mais que nous nommerons encore plus d'une fois Malberg, parce que nous en avons pris l'habitude.

Mais le comte se trompait en croyant que sa femme ne l'avait pas reconnu : d'abord les dames ont un regard qui porte beaucoup plus avant que le nôtre, ensuite le temps, qui avait si bien marché pour elle, semblait au contraire avoir respecté son mari ; à la vérité celui-ci ayant des traits fort prononcés, et une physionomie qui avait toujours été sérieuse et même grave, avait paru plus âgé qu'il ne l'était, alors qu'on pouvait encore le classer parmi les jeunes gens, mais aussi le temps l'avait bien moins vieilli, et sauf ses cheveux, qui étaient devenus gris et quelques plis fortement marqués sur son front, il était très-peu changé. Madame de Grangeville avait donc reconnu son mari dans la personne que madame Glumeau lui avait dit être M. Malberg ; un seul regard avait suffi à cette dame pour être certaine de la vérité. C'est alors qu'elle avait été très-longtemps sans tourner la tête. Elle aurait voulu que son mari ne la vît pas, et cependant elle brûlait du désir de savoir s'il l'avait vue. Comme une femme n'a pas l'habitude de résister à la curiosité, celle-ci tourna encore une fois la tête du côté où était le comte : c'est alors que leurs regards se rencontrèrent ; désolée de s'être fait voir, ne doutant pas que son mari ne l'eût reconnue, madame de Grangeville aurait voulu être à cent lieues de là ; et cependant lorsque, demeurée à sa place, elle était toute tremblante, la société avait quitté le bois, elle était tellement troublée qu'elle n'avait pas la force de marcher et qu'elle ne savait plus à quel parti s'arrêter.

Plusieurs minutes se sont écoulées depuis que tout le monde est parti. On n'entend plus dans le bois que le bruit que font les gouttes de pluie en roulant sur les feuilles. Madame de Grangeville ramène son châle sur ses épaules comme si elle avait froid ; elle n'ose pas encore tourner la tête pour regarder si elle est bien seule, et cependant elle se dit :

— Il doit être parti avec tout le monde... il n'est pas probable qu'il soit resté là... pour quoi faire... s'il m'a reconnue... comme je le crois, il n'a dû être que plus empressé à partir... Oh ! oui, je suis bien sûre qu'il ne sera pas entré chez les Glumeau... Que je suis sotte de trembler ainsi... mais c'est malgré moi... je m'attendais si peu à cette rencontre... après tant d'années... c'est singulier ! il n'est presque pas changé... il a toujours l'air aussi sérieux qu'autrefois... il a toujours... Ah !...

Tout en se parlant à elle-même, cette dame tournait doucement la tête pour s'assurer s'il n'y avait plus personne derrière elle, et elle venait d'apercevoir son mari, toujours immobile, adossé à un arbre et toujours le regard attaché sur elle.

Alors elle sent son cœur se glacer, elle éprouve presque de la terreur... Cependant les regards du comte de Brévanne n'avaient rien d'effrayant; ils exprimaient plutôt l'étonnement que la colère... mais celle sur qui ils étaient attachés avait bien vite baissé les yeux, ne se sentant pas le courage de les supporter.

— Il est là !... toujours là... il ne me perd pas de vue !... se dit madame de Grangeville qui n'ose plus bouger ni tourner la tête... Mon Dieu... quel est donc son projet... il m'a semblé qu'il me lançait des regards furieux !

— Elle n'ose plus faire un mouvement !... je lui fais peur sans doute !... se dit le comte, éloignons-nous... Je conçois que ma présence ne doit pas produire sur elle une impression agréable... partons... ce n'est pas elle que je cherchais ici !... Mon Dieu ! comme elle est changée !...

Le comte se dispose à s'éloigner, il a déjà fait quelques pas, lorsqu'un bruit sourd, ressemblant à un gémissement prolongé, se fait entendre tout près du théâtre.

— Ah ! mon Dieu ! qu'est-ce que c'est que cela ? s'écrie madame de Grangeville. Le comte s'arrête pour écouter, le même gémissement se fait entendre encore et plus distinctement cette fois.

Saisie de terreur, madame de Grangeville pousse un cri, elle quitte sa chaise et, ne craignant plus alors de revoir son mari elle porte ses regards de tous côtés en s'écriant :

— Mon Dieu... par pitié... est-ce que personne ne viendra à mon aide ?

Mais ses yeux cherchaient en vain le comte de Brévanne, celui-ci s'était enfoncé sous les arbres, ne sachant pas ce qu'il devait faire, mais désirant connaître la cause du bruit singulier qui s'était fait entendre.

En ce moment des voix retentissent au loin, et ne tardent pas à se rapprocher. C'est le petit Astianax, le joyeux Chambourdin, le jeune Miaulard et le beau Saint-Arthur qui sont à la recherche de la baronne ; car, lorsque toute la société a été réunie dans les salons, on s'est aperçu que cette dame manquait, et comme madame Glumeau affirme qu'elle était dans le bois, ne la voyant pas en revenir, on craint qu'il ne lui soit arrivé quelque accident et que le petit bassin n'ait encore fait des siennes.

Ces messieurs sont entrés dans le bois en criant à tue-tête :

— Madame de Grangeville !...

— Madame la baronne... êtes-vous là ?... Vous serait-il arrivé quelque accident ?

— Répondez, s'il vous plaît...

— Par ici, messieurs, par ici... oui, je suis là ! se hâte de répondre cette dame, que l'arrivée de ces jeunes gens vient de rendre très-heureuse. Ah ! venez, messieurs... venez... mon Dieu ! que vous arrivez à propos.

— Mais, madame, par quel hasard étiez-vous restée seule dans ce bois... vous n'avez donc pas suivi la foule, le torrent...

— Non, messieurs... non... dans le premier moment... je n'ai pas suivi ces dames... parce que j'avais perdu... mon mouchoir ; il est assez beau et je m'étais arrêtée pour le chercher...

— Ah ! madame, si nous avions su cela... nous vous aurions évité cette peine... et l'avez-vous retrouvé ?

— Oui, je l'ai... mais alors comme j'allais quitter cet endroit... j'ai eu peur... j'ai entendu un bruit qui m'a tellement effrayée... que je ne me sentais plus la force de marcher lorsque vous êtes arrivés.

— Ah bah ! qu'est-ce que cela peut donc être ?...

— Il n'est pas probable cependant qu'il y ait des voleurs dans notre bois, dit le petit Astianax.

— Il serait au moins singulier que pour y venir ils aient choisi le jour où il était plein de monde, dit Chambourdin.

— A moins, dit Miaulard, que ce ne soient des voleurs passionnés pour le spectacle, et qui n'auront pas pu résister au désir de voir cette belle représentation qui se donnait ici.

— Ah fichtre ! si j'avais joué, moi ! murmure le jeune Saint-Arthur.

— Vous plaisantez, messieurs, mais il me semble que j'entends encore ce bruit qui m'a effrayée tout à l'heure... oui... tenez, écoutez...

Les jeunes gens font silence, et ils entendent, en effet, le gémissement prolongé.

— Parbleu ! nous saurons ce que c'est ! dit Astianax en s'armant d'une chaise. Les autres en font autant, excepté Saint-Arthur, qui juge prudent de regagner la porte d'entrée. Miaulard décroche une lanterne et ils se dirigent du côté d'où part le bruit ; ils ne tardent pas à trouver le jardinier étendu au pied d'un arbre, mais dont le sommeil est très-agité, car tout en dormant il se plaint et murmure :

— Ah! les gredins!... par grâce... pas de mal à papa... Tiens, attrape ça, toi !

Les jeunes gens reviennent en riant apprendre à madame de Grangeville ce qui a causé son effroi.

— C'est l'artiste qui donnait des coups pour de bon, dit Chambourdin ; il était tellement plein de son sujet, que tout en cuvant son vin, il croit jouer encore.

— Allons rejoindre la société et calmer l'inquiétude générale, dit Astianax en offrant son bras à madame de Grangeville. Venez, madame, j'espère que rien maintenant ne troublera les plaisirs de la nuit.

— Ma foi, dit Chambourdin, on est en bonnes dispositions pour s'amuser, pour danser. M. Glumeau lui-même, qui avait paru souffrant en jouant son rôle de tyran, a repris toute sa gaieté !... toute sa légèreté !... il n'a plus son point de côté !

— Oh! je m'en suis aperçu, murmure Miaulard, l'anisette a produit son effet.

Les jeunes gens regagnent la maison avec la dame qu'ils ont trouvée dans le bois, et le comte de Brévanne, qui a été témoin invisible de tout ce qui vient de se passer, retourne alors chez lui, en se disant encore :

— Comme elle est changée !...

XXI

Sur le boulevard.

Depuis que M. Malborg était allé habiter sa maison de campagne de Nogent-sur-Marne, Georget n'ayant plus de commission à faire pour lui, avait tout le temps de voir la jolie bouquetière et de causer avec elle ; quand celle-ci le grondait de ce qu'il ne travaillait pas, le commissionnaire lui répondait en soupirant :

— Dame, mam'selle, ce n'est pas ma faute s'il ne m'arrive pas plus d'ouvrage !... à coup sûr je n'en refuse pas, et quoique je sois bien heureux près de vous, souvent je regrette de ne point gagner plus d'argent dans ma journée... non pas pour moi, j'en ai toujours plus qu'il ne m'en faut, mais pour ma mère que je voudrais rendre plus heureuse.

Georget disait bien alors ce qu'il pensait, car maintenant, lorsqu'il voyait sa mère s'obstiner à veiller tard, à prendre sur son repos afin de gagner quelques sous de plus, il pensait à cette position si heureuse qu'il aurait pu lui procurer ; à cette existence exempte de travaux pénibles et de soucis, qui aurait été la sienne, s'il avait accepté les offres de M. Malberg; ce souvenir répandait souvent de la tristesse sur son front; tout en contemplant la jolie bouquetière, il se reprochait parfois son amour, parce qu'il sentait que cet amour avait fait du tort à celui qu'il avait pour sa mère.

Un matin, le jeune garçon, assis à sa place habituelle, regardait l'étalage de Violette, qui était absente depuis assez longtemps. Georget était plus triste que de coutume, d'abord parce qu'il ne voyait pas l'objet de toutes ses pensées, ensuite parce qu'il n'avait encore rien gagné de la matinée, et que la veille sa mère avait fait un bien maigre souper.

Bientôt il remarque un jeune homme qui passe et repasse devant la boutique de Violette, il reconnaît en lui le petit monsieur aux yeux louches qu'il sait être un des adorateurs de la bouquetière. M. Astianax flânait en effet sur le boulevard, ayant à la bouche un énorme cigare, qu'il était tout fier de fumer, et dont il semblait prendre plaisir à envoyer la fumée dans le visage des dames qui passaient, manière de se faire remarquer qui ne laisse pas que d'être fort gracieuse.

Tout à coup un jeune homme plus âgé vient à l'opposé du petit Glumeau ; ces messieurs se trouvent nez à nez et s'arrêtent justement devant Georget, qui, assis sur son crochet et la tête dans ses mains, semblait livré au sommeil.

— Ah ! voilà le jeune Astianax Glumeau !...

— Bonjour, monsieur Chambourdin... tiens, vous n'êtes pas au Palais...

— Au Palais ! et pour quoi faire, s'il vous plaît, jeune homme ?

— Mais pour plaider... je croyais qu'un avocat...

— Je ne suis avocat que dans la *Gazette des Tribunaux*... J'y mets des petits articles que j'invente... pour le plus grand agrément des abonnés... je plaide à mon aise, chez moi, devant mon bureau... et jamais on ne me rappelle à l'ordre, voilà comme j'entends la profession d'avocat. Mais vous, petit imberbe, comment se fait-il que vous ne soyez pas à la campagne avec papa et maman?... car je présume que les chers parents y sont... d'un si beau temps... c'est un bonheur d'être sous l'ombrage!... au frais!...

— Oui, oui, mes parents sont là-bas, à Nogent, et c'est justement pour cela que vous me voyez flânant sur le boulevard... eh! eh! quand les parents sont à la campagne, moi je suis mon maître ici! je fais ce que je veux!...

— Oh! je vous comprends, jeune drôle! nous avons quelques petites intrigues en train... vous avez raison, on ne commence jamais trop tôt à se pousser dans le monde... Si j'avais un fils, je lui dirais: Fais des folies de bonne heure; de cette façon, tu en feras moins tard... Que faut-il pour être sage? avoir de l'expérience; et, pour avoir de l'expérience, il faut avoir vécu! hein! comme c'est raisonné! comme cela sent son *Cujas* et son *Barthole!* Et ce cher papa se porte bien? le point de côté n'est pas revenu?

— Non, mais il a, dans ce moment des démangeaisons continuelles sous la plante des pieds.

— Eh bien! il n'a qu'à se gratter.

— Sous la plante des pieds, ce n'est pas commode... on ne peut pas s'y gratter en se promenant... vous connaissez mon père, cela l'inquiète; il craint que ce ne soit dartreux...

— Allons, bon!... voilà une idée! il a des engelures et pas autre chose!...

— Je suis allé chez l'ami Fourriette, le pharmacien; il me prépare quelque chose que mon père appliquera sur ses pieds.

— Excellent moyen pour faire venir du mal où il n'y en a pas. C'est égal, vous nous avez donné une fête charmante!... le spectacle, quoiqu'il n'ait pas fini... ou peut-être parce qu'il n'a pas fini, a été très-amusant... puis le bal, le souper!... fichtre, on s'en est donné!

— Dites donc... et cette jeune dame que vous aviez

placée sur une branche... il me semble que vous l'aviez bien courtisée.

— Madame Boutillon... oh oui !... oh oui !

— C'est dommage que vous soyez tombé avec elle en valsant.

— C'était exprès... c'est une ruse que j'ai inventée pour qu'une femme s'attache à moi !

— Comment, parce que vous la faites tomber en valsant ?...

— Sans doute... quand elle se sent tomber, elle me saisit, elle se cramponne après moi, elle me serre tant qu'elle peut !... comprenez-vous, jeune homme, toute l'intimité que cela met entre nous?

— Tiens, au fait, c'est vrai.

— Faites-en l'essai, mon cher ami, croyez-moi... faites valser une dame... et puis tombez avec elle... et vous m'en direz des nouvelles...

— Faut-il tomber dessus ou dessous?

— Dessous est plus galant, mais dessus est bien plus régence...

— Je me souviendrai de cela... et, au premier bal où j'irai, si je vois une personne qui me donne dans l'œil, je la fais valser.

— Le reste ira tout seul !...

— En sorte que cela vous a réussi avec madame Boutillon ?

— Puisque c'est immanquable.

— Est-ce que vous allez maintenant chez cette dame ?

— Assurément... je fais la partie du mari ; nous jouons au nain jaune... il aime beaucoup ce jeu-là !... Et vous, petit Astianax, voyons, que guettez-vous sur ce boulevard ? attendez-vous quelqu'un ?

— Oui, j'attends quelqu'un... qui ne vient pas vite...

— On vous a donné rendez-vous sur ce boulevard... sur ce marché aux fleurs... c'est gentil... on se promène à la bonne odeur... Les dames donnent souvent leurs rendez-vous aux marchés aux fleurs...

— Non, on ne m'a pas donné rendez-vous, c'est moi qui viens parce que je suis amoureux d'une petite bouquetière... qui est jolie... Ah! elle enfonce madame Boutillon, celle-là!...

— C'est très-possible!... je n'ai jamais pensé que madame Boutillon ne pouvait pas être enfoncée!... Et où donc se tient-elle, votre belle marchande?

— Là-bas, en face de nous... cet étalage où il n'y a personne en ce moment... elle est sans doute allée porter quelque bouquet...

— Et où en sont vos amours? êtes-vous déjà vainqueur de cette petite?

— Non, je n'ai encore rien vaincu...

— C'est donc une vertu, une beauté farouche que votre bouquetière?

— Une vertu! ah! je l'ai cru longtemps... En la voyant si sévère, je me figurais que Violette, c'est son nom, je pensais que Violette était sage... mais je me trompais... j'étais un jobard... la bouquetière n'est pas farouche avec tout le monde, j'en ai la preuve ; elle fait ses coups à la sourdine !

Georget, qui n'avait pas perdu un mot de la conversation des deux jeunes gens, se lève alors avec la promptitude de la poudre, et, se plaçant devant Astianax, lui dit en lui lançant des regards animés par la colère :

— Vous mentez! vous insultez Violette!... parce qu'elle ne veut pas vous écouter, mais vous n'êtes qu'un calomniateur, entendez-vous ?

Le petit Glumeau reste tout saisi ; il roule ses yeux dans tous les sens, et ne comprend rien à cette apostrophe qui lui tombe des nues ; mais Chambourdin, qui est très-calme, commence par se placer entre Astianax et Georget, en disant à ce dernier :

— De quoi vous mêlez-vous, mon garçon? qui est-ce qui vous parle, et pourquoi vous permettez-vous de vous immiscer dans notre conversation ? Vous êtes donc mouchard, vous vous occupiez donc à nous écouter ? Diable, vous commencez de bien bonne heure ce métier-là !...

— Mais oui, dit alors Astianax, qui commence à se

remettre de sa surprise. Qu'est-ce que cela signifie ? à qui en a ce petit *voyou !*... ce polisson !

— Ah ! ne m'insultez pas, monsieur, ou je vous donne une dégelée de coups de poings... je suis un commissionnaire... un honnête garçon !

— Encore une fois, reprend Chambourdin, nous ne vous connaissons pas... Pourquoi avez-vous écouté ce que monsieur me disait ?

— Pourquoi êtes-vous venus vous arrêter pour causer contre moi ? pour ne pas entendre, il m'aurait fallu boucher mes oreilles. Oh ! du reste, je ne faisais guère attention à vos paroles, jusqu'au moment où monsieur a parlé de mam'selle Violette la bouquetière... alors j'ai écouté de toutes mes oreilles, c'est vrai, parce que ça m'intéressait... parce que je la connais, moi, mam'selle Violette, parce que je sais que c'est une honnête fille... qui n'écoute pas les propos des hommes qui voudraient l'entraîner à faire des bêtises... et vous avez dit qu'elle n'était pas farouche avec tout le monde... qu'elle n'était pas sage... que ce n'était pas une vertu ! vous avez dit des mensonges, et je ne pouvais pas entendre cela sans rien répondre !... car j'aurais été un lâche si je vous avais entendu insulter Violette sans prendre sa défense.

— Il paraît que c'est encore un amoureux de la bouquetière... dit Chambourdin en se tournant pour rire du côté d'Astianax, mais celui-ci, qui est devenu rouge comme un coq, dit à Georget :

— Je pourrais vous envoyer promener... vous !... mais je veux bien vous répondre. Je n'ai pas menti dans ce que j'ai dit de la bouquetière... Non, je n'ai pas menti, je n'avance rien dont je ne sois sûr... Non, mademoiselle Violette n'est pas une vertu... car les jeunes filles qui veulent rester sages n'ont pas pour habitude d'aller chez les jeunes gens qui demeurent tout seuls...

— Violette a été chez vous ?

— Non, pas chez moi !... mais chez un jeune homme qui demeure sur le même carré que moi, sa porte fait face à la mienne... Tenez, Chambourdin, c'est chez M. Jéricourt... un auteur qui est venu à notre fête à

Nogent avec un de ses amis... qui était si joliment habillé...

— Qu'il en avait l'air d'un mannequin de tailleur... Oh! je me rappelle très-bien ces deux messieurs!...

Georget, qui a pâli en entendant prononcer le nom de Jéricourt, dit à Astianax :

— Je connais bien aussi le monsieur dont vous parlez! je l'ai vu assez souvent venir faire le galant près de mams'elle Violette, mais elle ne l'a jamais écouté, et c'est lui qui a menti alors en vous disant qu'elle avait été chez lui...

— Il n'a pas eu besoin de me rien dire... puisque j'ai vu... entendez-vous, j'ai vu la jolie bouquetière sortir de chez mon voisin...

— Non! non!... vous vous êtes trompé, ce n'était pas elle... c'est impossible!

— Je n'ai pas pu me tromper, je la connais bien... elle a passé tout près de moi...

— Ce n'était pas elle!...

— Ah! c'est trop fort! et si je le lui dis tout à l'heure... à elle... devant vous... me croirez-vous, jeune commissionnaire...

— A elle?... vous oseriez lui dire cela... à elle?...

— Pourquoi donc me gênerais-je, puisque c'est la vérité...

Georget semble bouleversé, il est pâle, agité, il ne sait plus que penser, et Chambourdin lui dit :

— Allons, mon pauvre garçon, je vois bien que vous en tenez aussi pour la bouquetière... qui est fort séduisante, à ce qu'il paraît... mais après tout, c'est peut-être un grand service que mon jeune ami vous rend en vous ouvrant les yeux sur le compte de cette jeune fille... vous lui croyez toutes les vertus, parce que vous en êtes amoureux... c'est tout simple... vous êtes si jeune!... mais les femmes!... oh! les femmes! c'est très-fragile!... Quand vous aurez seulement un lustre de plus sur la tête... vous m'en direz des nouvelles.

Georget ne disait plus rien, mais Astianax s'écrie :

— Voilà la bouquetière revenue à sa place, je vais aller

causer avec elle... Monsieur Chambourdin, approchez-vous sans avoir l'air, avec ce garçon qui ne veut pas me croire, et tout à l'heure vous saurez si j'ai dit autre chose que la vérité.

— Je le veux bien, répond Chambourdin, je ne demande pas mieux que de m'approcher de la bouquetière... elle est ravissante... je crois que j'en deviens amoureux aussi !... mais moi, je ne tiens pas à ce qu'elle soit sage,.. au contraire !...

Le petit Astianax fait quelque pas parmi les pots et les arbustes, car c'était jour de marché aux fleurs pour le boulevard Saint-Martin ; puis il s'avance d'un air indifférent près de Violette et se met à regarder les fleurs. La jeune fille, qui reconnaît le petit monsieur qui louche, fait comme si elle ne le voyait pas et continue de préparer un bouquet.

— Tout cela est ravissant ! tout cela est frais comme vous ! dit enfin Astianax, impatienté de ce que la bouquetière ne fait pas attention à lui.

— Est-ce que monsieur veut encore avoir un bouquet qui parle ? murmure Violette d'un petit air moqueur.

— Non, mademoiselle, oh ! je me suis aperçu qu'il n'y avait pas besoin de cela pour se faire comprendre... il vaut bien mieux dire soi-même... ce que... ce que je vous ai déjà répété plusieurs fois... que vous êtes délirante !... et que je vous adore !...

— Mon Dieu ! monsieur, je vous assure que cela m'ennuie bien, moi, de m'entendre toujours dire la même chose !...

— Ah ! cela vous ennuie ! reprend le petit jeune homme, en affectant un ton impertinent. Ah ! c'est bien dommage !... mais je ne suis pas cependant disposé à cesser... pourquoi perdrais-je courage ?... vous n'êtes pas aussi méchante que vous voulez le paraître... puisque vous avez été sensible pour d'autres, pourquoi ne le deviendriez-vous pas aussi pour moi ?...

— Je ne sais pas ce que vous voulez dire, monsieur, mais encore une fois, je vous prie de ne plus me tenir ce langage...

— Oh ! ne faisons pas ainsi notre tête, jolie marchande, cela ne prendra plus avec moi... Vous avez donc oublié que je vous ai vue sortir de chez M. Jéricourt, mon voisin ? Je demeure sur son carré... Ah ! vous étiez bien émue... et bien chiffonnée en sortant de chez lui !...

— Monsieur ! c'est indigne ce que vous dites-là !

— Comment indigne, est-ce que je mens par hasard... est-ce que vous oseriez dire que cela n'est pas ?...

Chambourdin et Georget, qui étaient à deux pas, ont tout entendu. Le jeune commissionnaire ne peut plus se contenir, il court se placer devant Violette, pâle, tremblant, les yeux en feu, et lui dit d'une voix entrecoupée :

— C'est donc vrai !... c'est donc vrai... puisque vous ne le démentez pas !...

La bouquetière, toute surprise en voyant Georget paraître ainsi devant elle, demeure un moment embarrassée et balbutie enfin :

— Eh bien... quand cela serait... est-ce une raison pour me parler ainsi ?...

— L'affaire est jugée ! murmure Chambourdin en s'adressant à Georget, vous voyez bien, petit innocent, que mon ami ne mentait pas !...

— Ah ! c'est affreux !... je n'aurais jamais pu le croire !... et ma mère, ma pauvre mère, que je sacrifiais pour elle... c'est le bon Dieu qui me punit... Adieu, mademoiselle Violette ! je ne vous parlerai jamais !

En achevant ces mots, Georget se met à courir comme un fou sur le boulevard, et bientôt il a disparu.

Violette le regarde s'éloigner, des larmes perlent dans ses yeux, et tournant ses regards vers le jeune Astianax, elle se contente de lui dire :

— Etes-vous bien content de ce que vous venez de faire, monsieur ?

Astianax baisse un œil et lève l'autre, puis il prend le bras de Chambourdin en lui disant :

— Allons-nous-en.

Chambourdin regarde encore la jeune fille, qui tâche de cacher ses larmes avec ses fleurs, et il dit à son compagnon :

— Ce n'est pas du tout le même genre de beauté que madame Boutillon, mais celle-ci me plairait beaucoup aussi.

XXII

Une bouteille d'absinthe.

Georget a couru jusque chez sa mère sans s'arrêter, sans reprendre haleine ; il la trouve en train de coudre, il lui ôte son ouvrage des mains et le jette de côté, en disant :

— Laisse cela, maman, ne travaille plus... ne te fatigue plus les yeux... désormais tu pourras te donner du bon temps... être heureuse... te promener toute la journée... Oh ! oui, tu seras bien heureuse, va !... fais vivement ton paquet... nous allons partir...

La bonne mère Brunoy regarde son fils avec surprise, car elle ne comprend rien à ce qu'il lui dit ; mais son air effaré, son agitation l'effrayent, et elle s'écrie :

— Qu'as-tu donc, Georget ?... que t'est-il arrivé, mon garçon, tu n'es pas dans ton état ordinaire...

— C'est la joie, ma mère, oui... voyez-vous, c'est le plaisir, le bonheur, ça bouleverse un peu... mais je m'y habituerai... je prendrai mon parti.. je n'y penserai plus...

— Tu prendras ton parti sur ton bonheur... tu n'y penseras plus... je n'y comprends rien, moi !... tu parles de joie... de plaisir... et tu as des larmes dans les yeux...

et tu es tout pâle... sais-tu bien que tu n'as pas du tout la mine de quelqu'un qui vous apporte une bonne nouvelle !

— Ma mère, tu te trompes... je suis bien heureux, car, je te le répète, à présent tu n'auras plus besoin de t'abîmer les yeux... d'user ta santé en travaillant...

— Et comment donc cela, mon ami ?

— Parce que M. Malberg... vous savez bien ce monsieur du troisième... qui est si bon pour nous...

— Oui, oui, eh bien, tu me dis vous... tu me dis tu...

— Eh bien, nous allons partir pour sa campagne... mais tous les deux, ma mère, tous les deux... oh ! j'irai avec vous m'y établir... je ne vous quitterai pas... je ne viendrai plus à Paris... jamais ! jamais ! oh ! j'ai Paris en horreur...

— Quoi, mon garçon, M. Malberg t'offre donc aussi un emploi à sa campagne, à toi ?

— Mais oui... certainement... il me charge de diriger les travaux, de faire soigner... planter son jardin... il y a huit arpents... c'est grand cela, huit arpents ! il m'a dit que je serais le maître de tout arranger à ma guise, et puis vous, ma mère, vous aurez la surveillance de la maison... du linge, des meubles, de la basse-cour... et il nous donne encore mille francs de gages pour cela...

— Mille francs !... ô mon Dieu, mais en effet, mon garçon... c'est une fortune !... c'est un avenir assuré... tu ne seras plus commissionnaire ; ces mille francs, nous ne les dépenserons pas... nous mettrons de l'argent de côté pour t'acheter un homme quand tu seras de la conscription !... car c'est à cela que je pensais toujours, moi !... Et, c'est donc tout à l'heure que cet homme si généreux vient de t'offrir de te prendre aussi à sa campagne ?

— Tout à l'heure... oh ! non, ma mère, il y a plus longtemps, allez... Ah ! si vous saviez... mais je ne veux plus le cacher... vous saurez combien j'ai été mauvais fils,.. mais vous me pardonnerez aussi... quand vous en connaîtrez la cause. Mon Dieu... c'était plus fort que moi !...

— Toi, mauvais fils, Georget, non, ce n'est pas possible... tu t'accuses à tort, mon enfant !

— Non, car tout ce bien-être que je vous offre aujourd'hui... oh bien, M. Malberg me l'avait déjà proposé... Vous savez, il y a quelque temps, quand je vous ai parlé d'aller à sa campagne... il ne tenait déjà qu'à moi d'y aller avec vous... et je ne vous ai pas dit cela... parce qu'alors je ne pouvais pas me décider à quitter Paris !... parce que... mon Dieu !... parce que j'étais amoureux... là ! voilà ce que j'avais au fond du cœur, et que je n'osais pas vous dire !...

— Il serait possible !... tu étais amoureux déjà !... mais tu n'auras dix-huit ans que dans deux mois...

— Il y a pourtant déjà longtemps que je le suis...

— Ce pauvre garçon !... C'est donc cela qu'il y avait des jours où tu étais si triste, et d'autres si gai !... Les amoureux, c'est toujours dans les extrêmes !... et à présent, c'est passé ?

— Oh ! oui, ma mère, c'est passé... je ne veux plus penser à elle... je ne veux plus la voir... surtout, car si je la voyais, je la traiterais... comme elle le mérite... mais cela ne servirait à rien... ça n'empêcherait pas... ce qui est arrivé... Voyez-vous, ma mère !... je la croyais si sage, moi !... je me serais mis dans le feu pour elle... et elle m'a trompé...

— Elle t'avait donc dit qu'elle t'aimait, mon enfant ?...

— Elle ne me l'avait dit... qu'avec ses yeux... ou du moins il m'avait semblé y lire cela !... Ah! je m'étais abusé sans doute !... mais ne parlons plus d'elle, ma mère, n'en parlons plus... faites vos paquets... ne prenez que ce qui vous est nécessaire pour quelque temps... plus tard je reviendrai chercher le reste... le plus pressé c'est de nous en aller.

— Mais, mon garçon, et nos meubles... et ce logement... nous n'avons pas donné congé...

— Ne vous inquiétez pas de tout cela... nous le donnerons plus tard... Pendant que vous allez faire vos apprêts, je vais m'informer auprès de Baudouin, le portier, si M. Malberg est en ce moment à sa campagne.

Georget quitte sa mère et descend lestement chez le concierge. Baudouin gardait la loge, sa femme s'était tellement grisée la veille, qu'une inflammation s'était déclarée et que Hildegarde était hors d'état de quitter son lit.

— Monsieur Baudoin, pourriez-vous me dire si M. Malberg est maintenant à sa campagne de Nogent, s'il habite ici? demande Georget en entrant dans la loge du portier. Celui-ci, qui était déjà de fort mauvaise humeur d'être obligé de servir de garde à sa femme, se met à jurer comme plusieurs charretiers, et verse de l'eau dans une tasse en disant :

— De la tisane!... le plus souvent que je t'en ferai de la tisane... indigne ivrognesse... c'est de l'eau qu'il te faut pour éteindre l'incendie que tu propages dans tes entrailles!...

— Monsieur Baudoin, voulez-vous me répondre, s'il vous plaît?

— Ah! monsieur Georget, vous voyez un homme bien vexé... bien humilié de sa situation sociale... mon épouse c'est ma honte... je ne crains pas de le dire... elle se conduit comme la dernière des dernières!... figurez-vous, monsieur qu'un des chefs de mon administration... vous savez que je suis employé dans une administration...

— Oui... oui, vous êtes garçon de bureau...

— Garçon! Ah! Dieu, que ne le suis-je garçon!... Enfin c'est égal, c'est vrai, quoique marié on nous appelle garçon de bureau, et avant-hier un de mes chefs, qui est satisfait de mon intelligence, m'avait fait présent d'une bouteille d'absinthe... comme gratification... de la véritable absinthe suisse... c'est une liqueur que j'aime beaucoup... Je suis donc revenu avec ma bouteille, mais j'avais eu soin d'arracher l'étiquette et de dire à Hildegarde, dont je connais le tempérament vicieux : Ne touche pas à cette bouteille... ne t'avise pas de goûter à ce qu'il y a dedans... c'est de l'*opium* de la Chine, ça te ferait dormir tout de suite, mais tu ne te réveillerais plus! Hildegarde me répond : C'est bon, ça suffit; mais je ne vois pas pourquoi tu t'imagines de nous apporter ici du poison; là-dessus je lui réplique : Si c'est mon idée, ça te ne regarde pas, vu que je suis le maître. Alors elle me lâche quelques impertinences, moi je lui applique une correction assez honnête et nous nous couchons par là-dessus. Hier matin, je suis parti pour mon administration, comme à l'ordinaire, j'étais enchanté de ma ruse, je me disais : Mon absinthe ne court aucun danger... Eh bien, monsieur, je reviens le soir... qu'est-ce que je trouve? ma bouteille vide... plus d'absinthe, Hildegarde avait tout bu... tout, monsieur, sans m'en laisser une goutte!... c'est ça que je ne lui pardonne pas!... je n'en ai pas goûté moi! Quant à mon épouse, vous jugez dans quel état elle était, et quand j'ai voulu lui adresser des reproches, n'a-t-elle pas eu le toupet de me répondre : C'est ta faute gredin, je me suis empoisonnée exprès... j'ai voulu me soustraire à tes mauvais traitements... mais tu as menti... ça n'endort pas, ton poison... et ça n'est pas mauvais du tout!... et s'il y en avait encore... j'en boirais encore...

Voilà, monsieur Georget, ce que la malheureuse a osé me dire... et aujourd'hui elle est sur le flanc, qu'elle ne peut plus bouger... j'aime à croire qu'elle n'en reviendra pas!...

— Ah! monsieur Baudoin, c'est vilain ce que vous dites là... désirer la mort de votre femme...

— C'est pour son bien, puisqu'elle ne veut pas se corriger...

— Mais je vous en prie, dites-moi donc si M. Malberg est en ce moment à sa campagne ou à Paris!

— M. Malberg... ah! dame... je ne sais pas trop moi... mais attendez, au fait, il doit être à Paris, car j'ai vu tout à l'heure son mauricaud monter l'escalier... même je crois qu'il portait une bouteille ficelée avec du bois... vous savez de ces bouteilles qui sont comme dans des caisses... ça doit être fameux ce qu'il y a là-dedans!

Georget baisse tristement la tête en se disant : Si M. Malberg est en ce moment à Paris... nous ne pouvons pas aller à sa campagne, sans sa permission... sans savoir s'il le veut encore... et pourtant j'aurais bien voulu partir aujourd'hui, moi... car si je reste à Paris... je ne pourrai faire autrement que d'aller sur le boulevard...

— Dites donc, monsieur Georget, reprend le portier, si

vous voulez, je vas monter chez M. Malberg, et je demanderai à son nègre jaune si son maître est ici.

— Ah! si vous aviez cette bonté, monsieur Baudoin, je vous en serais bien obligé!...

— Avec plaisir... Oh! je ne suis pas fâché de quitter un peu la loge... Si cette autre demande à boire... donnez-lui de l'eau... elle n'aime pas l'eau, ça la punit.

Baudoin monte au troisième, Georget reste dans la loge, absorbé non pas dans ses pensées, mais dans une seule, car il lui est impossible de penser à autre chose qu'à Violette allant chez Jéricourt.

Le portier est assez longtemps absent, enfin il redescend en jurant suivant son habitude :

— Ah! sacré mille noms!... comment peut-on prendre des êtres comme ça à son service?... ce sont des brutes, pas autre chose!...

— Eh bien! monsieur Baudoin, M. Malberg est-il à Paris?

— Imaginez-vous, monsieur Georget, que je viens de sonner en haut, j'étais bien sûr qu'il y avait du monde... cependant on est longtemps sans m'ouvrir... je resonne... le mauricaud arrive enfin. Je lui dis : Votre maître est-il ici en ce moment? Ce chenapan de *Ponceau* se met à rire en me montrant ses dents... il est vrai que tous les hommes de couleur ont les dents extrêmement blanches... c'est sans doute le blanc qui manque à leur peau qui se rejette sur leurs dents. Je refais ma question, l'esclave me répond alors, en secouant la tête avec vivacité : Non, non, non, pas ici maître, pas ici!... moi avec *Broubrou... Babo* et *Zima*... moi être venu chercher Zima! Comme je ne comprenais rien à ses *Broubrou* et ses *Babo*, je lui dis : Mais il n'est venu personne vous demander. Là-dessus il me fait la grimace et me laisse là, il retourne dans le salon. Mais je l'ai entendu qui parlait!... qui jabotait!... on aurait juré qu'on se disputait. C'est ce qui me fait penser que le nègre a menti en disant que son maître n'y était pas, car ce ne peut être qu'avec lui que je l'ai entendu parler.

Georget, ne comprenant pas grand'chose à ce que lui

dit Baudoin, pense qu'il fera mieux de monter lui-même chez M. Malberg, pour savoir à quoi s'en tenir. Il essuie ses yeux et quitte la loge sans répondre au portier qui lui demande si son épouse Hildegarde respire encore.

Pongo ouvre au jeune commissionnaire et fait un bond de joie en le voyant.

— Ah! monsieur Georget... li gentil! Il venir voir Pongo...

— Mon cher Pongo, c'est M. Malberg que je voudrais voir... c'est à lui que j'ai affaire... est-il à Paris?...

— Non, non, moi l'ai déjà dit au portier... Grande bêta!...li pas comprendre, li rester là comme une borne. Maître, il est à la campagne, à la jolie maison... à Nogent...

— Il est à Nogent... Oh! tant mieux... car je puis y aller alors... je puis y mener ma mère !... M. Malberg qui est si bon pour nous, m'avait déjà proposé un emploi là-bas... et de l'ouvrage pour ma mère... j'avais refusé alors... mais aujourd'hui je suis décidé à partir... ma mère fait ses paquets, elle doit avoir fini... mais je ne sais pas quel chemin il faut prendre pour aller à Nogent; pouvez-vous me l'indiquer, monsieur Pongo?

— Vous, aller à Nogent?... alors, vous venir avec moi... je retourne tout de suite près de maître avec mazelle Zima, que nous avions oubliée ici... pauvre Zima! elle s'ennuyait bien de pas être à la campagne... Oh! moi content, si vous venir aussi là-bas, monsieur Georget!... vous verrez! jolie campagne!... des fruits! tout plein! beau jardin, belles fleurs... Carabi il joue beaucoup là-bas... il devient gros comme une boulette!... Vous, aller chercher bonne mère, nous partir de suite... j'ai battu Broubrou, Babo et tous les petits caboucha!... eux bien propres!... bien sages! moi suis tout prêt.

— Je cours chercher ma mère... et nos paquets...

— Oh! moi monter avec vous, porter tout ça... la mère, elle ne doit jamais rien porter !

Et le mulâtre, sans écouter Georget qui le remercie, monte avec lui à la mansarde et s'empare si lestement de tous les paquets faits par madame Brunoy, que celle-ci n'a pas le temps de s'y opposer, car Pongo est au bas de l'escalier avant que la bonne femme ait fermé sa porte.

Les trois voyageurs passent devant la loge du portier; Baudoin, qui est contre la porte, pousse un gros soupir, en leur disant :

— Dieu me pardonne ! je crois que la malheureuse Hildegarde en reviendra.

XXIII

En bon air.

En entrant dans la jolie maison de Nogent qui appartenait au comte de Brévanne, la mère de Georget pousse un cri d'admiration et de plaisir. Il était difficile, en effet, pour quelqu'un qui aimait la campagne, de ne point se sentir heureux de venir habiter un si riant séjour. La maison, toute moderne, n'avait que deux étages et se terminait par une belle terrasse chargée de vases remplis de fleurs. Mais chaque fenêtre avait un balcon artistement sculpté, et enrichi de balustrades d'un travail élégant.

Devant la maison une belle pelouse bordée d'orangers reposait agréablement la vue. Et de chaque côté de larges allées de tilleuls offraient pendant les grandes chaleurs une promenade où le soleil n'avait pas la permission de pénétrer.

Georget lui-même, malgré le souvenir pénible qui oppresse son cœur, ne peut rester indifférent à toutes ces beautés que la nature prodigue autour de lui. Ces arbres majestueux, ces buissons chargés de fleurs, ces verts gazons, l'air embaumé que l'on respire, tout pénètre ses sens ; il éprouve comme un soulagement à sa douleur, son front s'éclaircit, et pour la première fois depuis son départ de Paris, il regarde avec intérêt ce qui l'entoure.

— Comment ! nous allons demeurer ici ! s'écrie la mère de Georget. Oh ! mais !... c'est pas possible !... c'est trop beau... c'est un château, cette maison-là !... je n'oserai jamais entrer là-dedans !...

— Ce n'est pas tout, dit Pongo, vous verrez le jardin... le verger, le potager, beaux fruits... gros choux !... petits pois bien sucrés, nous avons de tout... et puis basse-cour !... petits poulets, pigeons, canards, dindons !... oh ! moi aimer bien dindons rôtis !...

— C'est le paradis sur terre que cette demeure...

— Monsieur Pongo, vous seriez bien aimable d'aller prévenir votre maître... de lui dire.... que nous sommes venus... et de lui demander si... il veut toujours de nous, car enfin, ce n'est peut-être plus son idée à présent...

— O li voudra !... li voudra... moi, vais avertir li... tenez... je vois là-bas... dans le jardin... moi courir li porter mam'selle Zima pour rendre li content... attendez, attendez !

Le mulâtre quitte ses compagnons de route pour courir prévenir son maître. Georget reste près de sa mère, qui continue d'admirer tout ce qui s'offre à sa vue, et marche avec précaution dans les allées comme si elle craignait d'y laisser la marque de ses pas. De temps à autre cependant elle regarde de côté son fils, qui est retombé dans sa rêverie ; mais elle se dit :

— N'ayons pas l'air de remarquer sa tristesse !... ça se passera !... A son âge, il n'est pas possible que ça résiste aux distractions, et nous en aurons tant ici !... Avant un mois je gage qu'il ne pensera plus à son amourette de Paris !

Bientôt le comte de Brévanne, prévenu par Pongo, vient lui-même recevoir les nouveaux arrivés. Il salue avec bonté la maman Brunoy, qui se confond en révérences, puis il frappe doucement sur l'épaule de Georget en lui disant :

— Eh bien, nous avons donc changé d'idée?... nous voulons bien vivre ailleurs qu'à Paris maintenant ?

Georget, qui est très-ému et semble toujours prêt à pleurer, reprend d'une voix altérée :

— Oh ! oui, monsieur, je suis bien content... bien joyeux à présent de venir demeurer ici avec ma mère... si toutefois vous voulez bien encore nous y recevoir tous les deux...,

— Certainement, mon garçon, mes intentions sont toujours les mêmes, je ne rétracte rien de ce que j'ai dit; et je suis bien aise de vous voir installés chez moi... j'espère que vous ne vous repentirez pas d'y être venus.

— Oh ! monsieur ! s'écrie la mère Brunoy en faisant de nouvelles révérences. Est-ce qu'il est possible de ne point être heureux ici ! il me semble que j'ai déjà dix ans de moins depuis que j'y suis... Mon Dieu ! la jolie maison... monsieur peut être certain que je ferai de mon mieux pour qu'il soit content...

— Oui, reprend Georget en s'efforçant de maîtriser son émotion, nous travaillerons sans relâche... d'abord, moi, je veux prouver à monsieur que je ne suis pas un paresseux, je veux employer mon temps... mieux qu'à Paris... car à Paris... je flânais quelquefois... mais ça ne m'arrivera plus... je n'y retournerai jamais à Paris... monsieur ne m'obligera pas à y aller... n'est-ce pas, monsieur, vous me permettrez de ne plus sortir d'ici ?

M. de Brévanne, qui a remarqué l'exaltation de Georget, sourit légèrement en lui disant :

— C'est bien, mon garçon, nous reparlerons de tout cela, mais allez avec votre mère prendre possession de vos logements... Pongo va vous conduire... Pongo ! le petit pavillon à gauche contre l'entrée du potager, c'est là que je loge madame Brunoy et son fils.

Pendant que Georget et sa mère suivent le mulâtre qui marche devant eux en dansant une espèce de chika et en chantant :

— Jo vais revoir Carabi mon ami !... oh ! li plus méchant... li va lécher nez à moi !

Le comte de Brévanne s'enfonce sous une allée de tilleuls, et tout en s'y promenant semble plongé dans une profonde méditation ; cependant depuis quelques jours l'humeur de celui que ses voisins appelaient l'ours s'était considérablement modifiée : M. de Brévanne est toujours rêveur, mais sa rêverie est moins sombre, moins farouche qu'autrefois, son front s'est éclairci, il fuit moins le monde, et il lui arrive même parfois de s'arrêter pour causer un instant avec ses voisins. Ce changement qui s'est opéré dans sa misanthropie date du jour où il a revu sa femme dans le petit bois de M. Glumeau.

Il y avait déjà longtemps que le comte se promenait, lorsqu'il aperçoit Georget qui se tenait à deux pas de lui et paraissait craindre d'interrompre ses rêveries.

— Ah ! vous voilà, Georget... vous avez vu votre logement, vous plait-il... votre mère se trouve-t-elle bien ?

— Oui, monsieur, ma mère est enchantée... moi aussi... monsieur est trop bon pour nous... à présent que nous voilà installés, je viens demander à monsieur à quel travail je dois me livrer aujourd'hui.

— Aujourd'hui, mon ami, il faut vous reposer, parcourir les jardins, la maison, prendre connaissance de la propriété, et demain nous parlerons de travail. Mais avant cela... voyons, Georget, contez-moi vos peines... car vous en avez... je le vois dans vos yeux... D'ailleurs, puisque vous m'avez déjà fait confidence de votre amour, je dois maintenant savoir comment il se fait que vous ayez pu vous résoudre à vous éloigner de votre jeune bouquetière dont vous étiez si épris... Vous ne pouviez supporter la pensée d'être un seul jour sans la voir... et vous voilà ici... et vous ne voulez plus entendre parler de Paris !... pauvre garçon !... cette jeune fille que vous disiez si sage, si honnête, en aura écouté un autre que vous... n'est-il pas vrai que voilà la cause qui vous a amené ici ?

— Mon Dieu, oui, monsieur, vous aviez deviné la

vérité... et d'ailleurs j'aime mieux que vous sachiez tout... j'aime mieux vous avouer mon chagrin... ça fait si mal de vouloir toujours se contraindre... ça étouffe !... Ah ! monsieur, permettez-moi de pleurer... je n'ose pas devant ma mère, mais vous... ça ne vous fâchera pas...

— Pleurez, mon garçon, à votre âge on a facilement des pleurs, et cela soulage. Vous n'êtes pas encore un homme, vous ne pouvez pas avoir la force de supporter la trahison d'une femme... et les hommes eux-mêmes sont bien faibles quelquefois en pareille circonstance !...

— Ah ! monsieur, qui aurait jamais cru que Violette... qui semblait n'écouter aucun galant... et elle a été chez l'un d'eux, chez celui dont j'étais le plus jaloux... Ah ! j'avais donc raison d'en être jaloux ! un beau musqué... un lion, comme ils disent !...

— Comment savez-vous qu'elle a été chez lui ?

— Par un autre... qui est aussi amoureux de Violette... il l'a vue sortir de chez ce monsieur Jéricourt qui demeure sur son carré.

— Et qui vous prouve que celui-là dit la vérité, surtout si la bouquetière a refusé de l'écouter ?

— Ah! monsieur ! vous pensez bien que je ne voulais pas le croire non plus... que d'abord je l'ai traité de menteur ! d'imposteur ! je l'aurais battu même... s'il n'avait pas proposé de répéter tout cela à Violette elle-même et devant nous... il l'a fait, monsieur, il lui a parlé de sa visite chez son voisin... le beau monsieur Jéricourt... et Violette a pâli !... et elle n'a pas eu un mot pour se défendre... pour le démentir !...

— Alors, mon pauvre garçon, vous ne pouvez plus douter de son infidélité, ou du moins, si elle ne vous avait rien promis, de sa faiblesse pour un autre. Vous avez bien fait de quitter Paris, de venir ici avec votre mère ; en cessant de voir cette jeune fille, vous triompherez de votre amour... et vous trouverez vite à porter ailleurs vos sentiments. A votre âge, on aime si facilement...

— Vous croyez, monsieur, ah ! il me semble pourtant que ne pourrai jamais aimer une autre femme que Violette... mais enfin je tâcherai... je ferai mon possible... et ne la voyant plus... car vous ne m'enverrez pas à Paris, n'est-ce pas, monsieur ?

— Non, mon garçon, non, c'est convenu. D'ailleurs c'est toujours Pongo qui fait ce voyage, lorsque j'ai besoin de quelque chose... et moi-même j'y vais assez souvent, mais soyez tranquille, je ne vous emmènerai pas.

— Oh! tant mieux, monsieur, je vous en remercie... Je vais avec ma mère parcourir tous ces beaux jardins, monsieur.

— Allez, mon ami, allez.

M. de Brévanne sort de sa propriété et se dirige vers celle de M. Glumeau en se disant :

— Je n'ai pas été poli avec mes voisins, ils m'ont invité à leur fête, j'ai vu leur comédie, en me tenant à l'écart, et puis j'ai disparu sans avoir été même les saluer ; comme ils ne peuvent pas deviner quel motif m'a fait agir ainsi, je dois réparer mon impolitesse en allant leur rendre visite.

Déjà le comte approchait de la maison de M. Glumeau, losqu'un monsieur qui en sortait et venait de son côté, s'arrête et pousse un cri de surprise en se trouvant vis-à-vis de M. de Brévanne. Celui-ci examine à son tour la personne qui est devant lui, puis il lui tend la main en murmurant :

— Je ne me trompe pas... c'est M. de Merval !

— Le comte de Brévanne ! s'écrie M. de Merval en pressant dans les siennes la main qu'on vient de lui tendre. Puis il reprend : pardon... ce nom... vous l'avez quitté, je crois ?

— Oui, maintenant on me nomme Malberg ; mais pour vous je serai toujours Brévanne. Voilà une rencontre à laquelle j'étais loin de m'attendre !... mais dont je me sens heureux... vous venez de chez M. Glumeau ?

— Oui, je suis allé m'excuser de n'avoir pu me rendre à l'invitation qu'ils m'avaient envoyée, il y a une quinzaine de jours, pour une fête qu'ils ont donnée.

— Je sais... j'étais à cette fête...

— Vous étiez à cette fête...

— Cela vous surprend, n'est-ce pas? apprenez que je suis voisin des Glumeau... ma propriété est à quelques pas d'ici... voulez-vous me faire l'honneur de venir vous y reposer?

— Ce serait avec plaisir; mais vous allez quelque part...

— Chez mes voisins; cette visite peut se remettre, tandis que notre rencontre est un de ces hasards dont je veux profiter pour causer avec vous... si toutefois vous avez le temps de m'entendre?

— Je me mets tout à votre disposition...

— Venez donc alors...

Ces deux messieurs sont bientôt arrivés dans la charmante propriété qui a maintenant deux hôtes de plus. Le comte introduit M. de Merval dans un joli salon du rez-de-chaussée qui a vue sur la Marne, et s'asseyant près de lui, dit d'un ton à la fois triste et résigné :

— Que d'événements depuis que nous ne nous sommes vus !... et combien de fois vous devez avoir entendu prononcer mon nom !... ce qui m'est arrivé a fait du bruit... plus de bruit que je ne l'aurais voulu, je vous le jure !... Voyons, monsieur de Merval, que vous a-t-on dit... et qui avez-vous cru coupable dans tout cela? car le monde se trompe souvent dans ses jugements !...

M. de Merval semble un peu embarrassé pour répondre, il balbutie :

— Mais, on a dit beaucoup de choses contradictoires... cependant, si vous voulez mon opinion... eh bien, ce n'est pas vous que j'ai cru coupable !

— Vous aviez raison... mais vous deviez deviner la vérité, vous qui avez connu Lucienne Courtenay avant que je sois son mari... fou que j'étais !... je me rappelle que je fus jaloux de vous... même après mon mariage !... de vous, qui vous êtes toujours conduit avec la plus parfaite délicatesse... et je ne l'étais pas de celui qui devait trahir lâchement mon amitié !... Monsieur de Merval, puisque le hasard nous réunit aujourd'hui, permettez-moi de vous conter exactement ce qui m'est arrivé... et ce qui fut cause que je me séparai de ma femme... Je suis bien aise de déposer la vérité dans le sein d'un honnête homme... ce récit, je n'aurais pas eu le courage de vous le faire il y a peu de temps encore... mais une rencontre que j'ai faite... il y a quelques jours, a singulièrement adouci mes peines... je vous conterai cela plus tard et j'arrive tout de suite au principal.

XXIV

Comment cela était arrivé.

J'étais devenu éperdument amoureux de mademoiselle Lucienne Courtenay ; vous savez comme moi que sa beauté, ses grâces attiraient tous les regards. Je lui fis la cour, elle accueillit mes hommages. Enfin, je me crus aimé autant que j'aimais, et notre mariage se conclut.

Pendant la première année de cette union, je fus heureux ; cependant je commençais à m'apercevoir que ma femme n'était pas, ainsi que je l'avais cru, un modèle de tendresse et de sensibilité. Lucienne était coquette, extrêmement coquette ; habituée de bonne heure à être adulée pour sa beauté, il lui fallait toujours des hommages... des compliments, des admirateurs !... La toilette était sa principale, je pourrais même dire sa seule occupation !... aimable, enjouée, lorsqu'elle avait une cour autour d'elle, ma femme bâillait et s'ennuyait lorsque nous étions tête à tête !... Si je lui parlais de mon amour, elle me répondait pour s'informer d'une mode nouvelle. Ah ! monsieur de Morval, si la coquetterie amuse et séduit dans une maîtresse, elle devient bien dangereuse dans une épouse, surtout lorsqu'on est jaloux, et je l'étais.

La seconde année de mon mariage s'écoula, et déjà j'avais cessé d'être heureux ; ma femme voulait passer sa vie dans les fêtes, les plaisirs, les réunions, les bals ; si je me permettais quelques représentations, si je témoignais le désir de refuser une invitation nouvelle, on me faisait une scène, on m'appelait tyran !... vous concevez que je finissais toujours par céder ; quand on est amoureux on est bien faible, et j'étais toujours amoureux de ma femme ; je faisais tout pour lui plaire, je me disais : Son goût pour les plaisirs passera ! avec le temps elle deviendra plus raisonnable, et elle s'occupera un peu plus de son mari.

Mon plus grand chagrin alors, c'était de ne pas être père ; je formais sans cesse des vœux pour que Lucienne me donnât un gage de son amour... ces vœux ne furent pas exaucés !... Ah ! monsieur, bien des fois depuis ce temps j'ai remercié le ciel de ce qu'il ne m'avait point écouté, car c'est un grand malheur d'avoir des enfants lorsqu'on ne peut leur donner l'exemple de la paix et des vertus domestiques !...

Ici M. de Morval détourne la tête en faisant une mine singulière ; mais sans y faire attention, le comte continue :

Maintenant je dois vous parler de quelqu'un que vous avez connu, de Roncherolle, avec qui j'étais intimement lié ; nous nous étions rapprochés au collège. Roncherolle était un fort beau cavalier, et son humeur constamment gaie, son esprit sémillant, quoique un peu moqueur, captivaient presque tous ceux qui le connaissaient. Nous nous étions perdus de vue en sortant du collège ; quand je le retrouvai au bout de neuf ou dix ans, c'était un homme à la mode, un cavalier cité pour ses aventures galantes, pour ses succès près des dames. Il était toujours aussi gai, aussi spirituel ; son penchant au persiflage lui attirait souvent des affaires, mais, aussi brave que moqueur, il avait eu déjà plusieurs duels dont il s'était tiré fort honorablement. Il parut si content de me revoir, il me témoigna tant d'amitié que je n'hésitai pas à lui donner la mienne, et bientôt nous devinmes inséparables ; cependant il y avait une grande différence dans nos humeurs, dans notre caractère. Roncherolle se moquait de tout ; souvent il raillait ou tournait en ridicule les usages les plus vénérés, les sentiments les plus respectables, et à ce sujet nous avions parfois des altercations assez vives, mais Roncherolle les terminait par un mot plaisant, par quelque répartie si originale, qu'avec lui il était impossible de prendre rien au sérieux.

Lorsque je me mariai, Roncherolle devint naturellement un des habitués de ma maison; vous vous étonnerez peut-être qu'avec mon penchant à la jalousie, j'aie introduit dans mon intérieur un cavalier séduisant et renommé surtout pour ses conquêtes ; mais je croyais Roncherolle mon ami, mon ami sincère, et malgré la légèreté de ses principes, il était le dernier que j'aurais cru capable de me tromper ! Hélas ! je croyais à l'amitié, comme j'avais cru à l'amour... c'est si doux de croire ! mais aussi on souffre cruellement quand on est désabusé !...

Je ne devais pas tarder à payer bien cher ma confiance. Forcé de faire un voyage qui devait me retenir huit jours loin de Paris, j'aurais voulu emmener ma femme... elle trouva mille prétextes pour ne point m'accompagner. Je partis en recommandant à Roncherolle de veiller sur Lucienne... Vous le voyez, j'étais aveugle... je ne soupçonnais pas ce que d'autres avaient peut-être déjà deviné.

Mais lorsque la trahison nous entoure, il semble que le ciel lui-même se charge de dessiller nos yeux... il amène les événements de manière à nous faire découvrir la vérité, car je ne crois pas au hasard, je ne crois qu'à la Providence.

A peine arrivé au Havre où je m'étais rendu, je trouvai terminée l'affaire que je croyais en litige, si bien que le lendemain j'étais libre et je me remis en route pour Paris. Je me faisais une fête de surprendre ma femme, à qui je n'avais pas annoncé mon retour... Le convoi du chemin de fer qui me ramenait à Paris avait éprouvé en route un retard de deux heures, et il était près de minuit lorsque j'approchai de ma demeure ; le temps était mauvais, la nuit très-obscure, je distinguai cependant une voiture qui arrivait presque en même temps que moi et s'arrêtait à quelques pas de la porte cochère de ma maison. Un secret pressentiment ou avertissement s'empara sur-le-champ de mon esprit. Quelque chose me dit que ma femme était dans cette voiture, qu'elle ne revenait pas seule et que j'allais découvrir une horrible trahison ! Je ne saurais vous dire comment cette pensée me vint subitement et d'où partait l'éclair qui venait de luire à mes yeux, mais sans hésiter une seconde je triplai le pas et j'arrivai derrière la voiture au moment où le cocher ouvrait la portière pour faire descendre les personnes qui étaient dedans. La grandeur du fiacre et l'obscurité me permettaient de me cacher derrière et de pouvoir tout entendre sans être aperçu.

Roncherolle descendit le premier, je le reconnus aussitôt, puis il fit descendre ma femme ; mais jugez de ce que je dus éprouver, lorsqu'au lieu de rentrer sur-le-champ à sa demeure, je la vis faire quelques pas à l'écart avec Roncherolle, auquel elle adressait les noms les plus doux, les plus tendres, puis un rendez-vous était déjà pris pour se retrouver le lendemain... Je n'avais pas besoin d'en entendre davantage... je ne pouvais plus douter de mon malheur... celui que j'avais cru mon plus sincère ami était l'amant de ma femme !... Je m'élançai comme la foudre entre les perfides, en les traitant comme ils le méritaient... Ma femme poussa un cri et courut se faire ouvrir la porte de notre demeure. Je retins par le bras Roncherolle, qui essayait de fuir aussi, et lui dis : Vous savez maintenant ce que j'attends de vous... l'injure que vous m'avez faite ne s'efface qu'avec du sang... si le ciel est juste, je vous tuerai, sinon, après avoir trahi votre ami, vous aurez encore le bonheur de rendre sa femme veuve. Demain à huit heures du matin je vous attends à la porte Maillot, nous n'avons pas besoin de témoins ; heureusement je sais que vous n'êtes point lâche et je compte sur vous.

Roncherolle disparut sans me répondre un mot. Je rentrai chez moi ; j'hésitais à me présenter devant ma femme, je m'attendais à des pleurs, à des supplications, à une scène de désespoir ; mais, quoique mon cœur fût déchiré, quoiqu'il faille bien du courage pour supporter un coup qui brise en un moment tout le charme de votre vie, mon parti était déjà bien pris, bien arrêté, et c'est pourquoi je me présentai chez ma femme.

Jugez de ma surprise, de ma stupéfaction, je la trouvai occupée à faire sa toilette de nuit, presque aussi tranquillement que si rien ne s'était passé. Cependant, à mon approche, je m'aperçus qu'elle tremblait un peu... elle avait peur de moi, voilà le seul sentiment que je lui inspirais... c'était là son seul remords.

— Ne tremblez pas, madame, dis-je à Lucienne, je suis trop bien élevé pour me porter envers vous à aucun excès... que votre infâme conduite rendrait excusable peut-être, mais qui, après tout, n'effacerait pas le déshonneur dont vous avez couvert mon nom. Ce nom, je vais le quitter, et je vous ordonne de cesser aussi de le porter ; voilà le dernier ordre que vous recevrez de moi. Dès demain je pars, je vous quitte pour jamais. Vous avez votre fortune, j'ai la mienne, et grâce au ciel notre contrat de mariage a été fait de sorte que chacun a toujours la libre jouissance de ses biens. Je ne ferai point de bruit, point d'éclat... le monde interprétera comme il le voudra ma conduite... c'est peut-être à moi qu'il donnera tort... cela ne m'étonnerait pas... mais je m'en consolerai... il me sera plus difficile sans doute de renoncer à un bonheur que j'avais rêvé... que je rêvais encore... et que je ne croyais pas devoir durer si peu, mais j'y tâcherai et le ciel m'aidera.

En achevant ces mots, je gardai quelques moments le silence. Je l'avoue, je m'attendais à des larmes, à quelques accents de repentir... Oh ! je me trompais encore !...

ma femme balbutia quelques phrases sans suite dans lesquelles je compris cependant qu'elle voulait me faire croire que j'étais un visionnaire, que j'avais entendu de travers sa conversation avec Roncherolle, puis enfin elle terminait en disant qu'elle était fort malheureuse avec moi, et que nous ferions aussi bien de nous séparer... Je m'éloignai... je partis la mort dans l'âme, mais sans jeter un regard sur cette femme qui n'avait pas même une larme pour le mal qu'elle me faisait !

Le lendemain, sur les sept heures du matin, j'avais terminé tous les apprêts de mon départ, et écrit à mon notaire ; je me disposais à partir pour l'endroit que j'avais assigné pour rendez-vous à Roncherolle, lorsqu'un commissionnaire m'apporta une lettre ; je reconnus l'écriture de celui que j'allais rejoindre, je me hâtai de briser le cachet. Cette lettre est restée fidèlement gravée dans ma mémoire !... Voici ce que contenait le billet de Roncherolle :

« Mon cher de Brévanne — il osait encore m'appeler ainsi — je suis bien fâché de tout ce qui s'est passé... Tu as pris la chose trop sérieusement !... Je te croyais... comme tout le monde, et ce sont de ces événements qui arrivent tous les jours, pourquoi diable aussi revenir quand tu n'étais pas attendu ?... Depuis le fameux sultan des *Mille et une Nuits*, cela a toujours porté malheur à ceux qui font de ces surprises-là... Maintenant tu veux te battre avec moi... je sais bien que tu en as le droit, mais ce serait une grande folie, dont quelque jour tu te repentirais... Oui, si tu me tuais, je gage que plus tard... fort tard probablement, mais enfin il viendrait un jour où tu en serais fâché... car les passions se calment, et quand on réfléchit ensuite avec sang-froid... on est souvent tout surpris d'avoir éprouvé une grande colère pour peu de chose. Je veux donc t'épargner le remords de me tuer, et quant à moi, je n'ai pas besoin de te dire que jamais je ne dirigerai sur toi le canon d'un pistolet. D'après cela, comme notre combat ne peut avoir lieu, il est inutile que tu te rendes à un rendez-vous où tu ne me trouverais pas. Tu me connais assez pour savoir que ce n'est point par lâcheté que je refuse ce duel, j'ai fait mes preuves. Mais avec toi, non, tu auras beau faire, je ne me battrai pas, et comme tu vas sans doute espérer me rencontrer, je te préviens que lorsque tu recevras cette lettre, j'aurai déjà quitté Paris. Adieu ; je te le répète, je suis fâché, très-fâché de ce que j'ai fait, puisque cela te chagrine sérieusement, mais quand tu me tuerais dix fois, cela ne remédierait à rien, ce qui est fait est fait. Adieu, celui qui n'ose plus se dire, mais qui sera toujours ton ami. »

A cet endroit du récit de M. de Brévanne, M. de Merval ne peut s'empêcher de pousser une exclamation et d'interrompre le comte en s'écriant :

— En vérité, voilà une lettre qui, je crois, n'a pas sa pareille. Répondre ainsi... et dans une telle circonstance !... mais du reste, elle peint bien l'homme et j'y reconnais à chaque mot M. de Roncherolle... il se montre là ce qu'il était dans le monde !... Excusez-moi de vous avoir interrompu, et veuillez continuer.

— Je ne pouvais croire au contenu de cette lettre que j'avais sous les yeux, dix fois je la relus, puis je me rendis au domicile de Roncherolle ; mais il ne m'avait pas trompé, il était parti depuis six heures du matin. D'après ses préparatifs de voyage, il était probable qu'il avait quitté Paris, mais où était-il allé ?... nul ne put me le dire ; je courus en vain de tous côtés, je fis pendant plusieurs jours les perquisitions les plus minutieuses... je ne découvris pas les traces de celui qui, après avoir indignement trahi mon amitié, osait encore l'invoquer pour ne point me rendre raison de son outrage. Il me fallut donc partir sans m'être vengé. Ah ! monsieur de Merval, ce fut là, je vous l'avouerai, un de mes plus cruels tourments ! Je quittai la France, je voyageai quelque temps... mais, sur un avis que l'on me donna, un an après mon départ, je revins subitement à Paris : on m'avait assuré que de Roncherolle y était revenu, qu'on l'y avait vu... mais j'eus beau faire, je ne parvins pas à le trouver. Je repartis... je voyageai longtemps... les années s'écoulèrent... et le temps, ce grand consolateur, me rendit enfin ce calme que j'avais perdu, sans pour cela me rendre le bonheur... car de ces peines que j'ai éprouvées, il m'était resté une profonde misanthropie et comme de l'aversion pour le genre humain... J'étais excusable, n'est-ce pas, monsieur ? Trahi dans mes affections les plus intimes et à l'âge où le cœur s'y livre avec le plus d'abandon, je ne croyais plus à tout ce qui autrefois avait fait mon bonheur, et c'est triste de se dire : On n'a pas d'ami, celui qui aujourd'hui nous serre la main nous trahira demain si l'une de ses passions y trouve son profit.

— Ah ! monsieur de Brévanne, il ne faut pas envelopper tout le genre humain dans le même anathème ! Croyez-moi, il y a encore des sentiments sincères, et des hommes qui comprennent l'amitié. Ainsi vous n'avez pas revu M. de Roncherolle depuis que vous deviez vous battre ?

— Je vous le répète, il m'a été impossible de le joindre. Quelqu'un me dit une fois qu'il l'avait rencontré dans les Pyrénées voyageant avec une dame... que l'on nommait la baronne de Grangeville; au portrait qu'on me fit de cette dame, je ne doutai pas que ce ne fût ma femme, et cette pensée m'empêcha de me rendre dans les Pyrénées, car, je vous l'avouerai, si je désirais rencontrer un perfide dont j'espérais me venger, je n'avais pas encore envie de me retrouver avec une femme que j'avais tant aimée et qui m'avait si indignement trahi. Depuis, le temps s'est écoulé. Il y a quelques années, j'ai acheté cette maison de campagne... où je commence à me plaire. Maintenant, monsieur de Merval, vous connaissez le motif de ma séparation avec madame de Brévanne, dites-moi franchement si le monde a deviné la vérité, et s'il a jugé juste cette fois.

— Oui, je vous le répète, ce n'est pas à vous qu'il a donné tort; il y eut bien dans les premiers moments qui suivirent votre rupture quelques personnes... des dames surtout, qui voulurent plaindre la comtesse de Brévanne, et en parlant d'elle ne la nommaient que l'épouse infortunée... la pauvre femme abandonnée par son mari; mais bientôt ces personnes-là mêmes furent obligées de convenir qu'elles avaient tort, car la liaison de madame de... Grangeville avec M. de Roncherolle devint si évidente qu'il n'y avait plus moyen de se refuser à y croire. A la vérité, comme il y a des dames qui ne veulent jamais avoir tort entièrement, celles-là, pour excuser votre femme, prétendirent que sa liaison avec Roncherolle pouvait fort bien ne dater que du moment où vous l'aviez quittée... mais ensuite les événements parlèrent si haut... les faits étaient si ostensibles!...

— Comment... quels faits, quels événements? dit le comte en regardant M. de Merval; celui-ci s'arrête, semble embarrassé et reprend, comme quelqu'un qui craint d'avoir trop parlé.

— Mais, je veux dire... le départ de madame de Grangeville... ses voyages avec M. de Roncherolle... enfin vous savez tout cela comme moi, et je ne crois pas qu'il vous soit très-agréable que je m'étende davantage sur ces détails de la vie d'une personne... qui ne porte plus votre nom...

— Mon cher monsieur de Merval, ainsi que je vous l'ai dit avant de commencer le récit de ma triste mésaventure, il n'y a pas encore longtemps je n'aurais pas eu le courage de vous le faire, ni d'entendre avec calme parler de cette femme que j'ai tant aimée... mais cette femme, apprenez que je l'ai revue... ici... je veux dire dans cette campagne... il y a quelques jours...

— Quoi!... vous avez vu...

— Celle qui se fait appeler à présent la baronne de Grangeville, oui... C'était à la fête que donnaient mes voisins... les personnes de chez qui vous sortiez quand je vous ai rencontré ce matin... On m'avait invité, et cette fois, surmontant mon aversion pour le monde, je me rendis à cette invitation... D'ailleurs, je dois vous avouer que je n'ai pas encore perdu tout espoir de retrouver Roncherolle, on m'a positivement assuré qu'il est maintenant à Paris, et comme la plupart des invités de mes voisins devaient venir de là, je m'étais dit : Retournons dans le monde, j'y rencontrerai peut-être celui que je cherche en vain depuis si longtemps. Je suis donc allé chez M. Glumeau; on jouait la comédie dans son bois, je me tenais à l'écart, mais de manière à voir tout le monde. Jugez de ce que j'éprouvai lorsque mes regards se croisèrent avec ceux d'une dame assise près de madame Glumeau, et qui détourna bien vite la tête, lorsque ses yeux eurent rencontré les miens. Ce regard, quoique rapide, m'avait frappé... il m'avait sur-le-champ rappelé Lucienne. Je quittai ma place et en me tenant plus loin sous des arbres, il me fut facile de voir tout à mon aise les traits de cette personne... Je ne saurais vous dire ce que j'éprouvai... je ne voulais pas... je ne pouvais pas croire que c'était ma femme... je me la figurais toujours jolie, toujours jeune... enfin toujours aussi séduisante qu'à l'époque où je me séparai d'elle...

— Et vous avez trouvé un énorme changement!... Ecoutez donc, vingt années font de grands ravages, surtout chez les femmes qui ont été très-jolies... les laides changent beaucoup moins et c'est ce qui les console de l'être... Madame de Grangeville vous a-t-elle reconnu?

— J'ai tout lieu de le croire : lorsque quelques gouttes de pluie mirent la société en fuite, elle seule resta à sa place, elle semblait craindre de faire un mouvement; enfin, cependant, elle tourna la tête pour s'assurer si j'étais encore là!... elle m'aperçut et son effroi sembla redoubler... je lui faisais peur apparemment!... Quant à moi, elle me faisait pitié et voilà tout ! J'allais m'éloigner quand plusieurs jeunes gens vinrent la chercher et la remenèrent chez M. Glumeau, où vous pensez bien que je n'eus garde de la suivre. Maintenant, monsieur de Merval, expliquez-moi donc comment il se fait que cette rencontre, qui, en ravivant tous mes souvenirs, devait renouveler mes anciennes douleurs, ait produit un effet absolument contraire?... Oui, depuis ce moment mon cœur est plus calme, mes pensées sont beaucoup moins sombres... il semble que mon esprit envisage les choses sous un autre aspect qu'autrefois!...

— Monsieur le comte, ce changement me semble très-facile à expliquer. Avant cette rencontre votre femme était toujours pour vous cette jeune beauté dont vous étiez amoureux et jaloux, vos souvenirs étaient d'autant plus amers qu'ils vous rappelaient la trahison d'une personne bien séduisante!... aujourd'hui cette même personne vient de s'offrir à vos regards avec une vingtaine d'années de plus... elle est tellement changée que vous aviez peine à la reconnaître. Vous avez compris alors que vous étiez encore amoureux et malheureux pour un objet qui n'existe plus... Car pour vous qui avez été près de vingt ans sans revoir votre femme, sa beauté est entièrement passée... tandis que pour ceux qui ont continué à la voir, elle peut paraître bien encore. Ainsi que le disait un homme de beaucoup d'esprit : Comment voulez-vous que l'on s'aperçoive que l'on vieillit quand on se voit tous les jours. D'où je conclus, monsieur de Brévanne, que les regrets sont bien moins cruels quand l'objet regretté n'est plus ce qu'il était !

— Je crois qu'il y a du vrai dans ce que vous dites !... mais vous, monsieur de Merval, avez-vous vu depuis peu madame de Grangeville !

— Oui ; je l'ai rencontrée aussi chez les Glumeau, à Paris, et quelque temps avant la fête en question. Il y avait moins longtemps que vous que je n'avais vu... madame de Grangeville... je l'avais aperçue quelquefois au spectacle... au concert... mais je ne me permettais pas de lui parler... la fausse position dans laquelle elle se trouvait m'imposait cette retenue. Chez les Glumeau ce fut elle-même qui vint à moi, et voulut renouer connaissance, elle m'invita même à aller la voir.

— Et vous êtes-vous rendu à cette invitation ?

— J'aurais craint d'être impoli en y manquant...

— Et cette dame affiche-t-elle toujours le même luxe... la même élégance ?... car elle était coquette en tout... il lui fallait les meubles les plus somptueux ; le moindre objet chez elle devait avoir le cachet de la mode la plus recherchée !...

M. de Merval secoue doucement la tête en répondant :

— Oh! non... ce n'est plus cela... l'intérieur de madame de Grangeville a subi le même changement que son physique!...

— Il serait possible! ses goûts auraient changé aussi!

— Oh! non, pas ses goûts! je présume qu'ils sont toujours les mêmes, mais c'est sa fortune qui n'y est plus... je crois cette dame ruinée!...

— Ruinée!...

— Ou peu s'en faut:

— Mais elle avait douze mille francs de rente!...

— Oui, mais il y a vingt ans de cela... et en vingt ans, une personne qui aime le luxe et les plaisirs peut en manger bien davantage!... Bref, j'ai trouvé madame de Grangeville dans un petit appartement fort modeste... à un quatrième étage... et l'ameublement de ce logement était loin d'avoir de l'élégance!...

— Et combien de domestiques?

— Combien de domestiques?... mais une seule!... et je crois que cela était suffisant!... j'ai vu une espèce de femme de chambre... qui sans doute sert à tout.

La figure du comte s'est assombrie. Il garde quelques instants le silence, puis murmure enfin :

— Ainsi, elle a dépensé... dissipé sa fortune... et à l'âge où les illusions s'envolent, elle va se trouver dans la misère peut-être!...

M. de Merval ne répond rien, mais il prend son chapeau.

— Vous me quittez déjà? dit le comte, j'espérais vous garder toute la journée avec moi?

— Vous êtes bien aimable, mais aujourd'hui cela me serait impossible, il faut que je retourne à Paris.

— Me promettez-vous au moins de revenir me voir?

— Je m'y engage pour la semaine prochaine, si vous voulez bien me recevoir.

— Je compterai sur vous et vous désirerai comme un jour de soleil.

— Au revoir donc, mon cher comte, et à bientôt.

M. de Merval presse la main de M. de Brévanne, puis regagne la grande route en se disant:

— Ce pauvre comte !... il ne sait pas encore tout !... mais à quoi bon lui apprendre une chose... dont la révélation ne saurait lui être agréable... et que peut-être il ignorera toujours !

XXV

Tourments de Georget.

Pendant les premiers jours qu'il passe à la campagne, Georget se lève dès la pointe du jour et ne cesse pas de s'occuper jusqu'au moment où la nuit arrive ; à peine s'il se donne le temps de prendre ses repas. Il va, vient, court sans cesse d'une partie du jardin à une autre. Il laboure la terre avec le jardinier, il abat les arbres morts, il ramasse du bois, roule la brouette, trace des allées, transplante des buissons, et tout cela avec tant de feu, tant d'ardeur que la sueur inonde constamment son visage.

En vain sa mère l'engage à prendre un peu de repos ; il ne l'écoute pas, et lorsque M. de Brévanne lui dit :

— Mais, Georget, pourquoi donc vous fatiguez-vous ainsi ? rien ne vous presse... je ne veux pas que l'on se tue à travailler ; vous vous rendrez malade, mon ami.

Georget tâche de sourire en répondant :

— Oh ! non, monsieur, ça me fait au contraire du bien de m'occuper sans cesse... ça me distrait... ça m'amuse !... ça m'empêche de trop penser à autre chose.

— Pauvre garçon !... se dit le comte. Je le comprends !... il fait tout ce qu'il peut pour oublier cette jeune fille qu'il aimait... il tâche de se fuir lui-même... et il a bien de la peine à y parvenir.

— Ami Georget, c'est un écureuil ! dit Pongo à la mère Brunoy. Li pas rester un moment en place ! li pas s'asseoir un moment à l'ombre pour se reposer et causer ! c'est si gentil quand il fait grand soleil de se reposer à l'ombre ! Ami Georget, il fera fondre li à force de suer. Oh ! si li travaillait comme ça dans pays à moi, li mort tout de suite en deux jours !

Il y a cependant des moments où le jeune homme s'arrête, forcé d'essuyer la sueur qui inonde son visage ; alors il regarde autour de lui pour s'assurer s'il est seul, et lorsqu'il est certain que personne ne peut le voir, il laisse tomber sa tête sur sa poitrine, reste quelque temps plongé dans ses pensées et souvent de grosses larmes se mêlent aux gouttes de sueur qui baignent ses joues.

Un soir, Georget s'approche de sa mère et lui dit :

— Vous plaisez-vous toujours bien ici, maman ?

— Si je m'y plais, mon garçon, mais il faudrait que je fusse bien difficile pour ne pas m'y trouver heureuse... joli logement, charmant séjour, travail agréable, tous les biens de la vie, et un maître si bon !... qui s'informe sans cesse si l'on ne manque de rien !... Est-ce que tu n'es pas heureux et content d'être ici, toi ?

— Pardonnez-moi, ma mère, j'en suis bien content... Il y a déjà longtemps que nous sommes installés ici, n'est-ce pas ?

— Longtemps ! neuf jours, pas davantage, mon ami.

— Il n'y a que neuf jours !... c'est drôle !... il me semblait qu'il y avait plus d'un mois !...

— Pauvre garçon ! tu t'ennuies donc ! tu regrettes Paris !

— Oh ! non, ma mère... je ne regrette pas Paris !... je n'y pense pas du tout à Paris !... cependant, quoique j'aie dit que je ne voulais plus jamais y mettre les pieds... si vous aviez besoin de quelque chose... si vous aviez oublié chez nous un objet qui vous fît faute... il faudrait me le dire, ma mère, parce que j'aurais bientôt fait de courir vous chercher cela... et je reviendrai tout de suite... je ne m'arrêterai pas un instant !... c'est si près d'ici à Paris, je suis sûr que pour aller et revenir il ne me faudrait que trois heures!

— Merci, mon enfant, mais je n'ai nul besoin de t'envoyer à Paris, je n'ai rien laissé chez nous qui ne manque... tu n'auras pas à faire ce voyage.

Georget ne dit plus rien, mais sa physionomie cache mal son désappointement; cependant il n'ose pas insister, car il craint que sa mère ne lise au fond de son cœur. Quelques jours plus tard, Georget s'approche de Pongo qui est alors occupé à se disputer avec un superbe dahlia.

— Avec qui donc causez-vous, Pongo?

— Avec qui je causet mossieu Georget, vous voyez bien... avec li... avec beau rouget... li dahlia superbo !... rouge et petits bords blanc-rosé... mais li méchant, pas vouloir se tenir droit, baisser toujours la tête... Oh! que c'est vilain de baisser la tête... comme un sournois... entends-tu, rouget? toi relever la tête pour regarder soleil... ou tu auras affaire à moi.

— Pongo, il me semble qu'il y a longtemps que vous n'avez été à Paris !... Je croyais que M. Malberg vous y envoyait de temps en temps?

— Oui, mossieu Georget, maître il envoyait moi à Paris, toujours quand il avait une commission à me donner... Ah! voilà petit rouget en bas qui tient bien petite tête... vois-tu, grand lâche... grand sans cœur... le petit se tient mieux que toi !...

— Et en ce moment... vous n'avez pas de commissios pour Paris?

— Non, mossieu Georget, et moi bien content de rester ici au frais... pas fatiguer moi à faire la route... quoique maître veuille toujours que je prenne les voitures... mais pas bien dans voiture... serré tout plein... vilains voyageurs... pas polis... faire la grimace à Pongo !... Moi un jour voulais battre nourrice qui tirait la langue à moi !...

alors cocher être venu, et obliger moi à monter sur la voiture avec tous les paquets !...

— Mais aussi, Pongo, ce n'était pas bien ; comment ! vous vouliez battre une nourrice, une femme ?

— Pourquoi qu'elle tirait la langue à moi en m'appelant bonhomme de pain d'épice ?...

— Alors, Pongo, cela ne vous amuse pas quand il vous faut aller à Paris ?

— Oh ! non ; et puis quand je quitte Carabi, li toujours griffer moi quand je reviens... car li plus habitué à moi... et plus du tout obéissant... mais c'est égal, j'y vais tout de même...

— Eh bien, mon cher Pongo, si vous voulez, la première fois que M. Malberg vous donnera une commission pour Paris, je m'en chargerai, j'irai à votre place, et vous pouvez être tranquille, je ferai bien exactement tout ce que vous me direz...

— Oh ! merci, mossieu Georget, vous bien complaisant... mais moi pas pouvoir accepter...

— Pourquoi donc cela...

— Non, non, pas faire cela !

— Cela m'obligerait aussi moi, parce que... je profiterais de cette occasion pour... acheter à Paris des choses dont j'ai besoin...

— Non, mossieu Georget, pas envoyer vous à ma place, parole que, quand maître il commande à moi d'aller là... si moi faisais pas, li dirait : Pongo n'est plus mon domestique... Pongo il se faisait servir, et il mettrait moi à la porte !... Oh ! Pongo toujours servir maître li-même !... Attends, rouget, moi vais donner belle canne à toi... belle Zima comme celle à maître, et toi obligé à bien te tenir.

Georget s'éloigne tristement de Pongo ; le pauvre garçon brûle du désir d'aller à Paris, ne fût-ce que pour y rester une seule minute, mais il n'ose l'avouer ni à sa mère, ni à son protecteur ; car après avoir si souvent juré qu'il ne voulait plus y retourner, qu'il avait Paris en horreur... après avoir bien prié pour qu'on ne l'y envoyât jamais, comment oser maintenant demander la permission d'y aller? ne serait-ce pas avouer qu'il pense toujours à Violette, qu'il ne peut parvenir à l'oublier, et enfin, que pour la revoir un instant, un seul moment, il donnerait dix années de sa vie... A dix-huit ans, les années semblent si peu de chose... si les désirs d'un amoureux pouvaient toujours être exaucés, souvent il dépenserait en quelques jours le plus beau temps de sa jeunesse.

M. de Merval avait tenu la promesse qu'il avait faite au comte de Brévanne, il était venu passer une journée à Nogent. Cette journée avait été employée à se promener dans la campagne, tout en causant encore intimement. M. de Brévanne avait de nouveau interrogé son hôte sur la position actuelle de madame de Grangeville, et sans paraître y mettre de l'importance, il s'était informé de l'adresse de cette personne. Il avait aussi demandé à M. de Merval, si, à Paris, il n'avait pas rencontré M. de Roncherolle, mais, sur ce sujet, M. de Merval n'avait pu lui donner aucun renseignement.

Dans le courant de cette journée, employée à ces causeries, à ces épanchements du cœur, où l'on dévoile souvent ses plus secrètes pensées, plus d'une fois M. de Merval avait été comme sur le point de laisser échapper un secret d'un grand intérêt pour celui dont il recevait les confidences. Mais, toujours retenu par la crainte de lui causer de la peine, il n'avait pas parlé, et il avait quitté M. de Brévanne en se disant, comme après sa première visite : A quoi bon lui apprendre cela? il peut l'ignorer toujours.

Le lendemain de cette journée passée avec M. de Merval, le comte annonça le matin à son domestique qu'ils iraient à Paris sur le midi.

Pongo se met aussitôt à faire ses préparatifs, qui consistaient d'abord à bourrer Carabi de pâtée et de morceaux de viande, afin, disait-il, qu'en son absence, le chat ne commit aucun larcin et ne méritât aucune correction.

Le mulâtre venait à peine d'en finir avec son ami Carabi et il était entrain de battre *flonflon*, c'est ainsi qu'il nommait le paletot de voyage de son maître, lorsque Georget vint à passer près de lui.

— Que faites-vous donc là, Pongo ? dit le jeune homme en s'arrêtant.

— Moi, bats *flonflon*, mossieu Georget, moi fais flonflon bien beau, bien propre ; li content d'être battu... car li va aller à Paris !...

— Comment !... vous allez à Paris, Pongo ?

— Oui, j'y vais avec maître, li avertir moi, nous partir tous deux tantôt... à midi... entends-tu, flonflon. Tiens ! pan ! pan ! oh ! tu seras gentil ?

— Vous dites que M. Malberg part aujourd'hui pour Paris ?...

— Oui, mossieu Georget, avec moi, li emmène moi, aussi je mettrai Mina... jolie casquette toute neuve...

Georget n'en écoute pas davantage, il se met à chercher le comte par toute la maison, enfin il le trouve assis sous un bosquet de lilas, où, comme d'habitude, il semblait méditer profondément.

— Daignez me pardonner, monsieur, si... je vous dérange... dit Georget en abordant le comte. Mais, c'est que... je viens d'apprendre que... monsieur va à Paris aujourd'hui...

— Oui, c'est vrai ; mais que vous importe, mon garçon, pourvu que je ne vous emmène pas, comme vous m'en avez prié ? soyez tranquille, je n'ai pas besoin de vous ; je n'emmène que Pongo.

— Mon Dieu, monsieur... c'est que... j'ai réfléchi... j'ai compris que j'avais eu tort de dire cela à monsieur... car je dois être à ses ordres... je dois être toujours prêt à lui être agréable... et alors... de là... je n'avais pas le droit de dire à monsieur de ne pas m'emmener à Paris quand il irait... c'est pourquoi... si monsieur veut que je le suive... oh ! je serai tout prêt dès que monsieur voudra, je ne me ferai pas attendre...

Le comte examinait attentivement Georget pendant que celui-ci parlait. Il lui répond avec douceur :

— Je vous remercie, Georget, de cet effort que vous voulez faire pour m'être agréable, mais je vous le répète, je ne vous mettrai pas à une si rude épreuve... vous avez Paris en horreur, je le sais, je le conçois... vous pourriez y rencontrer quelqu'un... que vous ne voulez jamais revoir... que vous voulez au contraire entièrement oublier, je ne vous exposerai point à des dangers que vous avez la sagesse de fuir. D'ailleurs, je n'ai nul besoin de vos services à Paris, calmez donc vos craintes, mon ami, vous resterez ici.

Le pauvre garçon demeure atterré, il ne sait plus que dire, il pâlit, il chancelle; enfin, ne se sentant pas la force de dissimuler plus longtemps ce qu'il éprouve, il tombe à deux genoux devant M. de Brévanne, en balbutiant d'une voix entrecoupée par les sanglots :

— Ah! monsieur!... emmenez-moi!... emmenez-moi, je vous en prie... ce n'est pas ma faute... mais je ne puis plus y tenir... je ne lui parlerai pas, monsieur, oh! je vous jure que je ne lui parlerai pas, mais que je puisse la voir un moment... rien qu'un moment... que je sache si elle est encore là... à cette place où je la voyais autrefois... et puis je repartirai... je reviendrai ici plus calme... plus tranquille... et je travaillerai bien mieux encore, car je n'aurai pas la tête bouleversée comme en ce moment.

— Relevez-vous, pauvre enfant !... au moins vous êtes franc maintenant, et j'aime mieux cela... A quoi bon déguiser ce que l'on éprouve... et d'ailleurs, mon pauvre garçon, vous n'avez pas encore l'art de dissimuler... restez toujours ainsi, c'est plus rare, mais cela vaut mieux. Allons, puisque vous ne pouvez plus exister sans la voir... vous viendrez à Paris avec moi...

— Ah! monsieur, que vous êtes bon !...

— Mais prenez garde !... soyez sage !... rappelez-vous le passé !... Ah! s'il s'était écoulé vingt ans depuis que vous avez vu l'objet de vos amours... je craindrais moins pour vous... mais, après quinze jours, c'est bien dangereux !...

— Je ne lui parlerai pas, monsieur !... oh! je vous le jure !...

— C'est bien. Allez vous préparer, et dites à Pongo que c'est vous que j'emmène à sa place, qu'il n'ira pas à Paris.

Georget, ivre de joie, court comme un fou à travers

les jardins, il a besoin de dire à tout le monde qu'il va à Paris. Il le dit au jardinier, qui est en train d'arroser ses légumes; il le crie à sa mère, qui travaille devant la maison, qui croit qu'elle a mal entendu, mais lorsqu'elle veut demander à son fils quelques mots d'explication, Georget est déjà loin; il est allé vivement dans sa chambre s'habiller; en un instant, il a terminé sa toilette; alors il se remet à la recherche de Pongo, qu'il trouve encore en train de brosser et de battre flonflon; il veut s'emparer du paletot que le mulâtre refuse de lui donner.

— Laissez cela, Pongo, laissez cela! dit Georget, ce n'est plus vous qui allez à Paris... c'est moi qui vous remplace... donnez-moi ce paletot, je vais le porter à monsieur... il est bien assez battu...

— Comment! quoi que vous disez, mossieu Georget? moi, plus aller à Paris... oh! vous voulez rire! vous voulez vous moquer de moi!

— Je vous dis, Pongo, que c'est votre maître lui-même qui vient de m'annoncer qu'il m'emmenait à votre place... vous pourrez rester ici avec Carabi, cela doit vous faire plaisir...

— Moi, pas croire vous! laissez flonflon tranquille.

— Mais je veux porter ce paletot à monsieur... puisqu'il va partir...

— Pas toucher à flonflon!... je porterai li à maître tout seul, pas besoin de vous...

— Alors, portez-le donc tout de suite...

— Vous, pas commander à Pongo. Laissez flonflon...

— Ah! vous m'ennuyez à la fin.

Et Georget, dans son impatience de partir, saute sur le paletot que le mulâtre retient par une manche; chacun dit à l'autre de lâcher, et comme ni l'un ni l'autre ne voulait céder et qu'ils continuaient au contraire de tirer toujours, bientôt l'objet de la discussion tombe sur le sable, privé de ses deux manches, qui restent entre les mains de ceux qui se disputaient l'honneur de porter ce vêtement à son maître.

En ce moment, M. de Brévanne arrivait sur le théâtre du combat; il voit sur la terre son paletot privé de manches, tandis que Georget et Pongo, tous deux l'air honteux et confus, regardent d'un air piteux le morceau du vêtement qui est resté entre leurs mains.

— Eh bien ! j'attends mon paletot, dit le comte, qui a bien de la peine à ne pas sourire de la mine des deux personnages qui sont devant lui.

— Paletot... flonflon... voilà, voilà, dit le mulâtre en s'apprêtant à passer à son maître la manche qu'il possède.

— Qu'est-ce que vous mettez là, Pongo, une manche ?

— Oh ! maître... je mettrai le reste après ; moi recoller tout ce qui est défait avec du fil, j'arrangerai bien... C'est la faute à mossieu Georget, qui voulait emporter habit, en disant que je n'étais plus serviteur à mossieu... moi, je n'ai pas voulu croire... li prendre flonflon de force...

— C'est vrai, monsieur, dit Georget, c'est ma faute si votre paletot est déchiré, j'en conviens... c'est que j'étais si pressé de vous le porter... et il ne voulait pas me le confier...

— Si li prendre ma place pour servir maître, alors Pongo est donc chassé... mis à la porte ? ah ! pauvre Pongo ! bien malheureux ! il va casser tête contre mur.

Et le mulâtre se met à pousser des beuglements capables d'effaroucher un bœuf. Ce n'est pas sans peine que son maître lui fait comprendre qu'il n'a jamais eu l'intention de le renvoyer, et que s'il emmène cette fois Georget à Paris, celui-ci n'a pas pour cela le désir de lui prendre sa place.

Georget lui-même embrasse Pongo en le priant de lui pardonner le chagrin qu'il lui a fait involontairement ; le mulâtre se calme, il ramasse les morceaux de flonflon, et M. de Brévanne, après avoir été mettre un autre paletot, part pour Paris avec Georget.

XXVI

Un bon camarade.

En arrivant à Paris, le comte dit à Georget :
— Je n'ai pas besoin de vous en ce moment, mon garçon... allez à vos affaires ; mais trouvez-vous à cinq heures sur le boulevard, devant la rue d'Angoulême, je vous y prendrai en passant ; j'aurai un cabriolet, et nous reviendrons ensemble.
— Il suffit, monsieur... si pourtant monsieur avait besoin de moi, s'il désire que je le suive...
— C'est inutile, soyez à cinq heures où je vous ai dit.

Le comte s'est éloigné : Georget ne reste pas longtemps indécis sur ce qu'il veut faire. En quelques minutes, il est sur le boulevard, puis il s'approche du Château-d'Eau ; c'était justement jour de marché aux fleurs dans ce quartier, le temps était magnifique et il y avait une grande affluence de marchands et de promeneurs. Georget se félicite de cette circonstance qui lui permettra de se cacher dans la foule et de ne point être aperçu, car il veut voir Violette, mais il voudrait que ce fût sans qu'elle s'en doutât.

En approchant de la place où se tient la jolie bouquetière, Georget sent ses jambes trembler et fléchir sous lui. Son cœur palpite avec tant de force, qu'il appuie sa main dessus dans l'espoir d'en contenir les battements.

Le pauvre garçon n'a jamais éprouvé une émotion si vive. Il désire et craint de porter ses regards du côté de cette place où naguère encore il s'arrêtait si souvent... Enfin, saisissant un moment où beaucoup de personnes le masquent, il a levé les yeux, il a regardé, il a vu Violette, et alors ses yeux restent attachés, fixés sur elle. D'ailleurs, en cet instant, la bouquetière, occupée à assembler des fleurs, avait les regards baissés sur son étalage et ne faisait aucune attention aux passants.

Violette est toujours aussi séduisante, cependant les roses de son teint ont presque entièrement disparu, son front est soucieux; enfin, un air de mélancolie est répandu sur tous ses traits; mais, loin de nuire à sa beauté, peut-être donne-t-il un nouveau charme à sa personne...

Georget a sur-le-champ remarqué ce changement, cette pâleur qui a remplacé les roses qui paraient les joues de Violette; en une seconde, vingt pensées se sont croisées dans son esprit :

— Pourquoi cet air triste, abattu ? — Pourquoi ce changement, cette pâleur? — Pourquoi, même en arrangeant ses fleurs, conserve-t-elle ce front soucieux, rêveur? Est-elle malade ? — A-t-elle du chagrin ?... Qui peut donc lui causer de la peine ?...— A quoi pense-t-elle en ce moment ?

Georget s'est fait toutes ces questions en moins d'une minute. Mais la dernière est surtout celle qu'il donnerait tout au monde pour pouvoir résoudre ! A quoi pense-t-elle en ce moment ?

N'est-ce pas toujours ce que demande un amant, lorsque, sans être vu, il peut observer sa maîtresse et lorsqu'il la voit rêveuse ? mais c'est aussi la question qui reste le plus souvent sans réponse.

Il s'écoule un assez long temps, et Georget est toujours au même endroit, les yeux fixés sur Violette, qui ne le voit pas. Plus d'une fois le jeune homme a été poussé, bousculé par les passants, par des personnes qui portaient des fleurs; on lui a crié :

— Prenez donc garde !... rangez-vous donc! laissez-nous passer... Est-ce qu'il est incrusté dans le bitume, celui-là ?

Georget n'a pas bougé, il n'a même pas entendu ; les coups de coudes, il ne les a même pas sentis, il semble que tout son être soit passé dans ses yeux et qu'il n'existe plus que par là.

Mais il faut bien qu'il réponde, qu'il sorte de son extase, lorsqu'il se sent tout à coup pressé entre deux bras nerveux, lorsque quelqu'un se met à sauter devant lui et l'embrasse en criant :

— Ah ! te v'là donc, mon pauvre Georget !... t'es pas mort ! t'es pas fondu !... que je suis content !... Je te croyais dans le canal ou dans un puits, ou sous un éboulement des carrières Montmartre... Laisse-moi t'embrasser... saperlotte ! gredin ! animal ! qui disparais et laisses les amis se désoler... Laisse-moi donc t'embrasser !...

Georget vient de reconnaître son ancien camarade, et il se sent touché de la joie que celui-ci témoigne en le regardant.

— Oui, c'est moi, Chicotin, merci... tu ne m'avais donc pas oublié, toi ?

— Oublié ! ah ça, es-tu bête ? qu'est-ce que ça signifie ? pourquoi que je t'aurais oublié ?... est-ce que nous n'étions pas amis ?... est-ce que les amis se quittent comme une vieille culotte qu'on ne doit plus remettre ?... Oublié ! c'est-à-dire que je t'ai cherché dans tous les coins de Paris... J'ai bien été à ta demeure... parce que je l'avais demandée à mam'selle Violette... moi, je ne la savais pas bien...

— Tu as demandé mon adresse... à... mademoiselle Violette ?

— Sans doute... pour la savoir il fallait bien la demander...

— Et que t'a-t-elle dit quand tu lui as... parlé de moi ?

— Pardi ! elle m'a dit que tu logeais rue d'Angoulême... j'y suis allé... j'ai trouvé un grand sec de portier qui était parfaitement gris, et qui se disputait avec une femme... ça devait être la sienne, car elle l'appelait chenapan !...

— Elle ne t'a pas dit autre chose ?

— La vieille femme, elle a dit : Ils sont partis, nous ne savons pas où ils sont...

— Mais Violette... Violette...

— La bouquetière?... Ah ! je ne sais pas ce qu'elle a, cette pauvre fille, mais depuis quelque temps elle est toute triste... elle ne rit plus jamais !... elle est toute changée... Après ça, dame ! elle s'ennuyait peut-être aussi de ne plus te voir ; toi !... qui passais tes journées auprès d'elle, tout d'un coup tu la plantes là !... sans même lui dire adieu, à ce qu'il paraît... c'est donc gentil ça ?... si je m'étais conduit comme ça, moi, à la bonne heure, personne n'en aurait été étonné, on aurait dit : Oh ! ce Patatras !... voilà bien de ses tours !... *Parais! disparais!* comme *Rotomago* aux marionnettes... mais toi, Georget... un garçon qui a des manières polies... des façons de clerc d'avoué ! ah ! vraiment, on ne s'y serait pas attendu de ta part.

Tout en écoutant son ancien camarade, Georget regardait presque toujours la bouquetière, qui continuait d'arranger ses fleurs. Mais il vient un moment où la jeune fille lève la tête et porte ses regards du côté de Georget, celui-ci est persuadé qu'elle l'a vu et aussitôt, entraînant vivement Chicotin, il lui fait quitter le boulevard en lui disant d'une voix étouffée :

— Viens... viens... viens... ne restons pas ici... elle m'a vu peut-être... je ne veux pas qu'elle pense que j'ai encore du plaisir à la regarder... à m'occuper d'elle, elle se moquerait encore de moi... je ne le veux pas... viens, Chicotin...

— Mais, mon Dieu, prends donc garde... tu vas... tu vas !... tu nous mènes devant les omnibus... Si tu veux nous faire écraser, merci !... j'aime mieux autre chose !... Voyons... est-ce que nous ne sommes pas assez loin ?... Mais qu'est-ce que tu as donc contre mam'selle Violette... tu la fuis ! toi, qui en étais si amoureux ! je n'y comprends plus rien ! Quoi qu'elle t'a donc fait, c'te jeunesse !

— Ce qu'elle m'a fait ?... Elle m'a trompé... elle m'a laissé croire qu'elle était sage, honnête, qu'elle était digne de mon amour, enfin... et cela n'était pas vrai... et elle écoutait un de ces beaux messieurs qui lui font la cour... et elle allait chez lui !...

— Elle ? la jolie bouquetière, une coureuse ! allons donc... c'est pas vrai !... je ne crois pas ça ! c'est des blagues !

Georget demeure saisi de l'assurance avec laquelle son camarade vient de le démentir, et au fond du cœur il en éprouve un vif sentiment de plaisir ; c'est lui à son tour qui embrasserait Chicotin pour ce qu'il vient de lui dire ; mais il se contente de lui serrer fortement la main, en murmurant :

— Tu ne crois pas cela d'elle... Ah ! j'étais comme toi, moi, je ne voulais pas croire... mais si, devant toi, elle n'avait pas démenti de tels propos... tu serais bien forcé de croire pourtant !... Ecoute, écoute.

Et Georget fait à son ami un récit exact de ce qui s'est passé la dernière fois qu'il était sur le boulevard du Château-d'Eau.

Chicotin écoute, en secouant de temps à autre la tête comme quelqu'un qui doute toujours de ce qu'il entend, et quand son ancien camarade a fini de parler, il s'écrie :

— Qu'est-ce que tout ça prouve ?... ce petit vilain de louchon... que j'épaterai un de ces jours ! vient dire un tas de méchancetés d'une jeune fille qui ne veut pas de lui !... s'il abîme comme ça toutes celles qui l'enverront à l'ours, il en fera de ces cancans...

— Mais ce Jéricourt... ce jeune homme bon genre... hélas ! il n'est pas vilain celui-là, et tu sais bien qu'il en contait à Violette !...

— Eh ben, après... il n'était pas là, lui ?... il n'a rien dit, rien affirmé...

— Mais Violette !... Violette !... quand le petit jeune homme lui a dit qu'il l'avait vue entrer chez son voisin... qu'il l'avait vue en sortir toute chiffonnée... tout émue... elle ne lui a pas dit : Vous êtes un menteur !... Si cela n'était pas, crois-tu qu'elle n'aurait pas su confondre ce méchant jeune homme et démentir ses paroles...

— Ah ! dame... je ne sais pas moi !... il fallait la prier de t'expliquer tout cela...

— M'expliquer... pour qu'elle me mente encore... oh !... je n'avais pas besoin d'explication... D'ailleurs elle a vu ma peine... mon désespoir... elle m'a laissé partir, elle n'a pas eu un mot pour se justifier... Voyons, Chicotin, est-ce que tu la crois encore innocente à présent ?

— Dame... oui...

— Oui !... Oh ! si je pouvais penser comme toi... je suis si malheureux depuis que je ne puis plus dire partout que je l'aime... Elle est pâle... elle est triste... elle est changée... et comment donc savoir ce qui cause sa tristesse ?...

— Attends ! attends... je vois quelqu'un là-bas qui mieux qu'un autre pourrait nous dire le fin mot de l'histoire... Tiens, vois-tu ce jeune homme qui traverse le boulevard ?

— M. Jéricourt !... c'est lui... ah ! laisse-moi, Chicotin, je vais courir lui parler...

— Du tout !... qu'est-ce que tu lui dirais, d'abord ?...

— Je ne sais pas... mais je le forcerais à m'avouer s'il est l'amant de Violette...

— Tu forcerais ! Est-ce qu'on force les gens à dire la vérité ?... Il faut que ça leur vienne naturellement... Viens... suivons M. Jéricourt... ne le perdons pas de vue... quand nous serons dans un endroit où il y aura moins de monde... je l'aborderai, je lui parlerai, moi : il me connaît. Par exemple, il ne se doute pas que, deux fois, c'est lui que j'ai voulu jeter par terre, devant l'étalage de la bouquetière... d'ailleurs ça c'était une farce !... Je t'ai dit que j'avais souvent fait des commissions pour lui... je n'en fais plus guère depuis quelque temps... je crois que les fonds sont bas... chez son ami, le beau lion, le Saint-Arthur... En v'là un qui se fait dégommer par la petite Dutaillis !... quel serin premier numéro !

— Chicotin... marchons plus vite... tu lui parleras...

— Sois donc tranquille, nous ne le perdrons pas de vue... Eh bien oui, et sans avoir l'air de rien... je lui demanderai la vérité sur mam'selle Violette... je lui dirai que j'avais envie de l'épouser... Alors, pourquoi ne me dirait-il pas ce qu'il en est à moi?... Quel intérêt aurait-il à me tromper... c'monsieur !

— Ah ! Chicotin, quelle bonne idée tu as !... Oui, oui... tu lui parleras... je me tiendrai à l'écart... pour ne pas avoir l'air... Oh ! vas-y tout de suite !... va l'aborder...

— Ah ! pas moyen maintenant... v'là qu'il rencontre quelqu'un... le v'là qui cause avec un monsieur !

— Quel malheur !...

— Ce n'est qu'un petit retard, tant pis ! nous attendrons, nous avons le temps.

M. Jéricourt, l'auteur dramatique, venait en effet de rencontrer un de ses confrères ; ces messieurs se mettent à causer, faisant parfois quelques pas, puis s'arrêtant sans que pour cela leur conversation soit interrompue. Cela dure comme cela fort longtemps. Georget se désolait et Chicotin disait :

— Il n'est pas possible !... il faut qu'ils soient entrain de faire une pièce à eux deux... il y en a un qui a l'air de la jouer... il gesticule en parlant comme s'il était sur le théâtre...

— Ils n'ont pas l'air de vouloir se dire adieu...

— Dame, si c'est une pièce en cinq actes qu'ils composent... et pour peu qu'ils y fourrent des tableaux...

— Ah ! mon Dieu, voilà qu'ils entrent dans un café ! il ne nous manquait plus que cela...

— Que veux-tu?... nous ne pouvons pas empêcher ces messieurs de vouloir prendre quelque chose,... si nous entrions aussi au café prendre un petit verre...

— Non, M. Jéricourt pourrait nous remarquer, et ensuite il verrait que nous l'avons suivi...

— Tu as raison, et il ne voudrait plus répondre à mes questions... d'ailleurs il vaut mieux qu'il ne te voie pas... Allons, faisons une faction, c'est embêtant, mais après tout, dans notre état nous en faisons souvent pour d'autres, nous pouvons bien une fois nous embêter pour notre compte.

Jéricourt reste plus d'une heure dans le café avec la personne qu'il a rencontrée ; puis ces messieurs sortent, causent encore assez longtemps devant le café et se séparent.

— Enfin! s'écrie Georget en suivant le boulevard Beaumarchais que vient de prendre Jéricourt. Cette fois, Chicotin, tu ne vas pas attendre pour aborder ce monsieur qu'il ait rencontré une autre personne...

— Non... non... mais encore faut-il choisir son endroit... il y a des places où on est mieux pour causer... Tiens le voilà qui prend la rue du Pas-de-la-Mule... Oh! c'est sur la place Royale que je vais *l'arquepincer*... Oui... il tourne à gauche... attends-moi ici, Georget!

Chicotin court pour rejoindre sa pratique, et Georget reste sur le boulevard. Cinq minutes se passent, qui semblent éternelles au jeune amoureux; ne voyant pas alors revenir son camarade, Georget descend la rue, entre sur la place Royale, regarde de tous côtés, et aperçoit enfin Chicotin sous une arcade et parlant à Jéricourt qui l'écoute d'un air assez dédaigneux. Georget voudrait bien entendre ce qui se dit, il fait quelques pas en avant, mais Chicotin vient de l'apercevoir et il lui a fait un signe très énergique qui signifie: Fiche-nous le camp.

Georget va se mettre plus loin; il s'adosse à un pilier, il attend en avançant de temps à autre la tête pour voir si son ami revient. Enfin il aperçoit Chicotin qui s'avance à pas lents vers lui, et dont la mine soucieuse n'annonce pas de bonnes nouvelles. Le pauvre Georget court au-devant de son camarade en s'écriant:

— Eh bien... sa réponse?... ah! dis donc vite... je meurs d'impatience depuis une heure...

— Sa réponse?... c'était pas la peine de le suivre si longtemps pour entendre ça!...

— Ah! je comprends... Violette est coupable!

— Dame, d'après ce que dit ce monsieur... il aurait triomphé de la bouquetière! Quand je lui ai dit: Monsieur, soyez assez bon pour me renseigner sur la vertu de mam'selle Violette... parce que... je connais quelqu'un qui a envie de l'épouser, alors il s'est mis à rire d'un air goguenard en disant: Sa vertu!... la vertu de la bouquetière !... ah ! voilà qui est charmant !... qui est délicieux !... et puis encore un tas de mots auxquels je ne comprenais rien... Ensuite je crois qu'il t'a vu, car il a ajouté : C'est pour ton petit camarade que tu viens aux renseignements. J'ai répondu : Non, monsieur, c'est pour moi. Il s'est encore remis à rire... que ça m'agaçait... et que j'aurais voulu lui donner une roulée, mais ça n'aurait pas avancé les affaires ! et puis il a dit : il n'y a que les imbéciles qui croient à la vertu de ces jeunes filles qui font tant les revêches et les cruelles... Violette est venue chez moi de son plein gré... et quand une jolie fille vient chez moi, on sait ce que cela veut dire... ma réputation est faite... dis cela au jobard qui est amoureux d'elle... Et là-dessus, il m'a tourné les talons en se mettant à chanter... Ah ! c'est égal !... c'est un méchant garnement que ce monsieur-là... je ne lui conseille pas de me donner encore des commissions à faire... j'aurai soin de me tromper ! je porterai ses billets aux maris au lieu de les donner à leurs femmes... nous verrons si ça le fera rire aussi !... Eh bien, Georget... tu souffres... tu as envie de pleurer !... Allons, nom d'un chien ! c'est pas tout ça !... faut être un homme... faut montrer que tu n'es plus un moutard !... est-ce que pour une fille qui nous a trompés, il faut passer sa vie à se désoler... ah ! ouiche !... Mais si on pleurait chaque fois qu'une femme nous fait des infidélités, les hommes auraient constamment le nez rouge, et ça ne serait pas joli... et puis après tout... elle ne t'avait rien promis c'te fille, tu me l'as dit toi-même... elle était libre d'aimer où ça lui faisait plaisir !....

Georget essuie ses yeux en balbutiant :

— Oui, Chicotin, tu as raison... Violette était libre... je n'ai pas le droit de lui faire des reproches... je suis bien bête de me chagriner, car enfin tu ne m'as rien appris de nouveau... mais c'est que... en la voyant ce matin si pâle... si changée... je m'étais figuré... Ah ! des bêtises encore... et puis toi-même, tu me disais que j'avais tort de la soupçonner...

— Dame ! moi, j'aurais mis ma main au feu de la sagesse de c'te jeunesse... c'était mon idée !...

— Ah ! je ne t'en veux pas, Chicotin... au contraire... je t'aime bien...

— Et où donc que t'es à présent... t'as quitté Paris...

— Oui... je suis à Nogent-sur-Marne... dans une superbe propriété, chez M. Malberg... un homme qui est bon pour moi et ma mère... Oh ! nous ne manquons de rien... au contraire... nous sommes bien heureux.

— Essuie donc tes yeux... voyons ne pleure pas comme ça...

— C'est fini, va... je ne pleurerai plus... je vais repartir pour Nogent... je ne reviendrai plus jamais à Paris... ça me fait trop de peine de la voir... et de penser qu'il ne faut plus que je l'aime... Oh ! non, je ne reviendrai plus... je l'avais déjà juré... l'autre fois en partant... mais à c't'heure je tiendrai mon serment...

— Et tu feras bien... et moi j'irai te voir à Nogent... c'est pas défendu, n'est-ce pas ?...

— Oh ! non... viens... mais tu ne me parleras pas d'elle... tu ne me donneras pas de ses nouvelles... je ne veux plus savoir ce qu'elle fait...

— Sois tranquille !... ah ! bigre ! c'est pas moi qui irai te dire encore des choses qui te font tant de mal... Allons, mouche-toi, et n'y pense plus... mon Dieu ! mais les jolies filles ça ne manque pas, c'est une graine qui pousse partout comme le chiendent !... on en trouve dans la banlieue comme à Paris... je suis bien sûr qu'il y en a aussi à Nogent... je gage que tu n'en as pas encore cherché ?

— Non... je n'y ai pas songé...

— Nous en chercherons ensemble, je t'en dénicherai une capable de te faire oublier toutes les bouquetières de Paris...

— Oui, j'en aimerai une autre... j'en aimerai plusieurs autres !...

— C'est ça, faut en aimer des paquets !... ça fait que si dans le nombre il y en a une qui vous fait des traits, on s'en console tout de suite avec une autre...

— Tu viendras, Chicotin, n'est-ce pas... tu me promets que tu viendras ? mais pas pour me parler d'elle... Qu'est-ce que ça me fait à présent qu'elle soit pâle ou rouge !...

qu'elle ait l'air triste ou gai !... mon Dieu ! ça m'est bien indifférent à présent !... je m'en moque, je ne veux plus m'intéresser à elle... Quand on se conduit comme elle l'a fait... on ne mérite l'intérêt de personne... pas vrai, Chicotin ?

— Oui, oui, mouche-toi encore... j'irai te voir, c'est convenu ! d'ailleurs je suis mon maître... j'ai bien mon monsieur goutteux qui m'occupe quelquefois... mais pas tous les jours... je n'ai pas pu trouver la baronne de Grangeville... ma foi, ce n'est pas ma faute... et toi, dans le temps ne cherchais-tu pas aussi quelqu'un pour ton M. Malberg... c'est Violette qui m'avait dit cela un jour que...

— Violette... Violette... elle te parlait de moi ?

— Ah ! fichu dindon que je suis... v'là que c'est moi qui lui en parle à présent... je voudrais m'être mordu la langue...

— Eh ! mon Dieu, Chicotin, ce n'est pas un crime, après tout... d'ailleurs c'était autrefois... quand elle m'aimait un peu... quand elle avait de l'amitié pour moi... car elle en a eu... j'en suis bien sûr...

— Enfin c'est fini... quoi !... tu cherchais un particulier, v'là tout ! et c'est pour ça que nous ne nous rencontrions plus...

— C'est vrai, mais j'ai cherché inutilement, je n'ai pas découvert dans Paris ce M. de Roncherolle !...

— Monsieur de... comment que tu viens de dire ?

— M. de Roncherolle...

— Ah ! ben par exemple ! en v'là une bonne ! c'est ce monsieur-là que tu as cherché si longtemps inutilement !

— Oui... est-ce que tu sais où le trouver, toi ?

— Si je le sais !... c'est mon monsieur goutteux... il m'a fait chercher une dame, lui... oh ! ça m'a l'air d'être un ancien farceur !... mais bon genre, généreux, quoiqu'il soit ruiné, à ce qu'il paraît...

— Et ce monsieur s'appelle de Roncherolle ?

— Parfaitement... puisque j'avais un bouquet à porter de sa part... même qu'il l'avait acheté à Violette...

— A Violette ?

— Ah! nom d'une pipe... je deviens bavard comme une pie... et bête comme un pot !...

— Est-ce qu'il connaît Violette aussi, ce monsieur-là?

— Mais non... il la connaît, comme tout le monde peut connaître une marchande qui vend des fleurs !... il lui a acheté un bouquet... il l'a payé... c'est fini...

— Et il s'appelle de Roncherolle?

— Oui, oui; combien de fois faut-il que je te le répète?...

— Et il demeure ?

— Dans un petit hôtel garni de la rue de Bretagne, au Marais... je ne sais pas le numéro, mais on trouve tout de suite...

— Ah! merci, Chicotin, merci... je vais donc enfin pouvoir être agréable à M. Malberg... lui qui désirait tant trouver ce monsieur... je vais bien vite lui apprendre cela... Ah! mon Dieu, mais j'y pense... quelle heure est-il à présent?

— Six heures viennent de sonner à Saint-Paul sans doute...

— Six heures... et monsieur m'avait dit de me trouver à cinq heures au coin du boulevard et de la rue d'Angoulême...

— Il ne sera guère possible que tu y sois...

— N'importe... nous allons courir... viens, Chicotin, viens vite...

Le désir de faire plaisir à son bienfaiteur a pour un moment chassé de la pensée de Georget l'image de la jolie bouquetière. Il va au pas gymnastique jusqu'à l'endroit que le comte lui a indiqué, et Chicotin le suit, tout en disant de temps à autre :

— Sapristi, nous allons comme des dératés !... si un marchand de chevaux nous voyait, il nous ferait courir au Champ-de-Mars... nous enfoncerions les poneys !...

Les deux jeunes gens sont arrivés. Mais Georget n'aperçoit point son maître, il dit à son ami :

— Attends là... je vais jusqu'à notre demeure; c'est là, dans la rue, je saurai si M. Malberg est revenu... s'il est reparti... attends.

Et Georget se rend à la maison qu'ils habitent. Il trouve l'épouse de Baudoin qui est à jeun par extraordinaire, et qui lui dit :

— M. Malberg est venu demander si vous étiez ici, mais il y a bien trois quarts d'heure... il était en cabriolet il n'est pas même descendu, il est sans doute parti tout de suite pour Nogent...

Georget revient trouver son camarade.

— Monsieur a été me chercher à la maison, puis il est parti... naturellement ce n'était pas lui à m'attendre... Allons, je vais partir tout de suite... oh ! je serai vite arrivé...

— Tu iras à pied?

— Oui, je vais plus vite que les voitures.

— Je vais te faire la conduite jusqu'à Vincennes, mais à condition que nous ne courrons pas si vite que tout à l'heure... à présent que ton bourgeois est parti devant, que tu arrives une demi-heure plus tôt ou plus tard... ça n'y fera rien du tout... et s'il te gronde, tu as quelque chose à lui apprendre qui le remettra de bonne humeur...

— Oh ! il ne gronde jamais... viens, Chicotin... partons...

— Eh ben ! qu'est-ce que tu fais donc?... nous sommes au boulevard du Temple, et pour aller à Vincennes, tu vas du côté de la porte Saint-Martin !...

— Ah ! tu as raison... c'est que je n'y pensais pas... et je me trompais...

— Allons, viens donc, par file à gauche... jouons des quilles, c'est heureux que je sois là pour te mettre dans le bon chemin...

XXVII

Une ressemblance.

Le comte de Brévanne avait un motif pour venir à Paris; mais il ne voulait confier à personne le but de son voyage; après avoir terminé ses affaires, il s'était fait conduire sur les cinq heures sur le boulevard du Temple, devant la rue d'Angoulême, et là il avait cherché des yeux Georget, qui, tout occupé de suivre M. Jéricourt, avait oublié le rendez-vous que le comte lui avait donné. Celui-ci, sans descendre de cabriolet, s'était fait conduire à sa demeure, où la concierge lui avait assuré que Georget n'était pas venu.

— Je devine où il doit être encore, et où il a oublié l'heure! se dit M. de Brévanne. Cocher, conduisez-moi devant le marché aux fleurs du boulevard Saint-Martin.

Le cocher part et le comte se dit :

— Voilà une occasion pour voir cette jeune fille si jolie et qui tourne la tête à mon pauvre Georget... je gage bien qu'il est encore à quelques pas de l'étalage de cette bouquetière et qu'il ne peut se décider à s'en éloigner... on aime si bien à dix-huit ans!... et ce pauvre garçon a le cœur trop sensible... il sera longtemps malheureux, si je ne parviens pas à le guérir... mais comment... il faudrait savoir si en effet cette jeune fille est un mauvais sujet.

Le comte est descendu de cabriolet au coin du boulevard. Il pénètre dans le marché aux fleurs en se disant :

— Comment reconnaîtrai-je mademoiselle Violette... eh! mais, à Georget que je verrai probablement à quelques pas de sa boutique.

Et M. de Brévanne se promène en examinant toutes les bouquetières; il en voit qui sont vieilles et d'autres qui ne sont pas jolies. La beauté est un don plus rare qu'on ne pense. Entrez dans une salle de spectacle et lorgnez à tous les rangs, quelquefois sur six cents spectatrices vous n'en aurez pas trouvé une seule qui soit vraiment bien. Ne nous étonnons donc pas du grand nombre de conquêtes que font les jolies femmes; leur nombre est infiniment limité.

Le comte continuait d'avancer, ne s'étonnant pas de ne point apercevoir Georget, puisqu'il n'y avait pas là de séduisantes bouquetières. Mais en approchant du Château-d'Eau, une charmante tête de jeune fille attire tout à coup ses regards. C'est une bouquetière, ce doit être celle qu'il cherche. Cependant Georget n'est pas là; mais cette jeune fille est si jolie, qu'il n'est pas possible qu'une autre parmi les marchandes de fleurs puisse rivaliser avec elle.

M. de Brévanne s'est arrêté devant la bouquetière, il la regarde à chaque instant avec un intérêt plus vif, il éprouve en considérant ses traits une émotion dont il ne peut d'abord se rendre compte, cette jeune fille lui rappelle quelqu'un; il cherche un moment dans ses souvenirs, il ne lui a pas fallu longtemps pour trouver de quelle personne la bouquetière lui retrace le portrait.

— Quelle singulière ressemblance! se dit le comte les yeux toujours attachés sur la Violette, car c'était bien devant elle qu'il s'était arrêté. Cette jeune fille a tous les traits de Lucienne... mais de Lucienne... lorsque je lui faisais la cour... lorsqu'elle n'était pas encore ma femme... seulement Lucienne avait l'air gai... le sourire sur les lèvres... celle-ci a l'air triste, son front est soucieux; mais elle n'est pas toujours ainsi sans doute. Est-ce une illusion de mes sens?... non... ce profil... ce nez.., ces contours... il est impossible de ressembler davantage. Est-ce là cette Violette dont Georget est amoureux?... ce doit être elle... n'importe il faut s'en assurer.

18

Le comte se rapproche de l'étalage de la bouquetière; il prend un paquet de roses et en demande le prix. Violette lui a répondu, et sa voix a frappé vivement le comte, car cette voix est aussi celle de sa femme. Il attache sur la jeune fille un regard si pénétrant, que celle-ci se sent troublée et baisse ses beaux yeux.

— Pardon, mademoiselle, dit le comte tout en payant ses roses ; mais vous pourriez peut-être m'aider à trouver la personne que je cherche par ici : c'est une jeune bouquetière nommée Violette...

— Violette... mais c'est moi, monsieur.

— Ah ! c'est vous ?

— Il n'y a que moi de ce nom à ce marché.

— Oh ! je vous crois... et je me doutais en effet que ce devait être vous.

— Que désirez-vous de moi, monsieur ?

— Mademoiselle... cela va vous paraître singulier ; mais je vous cherchais pour trouver une autre personne.

— Je ne vous comprends pas, monsieur.

— Je vais m'expliquer : j'ai maintenant avec moi, à ma campagne, un jeune garçon qui se plaçait autrefois sur ce boulevard... il était commissionnaire.

Violette, dont les joues viennent de se colorer subitement, s'écrie aussitôt :

— Vous voulez sans doute parler de Georget, monsieur ?

— Oui, justement, c'est Georget qu'il se nomme.

— Alors, monsieur, vous devez être cette personne dont il m'a dit tant de bien ! ce monsieur Malberg qui a été si bon pour lui quand sa mère était malade... qui lui a donné de l'argent... qui...

— Je suis monsieur Malberg, répond le comte, empressé de mettre fin aux éloges de la jeune fille, mais ce n'est pas de moi, c'est de Georget qu'il s'agit ; il est venu aujourd'hui à Paris avec moi, je lui avais donné rendez-vous à cinq heures pour retourner à Nogent, où est ma maison de campagne ; je suis surpris de son peu d'exactitude, et j'avais pensé que je le trouverais... sur ce marché... vous ne l'avez pas vu, mademoiselle ?

— Pardonnez-moi, monsieur, je l'ai vu un instant...

mais il y a déjà plus de deux heures de cela... il était là-bas... en face de moi... je ne sais pas s'il y était depuis longtemps... mais quand j'ai jeté les yeux sur lui, quand il s'est aperçu que je le voyais, aussitôt il a disparu... et depuis ce moment je ne l'ai pas revu...

— Et il ne vous a pas parlé?

— Oh! non, monsieur, il ne me parle plus à présent!

En disant ces mots, la voix de Violette s'est altérée, elle pousse un gros soupir, et ses yeux se remplissent de larmes.

Le comte se sent ému; tout en écoutant la jeune fille, il ne pouvait se lasser de la considérer avec une attention qui eût intimidé la bouquetière, si en ce moment elle n'avait pas été occupée de Georget.

— Avez-vous encore votre mère, mademoiselle? dit tout à coup le comte ; et Violette, étonnée d'une question qui n'avait plus aucun rapport avec Georget, balbutie:

— Non monsieur, je ne l'ai pas... Et Georget vous avait donc dit qu'il me connaissait, monsieur?

— Oui... oui... il m'avait dit cela... Y a-t-il longtemps que vous l'avez perdue?

— Mais dame, monsieur, il y a déjà plusieurs semaines que je ne le vois plus... il est donc à la campagne chez vous, monsieur?...

— Georget? oui, il est chez moi. Mais je vous parlais de votre mère... je vous demandais si vous l'aviez perdue jeune?

— Ma mère?... mais je ne l'ai jamais connue, monsieur... je suis une pauvre fille... abandonnée de ses parents!... et qui doit la position où elle se trouve aujourd'hui à une bonne femme qui vendait des bouquets à cette même place.

— Ah! je comprends, répond le comte qui pense que la jeune fille a été élevée aux Enfants-Trouvés... Pardon... mademoiselle, je suis fâché de vous avoir fait cette question... je serais désolé de vous causer de la peine... je dois vous sembler bien curieux, mais vos traits me rappellent d'une manière si frappante une personne que j'ai beaucoup connue...

— Oh! monsieur, vous ne m'avez pas offensée... je ne demande pas mieux que de vous répondre... j'avais tant envie de vous connaître... depuis que je savais tout le bien que vous aviez fait à Georget...

— Quel âge avez-vous?...

— Monsieur, j'ai dix-huit ans et demi... dix-neuf ans moins trois mois, à ce que je crois...

— C'est singulier!...

— Et Georget se plaît donc beaucoup à votre campagne, monsieur? il ne vient donc jamais à Paris?... lui qui autrefois ne pouvait passer une journée sans venir sur ce boulevard... il est vrai que dans ce temps-là il me parlait... il causait avec moi... il fallait que je le gronde pour qu'il pensât à travailler... et maintenant... il ne me regarde plus... ou c'est avec un air si méprisant... et tout cela... parce qu'on a dit sur moi des choses... est-ce qu'il devait les croire... Ah! si on me disait que Georget a volé ou qu'il a fait une bassesse, est-ce que je le croirais, moi!... monsieur... pardon... mais vous parle-t-il quelquefois de moi... croyez-vous qu'il m'ait oubliée tout à fait?

Depuis quelques instants le comte n'écoutait plus la bouquetière, il était préoccupé, il était tout à ses souvenirs, et n'entendait plus ce qu'on lui disait ; enfin, chassant tout à coup les pensées qui l'assiégent, il s'écrie :

— Je suis un insensé... et sur une ressemblance... que la nature produit souvent, je vais me figurer... Adieu, mademoiselle, adieu, encore une fois excusez ma curiosité.

Et le comte s'est éloigné sans avoir répondu aux dernières questions de la jolie bouquetière, qui demeure, tout attristée en le voyant partir, et se dit :

— Il n'a pas répondu à ce que je lui ai demandé sur Georget... celui-ci le lui aura défendu peut-être... Etre méprisée... quand on n'a rien à se reprocher !... ah! c'est affreux, cela... et pourtant je sens bien dans le fond de mon âme que le principal est d'avoir sa conscience tranquille !... je n'ai pas de reproches à me faire moi !... et quelque jour ils s'en feront... eux... pour m'avoir rendue si malheureuse.

Le comte était remonté dans son cabriolet et parti pour

Nogent. Mais tout le long de la route il avait été préoccupé de cette singulière ressemblance, et l'image de la jeune bouquetière revenait sans cesse à sa pensée.

Georget a eu beau faire diligence, il n'est arrivé à Nogent que deux bonnes heures après le comte. Chicotin a quitté son camarade à l'entré de Vincennes, haletant, harassé de fatigue, et mourant de soif, parce que son ami n'a jamais voulu consentir à entrer dans aucun cabaret pour se rafraîchir, ce qui les aurait retardés. Il a serré la main de Georget en lui disant:

— Cher ami, je suis bien content de t'avoir fait la conduite... mais en v'là assez, si j'allais plus loin j'aurais la pépie... et je crois que je me donnerais du talon dans les fesses... Ah! bigre, tu as une manière de marcher qui enfonce les coucous et les omnibus. Au revoir... j'irai te dire bonjour à Nogent, mais j'irai tout seul, à mon aise, en me promenant, j'aime mieux ça.

Georget se présente tout honteux devant M. de Brévanne; il craint d'être grondé pour ne s'être pas trouvé exactement à l'endroit que celui-ci lui avait indiqué: mais le comte se contente de lui dire:

— Ne vous trouvant pas où je vous avais dit, j'avais pensé que vous aviez oublié l'heure au Marché aux fleurs... près de la jolie bouquetière, et je suis allé vous y chercher...

— Vous y avez été, monsieur... est-ce que vous avez vu Violette?

— Oui, je l'ai vu... j'ai causé avec elle...

— Vous lui avez parlé?... Ah! monsieur!... je ne lui ai pas parlé, moi!... Avec un de mes anciens camarades, nommé Chicotin, qui ne voulait pas croire que Violette se soit mal conduite, nous avons suivi ce M. Jéricourt... celui chez qui... elle a été... et comme Chicotin connaît ce monsieur, il l'a supplié de lui dire la vérité sur la bouquetière... Comme je m'y attendais... ce monsieur a confirmé ce qu'on m'avait dit déjà!...

— C'est dommage, car cette jeune fille est intéressante, j'ai trouvé dans ses traits... une ressemblance... avec une personne... qui était bien jolie aussi... autrefois!...

— Ah ! n'est-ce pas, monsieur, que Violette est charmante ?... je vous l'avais bien dit ! Et... pardon si je me permets de vous questionner... qu'est-ce qu'elle a donc pu dire à monsieur ?

— Elle m'a parlé de vous, mon garçon...

— De moi !... de moi !... et pourquoi donc parle-t-elle de moi qu'elle n'aime pas... qu'elle a rendu si malheureux !... pourquoi pense-t-elle à moi... puisque c'est un autre qui a son amour... puisqu'elle n'a pas voulu du mien... qui était si vrai... si sincère... c'est donc pour me faire encore du chagrin... c'est donc pour me désoler encore qu'elle parle de moi !... je ne veux plus qu'elle en parle... moi, je le lui défendrai !...

— Allons, calmez-vous, Georget, vous n'êtes pas raisonnable, mon ami, et je crois que je ferai bien de ne plus vous laisser aller à Paris.

— Ah ! pardon, monsieur, oui, vous avez raison de me gronder... Ah ! mon Dieu !... et moi qui suis revenu si vite, parce que j'avais une bonne nouvelle à apprendre à monsieur... et je n'y songeais plus, et je ne la lui dis pas... c'est la faute de Violette, voyez-vous, monsieur, elle me trouble l'esprit... elle me fait tout oublier... c'est pis qu'une maladie, ça, monsieur !... ah ! elle parle de moi...

— Voyons Georget, puisque vous y pensez enfin, quelle est donc cette nouvelle que vous avez à m'apprendre ?

— Monsieur, il y a quelque temps je n'ai pas oublié que vous me faisiez chercher dans Paris la demeure d'un particulier que vous désiriez retrouver... c'était M. de Roncherolle, n'est-ce pas, monsieur ?

Au nom de Roncherolle, la physionomie du comte s'anime aussitôt, et il saisit le bras de Georget en s'écriant :

— Oui... oui... c'était bien lui... Eh bien, achève... que sais-tu ?

— Je sais l'adresse de ce monsieur, enfin !...

— Tu la sais ?...

— Oui, monsieur... Mon Dieu ! si j'avais parlé plus tôt de ça à Chicotin... mon ancien camarade, il y a longtemps que je l'aurais sue... il est le commissionnaire de ce monsieur... il travaille pour lui...

— Enfin son adresse ?
— M. de Roncherolle demeure rue de Bretagne, au Marais, dans un hôtel garni... Il ne sait pas le numéro, mais comme la rue n'est pas longue, c'est facile à trouver...
— Rue de Bretagne, au Marais... un hôtel garni ?
— Oui, monsieur, c'est bien cela !
— Je l'ai donc retrouvé enfin !... murmure le comte en proie à une vive agitation. Si je partais ce soir... non... il est trop tard... on ne me recevrait pas peut-être... mais demain matin... Oh ! oui... je le verrai demain ?
— Et que pouvait donc vous dire Violette à mon sujet... monsieur ? balbutie Georget en se rapprochant de son maître. Mais celui-ci se contente de lui montrer la porte en lui disant :
— Laissez-moi. Et cela d'un ton qui ne permettait pas de réplique.
Le pauvre Georget s'éloigne alors tout confus, en se disant :
— C'est singulier ! je croyais le rendre tout joyeux en lui apprenant l'adresse de ce monsieur, et on dirait que cela a produit un effet contraire.

XXVIII

Éducation d'un Cacatoès.

Revenons à M. de Roncherolle que nous avons laissé dans son petit hôtel au Marais.

Lorsque la goutte le laissait en repos, ce monsieur sortait de sa demeure sur le midi, et n'y rentrait que vers minuit et quelquefois plus tard, toujours maugréant contre l'escalier mal éclairé, contre son logement qui était mal tenu, contre les domestiques qui servaient mal, puis terminait ordinairement ses plaintes en se disant :

— Mais après tout! puisque je ne puis me loger mieux... il faut prendre son parti, il faut être philosophe. Je ne puis plus séduire les femmes,... j'ai mangé ma fortune... et avec le peu qui me reste, je trouve encore moyen de perdre au jeu... mauvaise chance!... Louis XIV avait raison lorsqu'il disait au maréchal de Villeroi : A notre âge on n'est plus heureux! Ah! mille diables! qu'aurait-il dit s'il avait eu la goutte?

Mais un matin, M. de Roncherolle s'étant senti hors d'état d'appuyer son pied gauche à terre, force lui avait été de rester chez lui, lisant beaucoup pour passer le temps, et dormant lorsque la goutte voulait bien le lui permettre.

Etendu dans le soi-disant fauteuil à la Voltaire, le pied malade placé sur un coussin et enveloppé dans de la flanelle, M. de Roncherolle s'était endormi depuis peu de temps, lorsqu'un cri aigu, perçant, et quelques paroles prononcées avec un accent de polichinelle, le tirèrent brusquement de son sommeil. Puis une voix ordinaire, mais beaucoup trop forte pour celle d'un voisin, fit entendre ces mots :

— Très-bien, Coco, très-bien, tu as de la voix, mon ami, je sais que tu parles parfaitement, je t'ai entendu au café de ton maître, c'est pour cela que je t'ai acheté. Maintenant il s'agit d'apprendre ce que je veux que tu dises, et tu l'apprendras, n'est-ce pas, Coco?

— Bonjour, monsieur Brillant!

— Bonjour, mon ami, bonjour!... tu dis cela très-bien, mais je ne suis pas M. Brillant, moi, je suis Saint-Arthur... de Saint-Arthur...

— Bonjour, monsieur Brillant!

— Ah! voyons, Coco, il ne s'agit pas de ça, écoute bien : C'est Dutaillis qui est gentille!... applaudissez, claquez Zizi!... Ah! voilà ce qu'il faut dire ; c'est peut être un peut long, mais tu n'en apprendras que la moitié à la fois... attention : C'est Dutaillis qui est gentille !...

— Bonjour, monsieur Brillant !
— Sapristi ! nous allons nous fâcher, Coco !...
— Cré coquin, tu m'embêtes... ah ! c'te balle !
— Ah ! il jure... Ah ! tu jures... tant mieux, c'est assez drôle, mais ça ne nous suffit pas... c'est Dutaillis qui est gentille...
— Ah ! c'te balle !...
— Applaudissez ! claquez Zizi !...
— Bonjour, monsieur Brillant !
— Ah corbleu ! morbleu !... je vais jurer aussi, moi, si tu m'embêtes...
— Tu m'embêtes, monsieur Brillant...
— C'est Dutaillis qui est gentille !
— Tu m'embêtes !
— Applaudissez ! claquez Zizi !...

De Roncherolle, qui a été obligé d'entendre tout ce dialogue non sans jurer et pester contre ce nouveau voisinage, se mêle alors à la conversation, en frappant avec sa canne contre la cloison, et en criant de toutes ses forces :

— Mille tonnerres ! mille millions de diables ! est-ce que cela va durer longtemps comme cela... est-ce que vous n'en aurez pas bientôt fini, monsieur le voisin, et monsieur le perroquet ? monsieur Coco, et mademoiselle Dutaillis !... savez-vous bien que c'est moi qui vais vous claquer, si vous continuez à brailler comme vous le faites... et j'y serais déjà si je pouvais bouger !

Ces paroles ont fait taire le beau petit Saint-Arthur et son perroquet. C'était bien le jeune lion, ami de Jéricourt et amant de la petite actrice du boulevard du Temple, qui était devenu depuis quelques jours le voisin de M. de Roncherolle ; les folies de ce jeune homme venaient de le forcer à quitter très-promptement un délicieux appartement qu'il occupait rue de Bréda, et qu'il avait meublé dans le dernier goût. Mais en satisfaisant tous les jours les caprices coûteux de mademoiselle Zizi, Saint-Arthur avait oublié de payer son marchand de meubles et son tapissier ; ces messieurs avaient perdu patience, demandé de l'argent, puis fait agir les huissiers ; alors notre ci-devant commis-marchand avait consulté son portefeuille, il ne lui restait plus que huit mille francs et il en devait onze ; il s'était dit : — Si je reste dans mon logement, on me prendra mon argent ; j'aime mieux abandonner mon mobilier à mes créanciers, ils se paieront à peu près avec, et moi, avec ce qui me reste, j'ai encore de quoi m'amuser... je dirai à Zizi que je me suis logé au Marais pour raison de famille... pour être plus près d'une tante dont j'hérite... D'ailleurs ça lui est bien égal où je loge, pourvu que je la mène toujours dîner chez le traiteur... et que je sois généreux avec elle.

A la suite de ce raisonnement, le beau Saint-Arthur était venu louer un appartement dans le petit hôtel de la rue de Bretagne. Son logement était sur le même carré que celui de M. de Roncherolle, mais il était trois fois plus grand, et, comme le jeune lion avait conservé là, comme partout, l'habitude de faire de l'embarras, comme il faisait trois toilettes par jour, qu'il se faisait apporter des déjeuners fins, qu'il buvait du champagne, et qu'il avait une canne faite d'une dent d'éléphant, les gens de l'hôtel avait pour lui la plus haute considération, le regardaient comme un personnage important, et auraient volontiers changé douze locataires comme le monsieur goutteux contre un seul ressemblant à M. de Saint-Arthur.

— Enfin il se tait ! c'est bien heureux ! se dit Roncherolle en s'étendant de nouveau sur sa chaise longue.

Parbleu, voilà un nouveau voisin dont je ferai compliment à la maîtresse de cet hôtel. Si cela avait continué, il n'y aurait pas eu moyen d'y tenir. Ce doit être un imbécile que ce monsieur-là, qui veut apprendre de si belles choses à son perroquet ! oh ! je le recontrerai assez tôt !...

Et Roncherolle bâille, ferme les yeux et recommence à s'assoupir, lorsque tout à coup on recommence à côté de lui :

— C'est Dutaillis qui est gentille !... Allons donc ! c'est Dutaillis qui est gentille !...

— Bonjours, monsieur Brillant !

— Brute ! Applaudissez... claquez Zizi...

— Zi... Zi... Zan... Zan... monsieur Brillant... tu m'embêtes !

— Et toi aussi, animal !...

— Ah ! par la mordieu ! et vous aussi vous en êtes un animal ! s'écrie Roncherolle en se redressant et prenant de nouveau sa canne avec laquelle il frappe la cloison et le parquet. Ah ! vous vous permettez de continuer vos leçons de perroquet ! avisez-vous de recommencer et je lui torderai le cou à votre élève, et je ferai sauter le maître par la fenêtre... Quelle maison ! comme on est servi ici !... voilà une heure que je cogne, que je sonne et personne ne vient ! Holà ! la servante ! le garçon !...

Saint-Arthur et son perroquet s'étaient tus de nouveau. Mais le petit lion agitait aussi tous les cordons de sonnette qu'il rencontrait dans les trois pièces dont se composait son appartement.

A ce carillon la servante et le garçon s'empressent de monter chez les locataires du troisième. La servante n'entrait plus chez Roncherolle, parce que celui-ci lui avait dit plusieurs fois d'aller se débarbouiller et de passer ensuite chez le dégraisseur. Le garçon, qu'on appelait le *jeune homme* et qui servait dans l'hôtel depuis plus de vingt ans, pouvait en avoir cinquante-cinq. C'était un gaillard d'une taille moyenne, mais pourvu d'un embonpoint assez coquet et d'un abdomen proéminent ; ce qui n'empêchait qu'il n'eût la figure ridée et une petite perruque qui ne descendait pas jusqu'à ses oreilles, et qu'il était continuellement occupé à tirer à droite ou à gauche. N'ayant jamais eu un autre costume qu'un pantalon court et une petite veste ronde à l'instar des garçons de café, Beauvinet, c'est le nom du *jeune homme* de l'hôtel, a toujours devant lui le tablier blanc dont il retrousse un coin pour cacher l'autre partie lorsque celle-ci n'est plus d'une entière blancheur. Au total, Beauvinet était encore plus présentable que la servante, et c'était lui qui maintenant montait chez M. de Roncherolle, lorsque celui-ci sonnait.

Beauvinet se présente donc devant le monsieur goutteux, son tablier retroussé et en tirant sa perruque sur son oreille droite, ce qui nécessairement faisait remonter le côté gauche, mais on va toujours au plus pressé ; ce n'était que dans les occasions extraordinaires que Beauvinet tirait à la fois sa perruque des deux côtés ; encore n'osait-il plus le faire qu'avec précaution, parce qu'un jour, en se livrant à cet exercice, il avait entendu sur le sommet de sa tête un craquement qui menaçait de convertir sa perruque en couronne, et les bénéfices de l'hôtel étaient trop minimes pour qu'il eût le moyen de s'acheter une autre perruque.

— Monsieur a sonné, monsieur a cogné... monsieur a appelé?... dit Beauvinet en montrant sa figure bouffie et ridée.

— Eh oui, sacrebleu! j'ai sonné, j'ai cogné... j'aurais mis le feu à la maison s'il y en avait eu dans la cheminée...

— Le feu! ah! mon Dieu, monsieur a donc bien froid?.. cependant il fait chaud...

— Taisez-vous! et répondez!...

— Monsieur... alors...

— Et tâchez de laisser un peu votre affreux gazon en repos, ça m'impatiente de vous voir continuellement tirailler cette malheureuse perruque...

— Mais, monsieur...

— Silence! qui est-ce qui loge ici... à côté de moi dans cet appartement?... c'est donc un nouveau voisin que j'ai là?...

— Ah! oui, monsieur, le bel appartement n'est loué que depuis huit jours...

— A qui?

— A un jeune homme bien comme il faut... bien distingué... qui se met comme s'il allait tous les jours à l'Opéra... et qui fait de la dépense...

— Ah! je comprends pourquoi vous le trouvez très-comme il faut! vous appelez ce particulier?...

— M. Alfred de Saint-Arthur !

— Bigre !... voilà un bien beau nom de théâtre !... on n'a ces noms-là que dans les vaudevilles !... ou au Gymnase !

— Pardon, monsieur, je ne comprends pas...

— Vous n'y êtes pas obligé ; écoutez, Beauvinet : votre M. Arthur... ou Saint-Alfred... n'importe ! s'est bien conduit pendant huit jours, puisque je ne savais pas avoir là un voisin, mais aujourd'hui, pourquoi diable s'avise-t-il d'avoir un perroquet et de se fourrer dans la tête de lui apprendre à parler ?...

— Ah ! monsieur, pardon, ce n'est pas un perroquet que ce monsieur a rapporté ce matin, c'est un caca... un cato... Ah ! mon Dieu... on m'a dit le nom...

— Un cacatoès, sans doute ?

— C'est cela même, monsieur, un *cacatropèse* : ah ! c'est un bien bel animal avec une huppe sur la tête qu'on jurerait d'un dindon avec sa crête !

— C'est toujours de la famille des perroquets ! ce monsieur et son oiseau font un vacarme épouvantable qui m'empêche de dormir, et quand on a la goutte, quand on souffre, on n'a de bon que le sommeil. Je me suis peut-être trop emporté tout à l'heure, mais allez de ma part dire à mon voisin que je suis cloué dans ma chambre par cette maudite maladie, et que je le prie, en considération de ma position, de vouloir bien ne point donner de leçons à son cacatoès tant que je serai obligé de garder la chambre ; il peut être certain que je sortirai dès que je pourrai marcher, et alors il pourra tout à son aise s'en donner à cœur joie avec son oiseau. Si ce monsieur Saint-Arthur est un galant homme et sait vivre, il fera droit à ma requête, sinon... nous verrons. Vous avez bien entendu, Beauvinet, allez et laissez votre perruque en repos.

FIN DU PREMIER VOLUME

TABLE DES MATIÈRES

CHAPITRES	PAGES
I. La fête du Papa	5
II. Violette	12
III. Georget et Chicotin	22
IV. Deux jeunes gens très-connus	31
V. Une loge de portier	40
VI. Le monsieur du troisième	48
VII. Une commission difficile	62
VIII. Le flacon bleu	71
IX. Trois pour un bouquet	82
X. Intérieur de famille	96
XI. Le remède imprenable	107
XII. La baronne de Grangeville	119
XIII. Le monsieur goutteux	130
XIV. Le fils et la mère	138
XV. Un piége	147
XVI. Une décadence	157
XVII. Un ancien ami	168
XVIII. La maison de Nogent. — Répétition	176
XIX. Spectacle dans un bois	189
XX. Entrevue muette	207
XXI. Sur le boulevard	215
XXII. Une bouteille d'absinthe	224
XXIII. En bon air	231
XXIV. Comment cela était arrivé	238
XXV. Tourments de Georget	250
XXVI. Un bon camarade	259
XXVII. Une ressemblance	272
XXVIII. Éducation d'un cacatoès	279

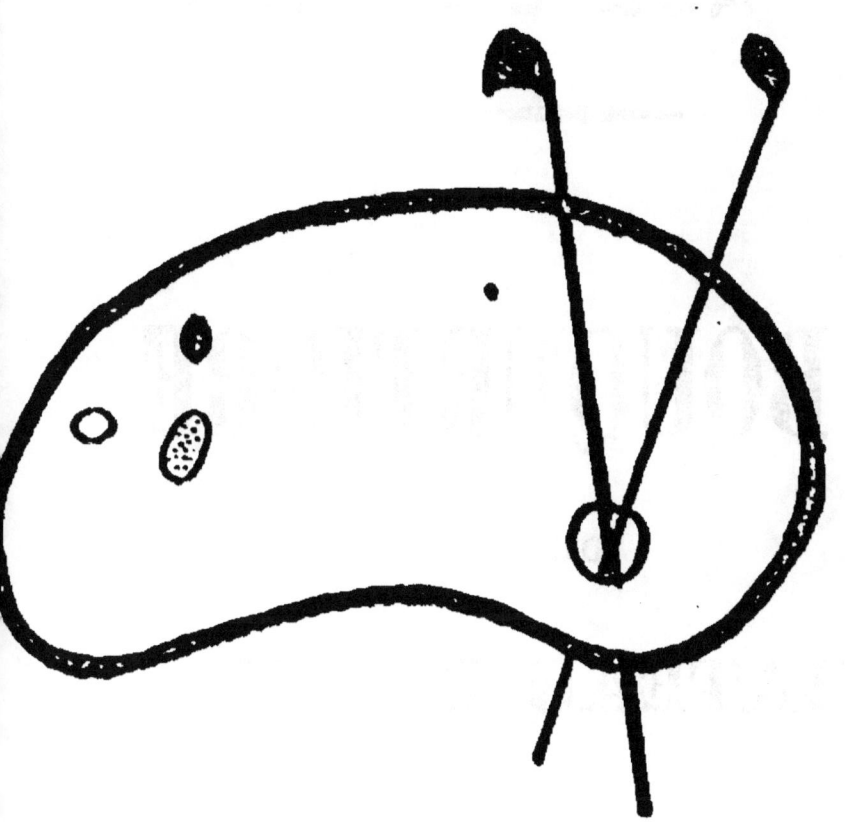

DEBUT D'UNE SERIE DE DOCUMENTS
EN COULEUR

1ʳᵉ Livraison.   180   10 centimes

CH. PAUL DE KOCK

LA BOUQUETIÈRE

DU

CHATEAU-D'EAU

PARIS

Degorce-Cadot, Éditeur

70 bis, rue Bonaparte, 70 bis.

2 livraisons par semaine à 10 centimes

LIVRAISON. 10 CENT.

LES INTRIGANTS

Par CH. PAUL DE KOCK

DEGORCE-CADOT, ÉDITEUR. — PARIS.

2 livraisons à 10 centimes par semaine.

Paris. — Typ. Walder, rue de l'Abbaye; 22.

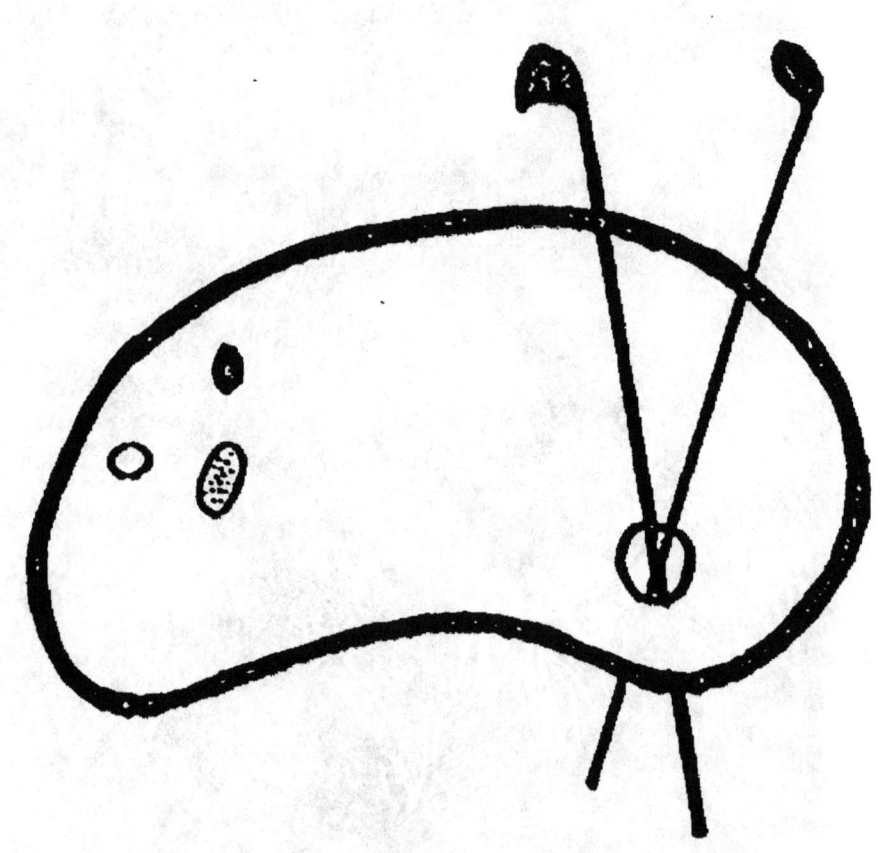

FIN D'UNE SERIE DE DOCUMENTS
EN COULEUR

www.ingramcontent.com/pod-product-compliance
Lightning Source LLC
Chambersburg PA
CBHW071140160426
43196CB00011B/1949